Julia Niehüser

Faszinierende Drachenwelt

Das große Zeichen- & Wissensbuch II

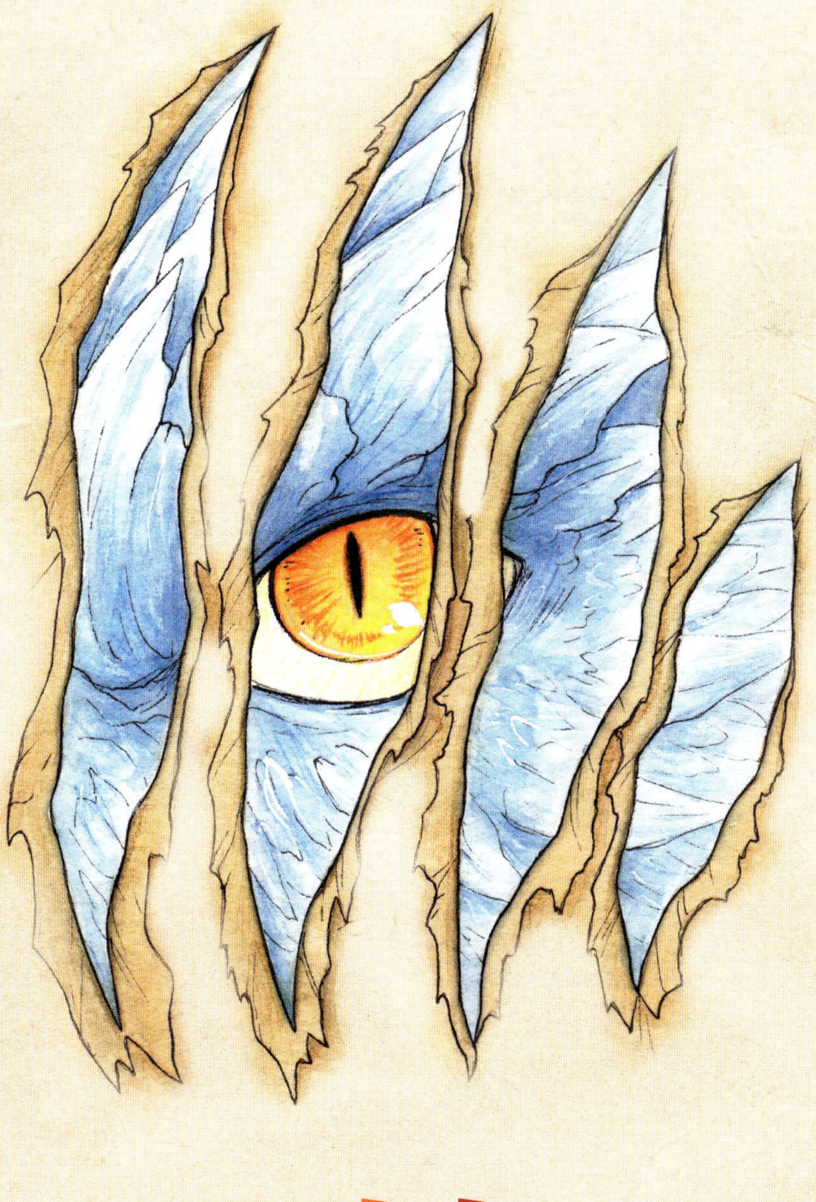

Projekt vielseitig

Julia Niehüser

Der kreative Entdeckergeist wohnte Julia Niehüser schon früh inne: Seit dem Kindergartenalter liebt sie das Zeichnen und die damit verbundene Freiheit, all ihren Ideen eine Form geben zu können. Ihre Kreativität lebt sie jedoch nicht nur auf Papier im Bereich Fantasy und Drachen aus, sondern auch beim Cosplay, dem sie mit großer Leidenschaft nachgeht. Derzeit lebt die 1993 in Rheda-Wiedenbrück geborene Künstlerin und Autorin in Hamburg und macht dort ihren Master in englischer Literaturwissenschaft.

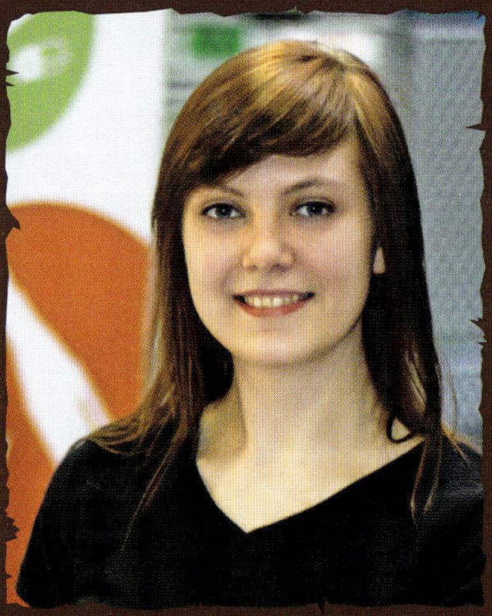

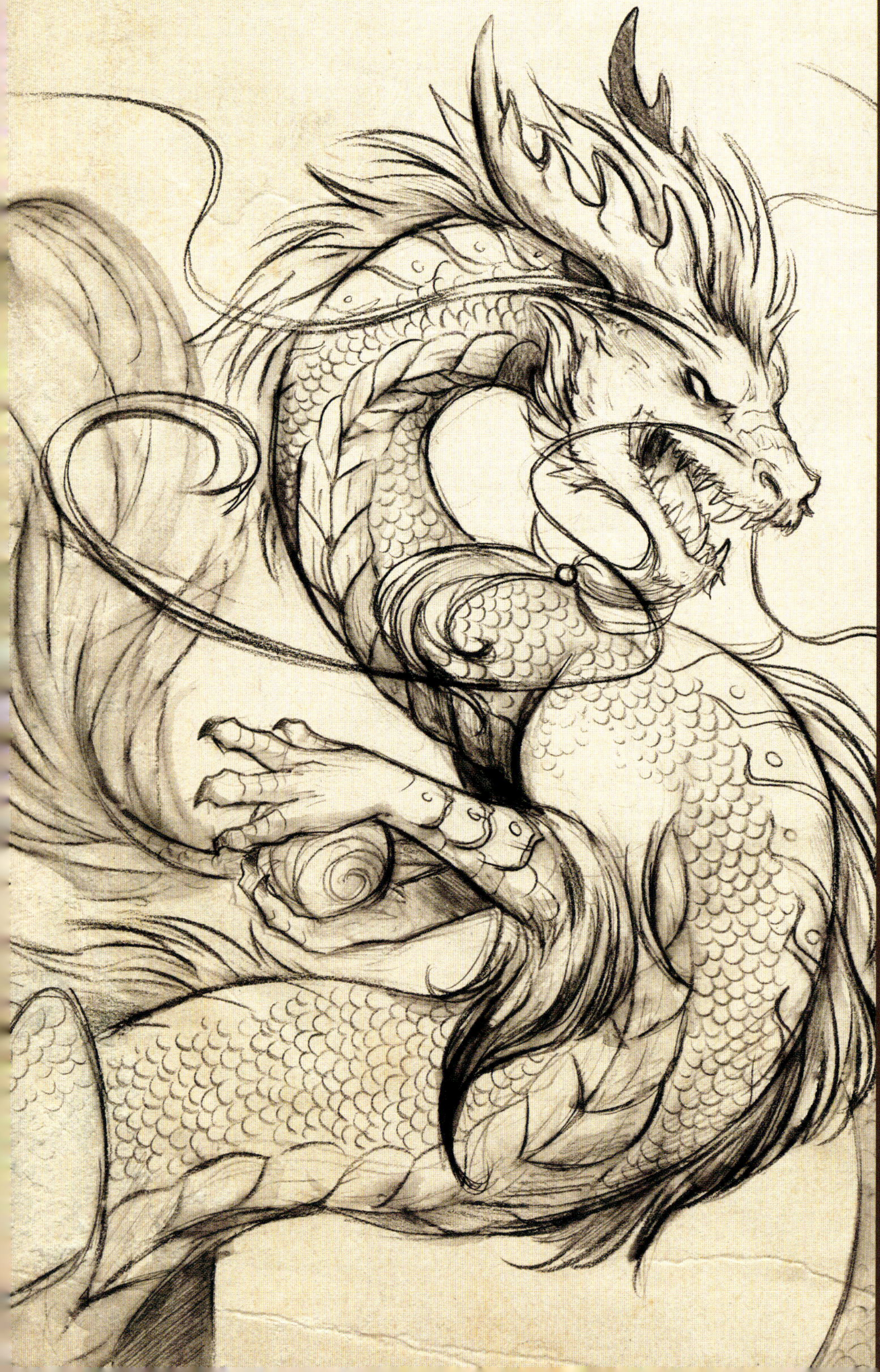

Impressum

Verlag / Herausgeber:

Projekt VielSeitig
Sieger GbR
Grund 3
42653 Solingen
Michael Sieger (verantwortlich)
Telefon: 0212/2535421-5
E-Mail: info@projekt-vielseitig.de
www.projekt-vielseitig.de

Redaktion und Text:

Julia Niehüser, Katharina Zwilling

Grafik:

SiMa Design - Michael Sieger
Grund 3, 42653 Solingen
Michael Sieger, Lea Dzionsko
info@simadesign.de
www.simadesign.de

Druck:

Standart Impressa UAB
Dariaus ir Girėno g. 39
02189 Vilnius, Litauen

2. Auflage, ET 4. Quartal 2024

Kontaktadresse nach
EU-Produktsicherheitsverordnung:
produktsicherheit@projekt-vielseitig.de

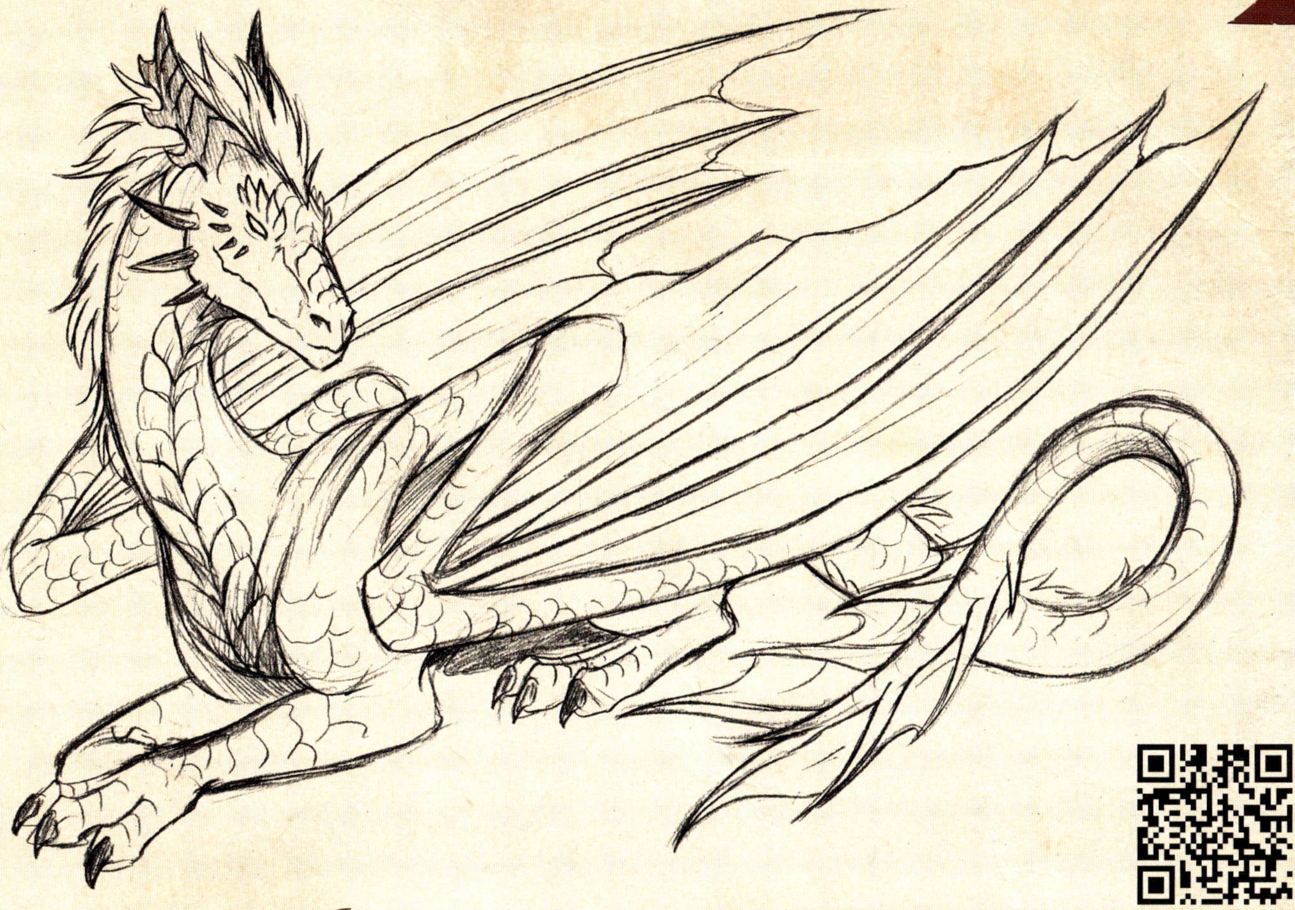

youtu.be/DbMUdJkW7Ko

Hier zeigt euch die Künstlerin in einem Video, wie sie das Titelbild coloriert hat.

Vorwort

In diesem zweiten Band der Serie „Faszinierende Drachenwelt" nimmt unsere Künstlerin und Autorin Julia Niehüser euch mit auf eine fantastische Reise durch einen unbekannten, mystischen Kontinent.

Die Drachenarten, die dort heimisch sind, beherrschen viele verschiedene Klimazonen und sind bestens an ihre Lebensräume angepasst. Sie zu studieren erfordert eine Prise Abenteuerlust – und natürlich sollte man gut mit dem passenden Zeichenmaterial ausgerüstet sein. Eine unwirtliche Vulkanlandschaft bildet den Beginn der Expedition ins Drachenreich und führt den Fluss entlang in eisige Höhen, bis in undurchdringliche Wälder hinein. In jedem der vier Kapitel erwarten euch detaillierte Informationen zu den einzelnen Drachenarten, die in den Regionen beheimatet sind, sowie Wissenswertes zu ihren Lebensweisen und Eigenheiten. Hinzu gibt es viele Anleitungen, wie ihr eure Entdeckungen auf dem Papier festhalten könnt.

Lag im ersten Band von "Faszinierende Drachenwelt" verstärkt der Fokus auf dem Zeichnen der Drachen selbst, wird der Radius in diesem Band ein wenig ausgeweitet: Anhand der Darstellung des Lebensraums der Drachen und der darin vorkommenden Naturelemente erklärt Julia Niehüser zahlreiche Techniken der Aquarellmalerei, die ihr natürlich auch außerhalb des Drachenreichs umsetzen könnt.

Anleitungen zum Zeichnen einiger Bewohner des Drachenkontinents kommen selbstverständlich auch nicht zu kurz! Die vorliegende Forschungsreise ist perfekt für fortgeschrittene Einsteiger, die auf der Suche nach einer Erweiterung ihrer Zeichentechnik sind. Darüber hinaus ist sie eine wunderbare Inspirationsquelle für Geübte und Können, die von Drachen einfach nicht genug bekommen können.

Nach einer kurzen Vorbereitung auf den Seiten 6-9 geht es direkt mit der Reise los!

Viel Spaß beim Zeichnen und Entdecken wünschen euch

Julia Niehüser & das Team von vielseitig

Der Drachenkontinent

Der Drachenkontinent ist geprägt von vielen unterschiedlichen Landschaften und Klimazonen, die ein wahres Paradies für Drachen aller Art darstellen. Vom großen, gefährlichen Eisdrachen bis hin zum winzigen Feendrachen kann man viele unterschiedliche Spezies entdecken.

I. Vulkangebiet

Unzählige Schlote ragen im Westen des Kontinents in den Himmel hinauf und spucken Asche und Gesteinsbrocken in die Luft. Glühende Flüsse aus Lava ziehen sich wie Adern über den steinigen Untergrund und bilden vereinzelt große Seen.

II. Flüsse und Seen

Der Nordwesten und das Zentrum werden von zahlreichen Flüssen dominiert, die oft entweder ins Meer fließen oder in einem der vielen großen Seen münden. Diese Gewässer sind die Heimat vieler Tier- und Pflanzenarten.

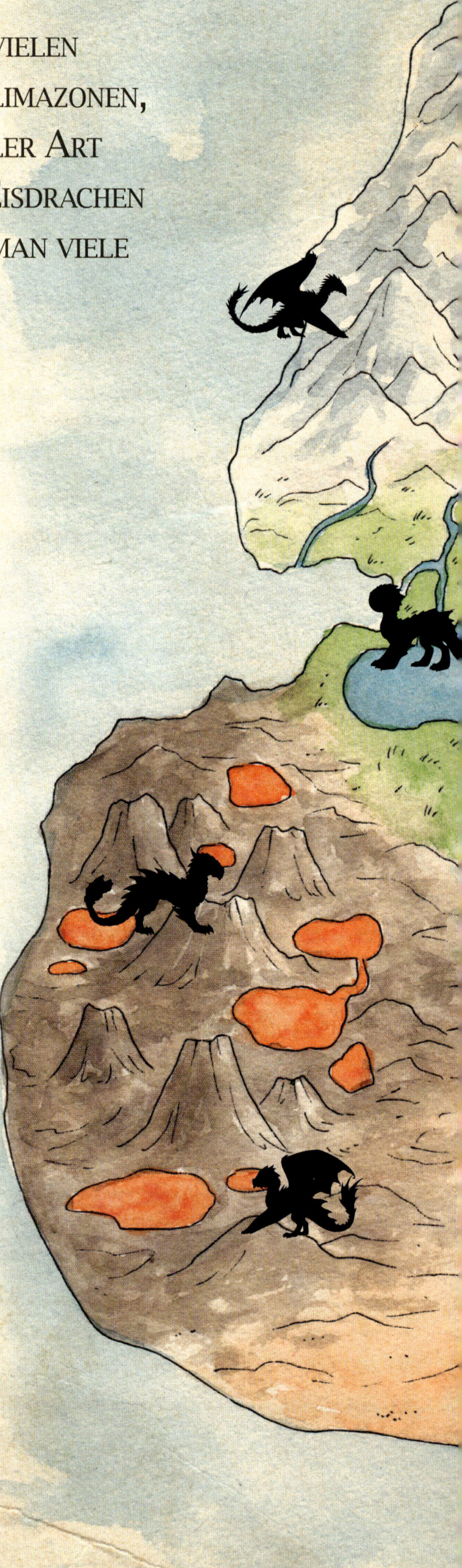

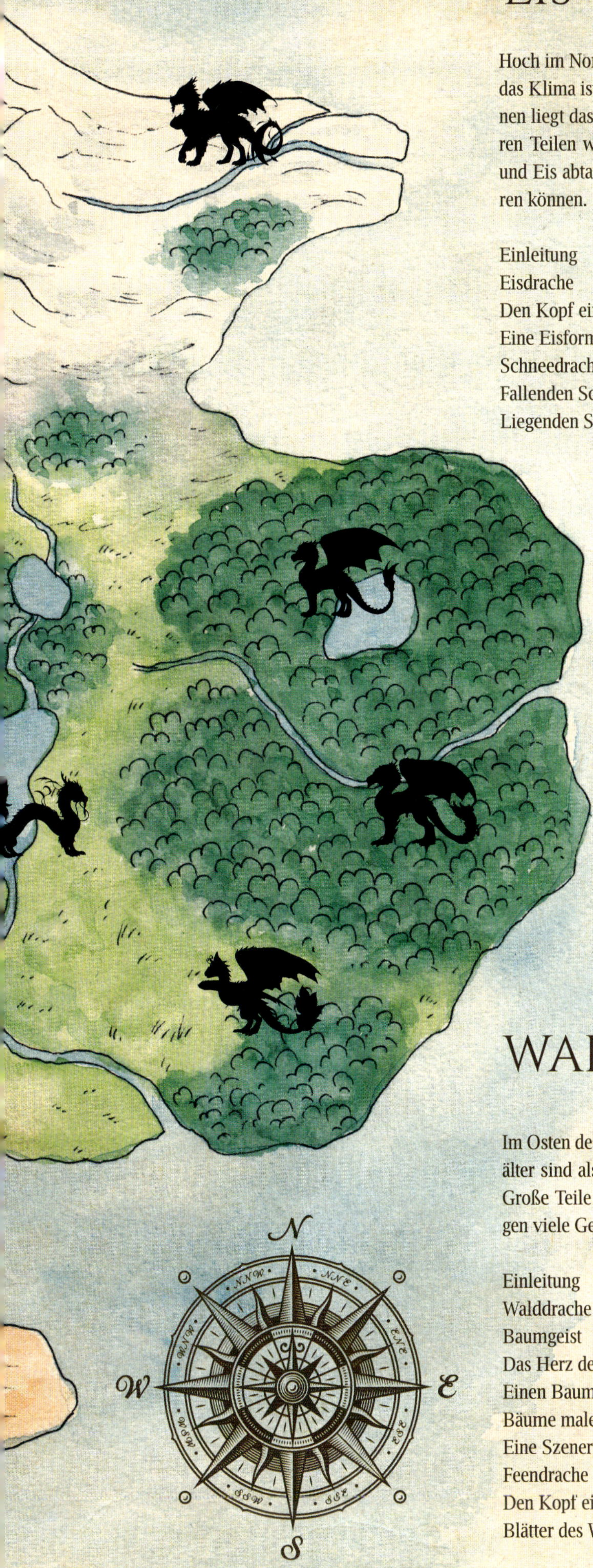

III.
EIS UND TUNDRA

Hoch im Norden prägen schroffe Berge die Landschaft und das Klima ist durchgängig eisig kalt. In den meisten Regionen liegt das ganze Jahr über Schnee – nur in den südlicheren Teilen wird es im Sommer warm genug, dass Schnee und Eis abtauen und die vielen Flüsse des Kontinents nähren können.

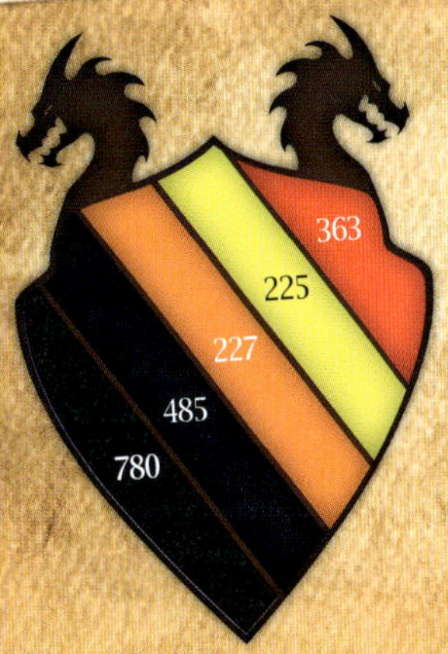

Diese Wappen erklären durch das Buch begleitend, anhand der Systematik der Schmincke® Horadam Aquarellfarben, welche Töne bei der Erstellung der jeweiligen Motive verwendet wurden. Mehr zu Material und Technik ab Seite 8.

IV.
WALD UND WIESE

Im Osten des Kontinents finden sich zahlreiche Wälder, die älter sind als die meisten Drachenarten, die sie bewohnen. Große Teile des Waldes sind noch nicht erkundet und bergen viele Geheimnisse.

Das Zeichenmaterial

Eine solide Grundausstattung mit dem richtigen Material erleichtert beim Zeichnen vieles. Daher lohnt es sich, vor der Anschaffung ein wenig Recherche zu betreiben. Im Folgenden werden die bei den Beispielen und Motiven in diesem Buch verwendeten Materialien vorgestellt. *

Papier

Das richtige Papier ist das A und O einer guten Zeichenpraxis. Für erste Skizzen ist handelsübliches Druckerpapier völlig ausreichend; soll das Bild jedoch vollständig ausgearbeitet und coloriert werden, sind professionelle Fabrikate empfehlenswert. Sämtliche in diesem Buch gezeigten Motive wurden auf dem "Hanhemühle® Britannia"-Papier angefertigt. Je nachdem welche Charakteristik im Vordergrund stehen soll, kann man gerade im Aquarellbereich zwischen vielen Papierstärken, Strukturen und Maserungen wählen. Einige Hersteller bieten daher auch Blöcke an, die eine Auswahl verschiedener Papiertypen enthalten. So kann man leicht herausfinden, welche Papiere am besten den eigenen Bedürfnissen entsprechen.

Aquarellfarbkasten

Lichtechte, satte Farben sind ein Gewinn für jede Coloration. Daher ist die Investition in einen hochwertigen Aquarell-Malkasten sinnvoll. Sämtliche Farben der Firma Schmincke®, mit denen die Bilder dieses Buchs coloriert wurden, gibt es als fest gepresste Näpfchen in halben und ganzen Größen, oder flüssig in Tubenform. Auch hier ist es von Vorteil, die verschiedenen Fabrikate auszuprobieren, um einen Eindruck der Pigmentierung, des Fließverhaltens und der Farbwirkung zu bekommen.

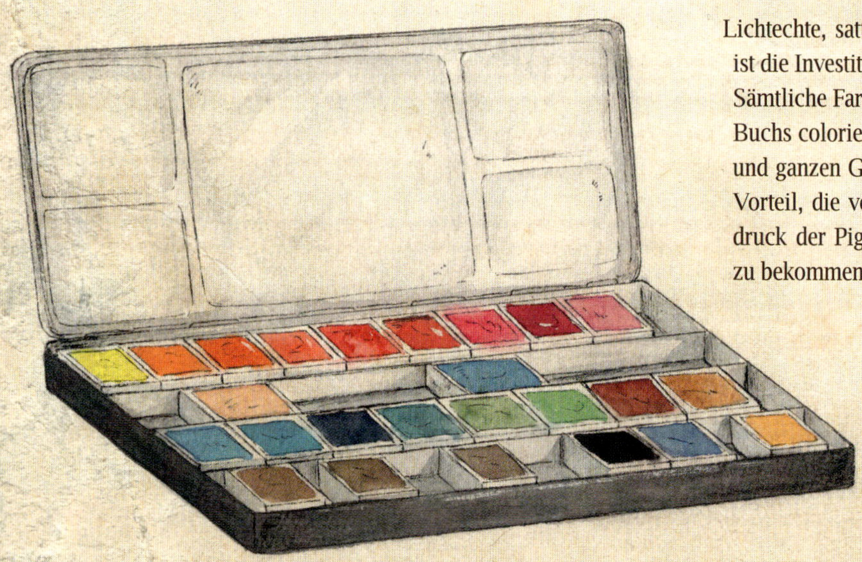

*Ausführliche Grundlagen zum Umgang mit den Materialien, eine kleine Farbenlehre sowie „Schritt-für-Schritt-Anleitungen" zum Colorieren finden sich im ersten Teil der Zeichenbuchreihe „Faszinierende Drachenwelt".

Radiergummi

Idealerweise sollte ein Radiergummi das Papier nicht aufreißen und wenig Flocken bilden. Darüber hinaus ist es wichtig, besonders bei getuschten Zeichnungen, dass das Lineart nicht verschmiert wird. Grundsätzlich ist es vor dem Ausradieren einer unterliegenden Skizze ratsam, eine Weile zu warten, bis die Tinte vollständig getrocknet ist. Ergänzend lohnt sich auch die Anschaffung eines Radiergummistifts für besonders feine Arbeiten.

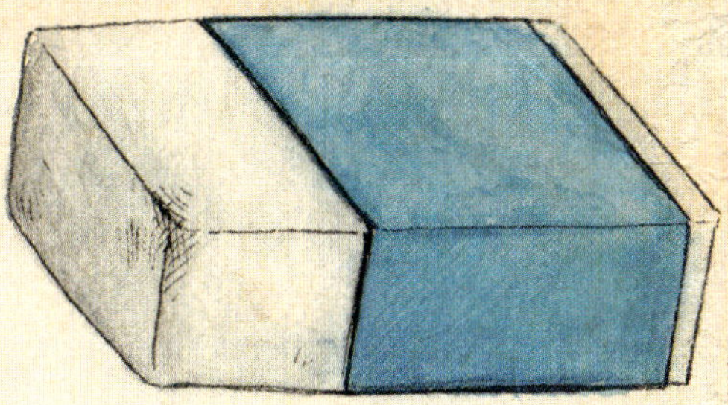

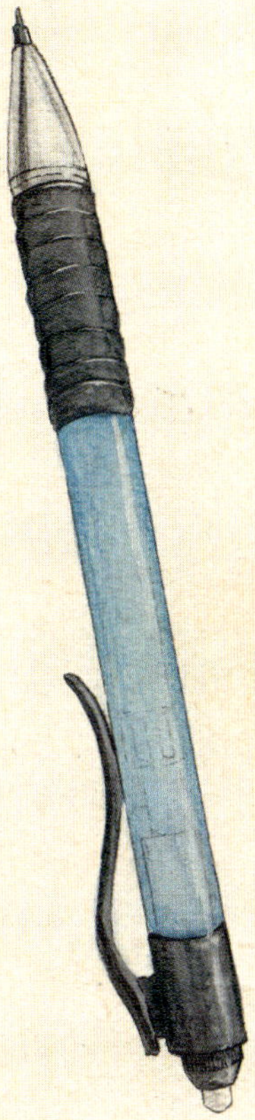

Bleistift

Die Arbeit mit einem Druckbleistift ist vor allem bei detailreichen Motiven von Vorteil. Die feinen Minen sind im Stiftkorpus geschützt und müssen nicht immer wieder angespitzt werden. Druckbleistiftminen gibt es in vielen verschiedenen Stärken und Farben. Für die Bleistiftskizzen in den Anleitungen dieses Buchs wurde der Faber Castell® GRIP MATIC 0.7 verwendet. Natürlich lassen sich alle Zeichnungen aber ebenso gut mit anderen Bleistifttypen umsetzen.

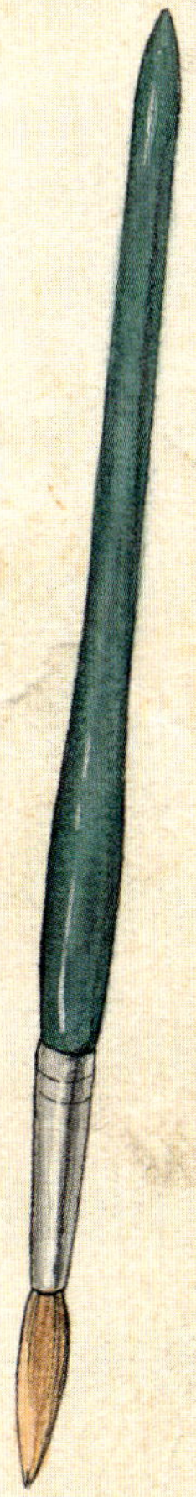

Pinsel

Qualitativ hochwertige Pinsel erleichtern die Coloration maßgeblich. Auf dem Markt gibt es eine Vielzahl von Synthetik- und Echthaarpinseln. Für welche man sich letztlich entscheidet, bleibt dem eigenen Geschmack überlassen. Auch hier gilt: Umfangreiches Ausprobieren hilft bei der Findung der Modelle, die zur eigenen Zeichenpraxis gut passen.

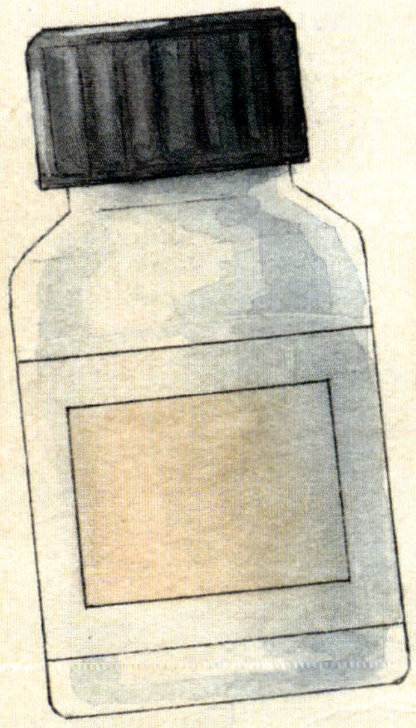

Weiße Tusche

Mit weißer Tusche lassen sich wunderbar Akzente setzen. Für die Coloration eines ausdrucksstarken Bildes gehört sie besonders im Aquarellbereich meist zur Grundausstattung und wird auch bei den Beispielen in diesem Buch häufig verwendet. Im Hinblick auf die Deckkraft und Konsistenz der Tusche bieten viele Hersteller unterschiedliche Produkte an. Es gibt spezielle Fabrikate für den Gebrauch mit einem Federkiel, und solche, die sowohl mit einem feinen Pinsel, als auch mit einer Schreibfeder aufgetragen werden können.

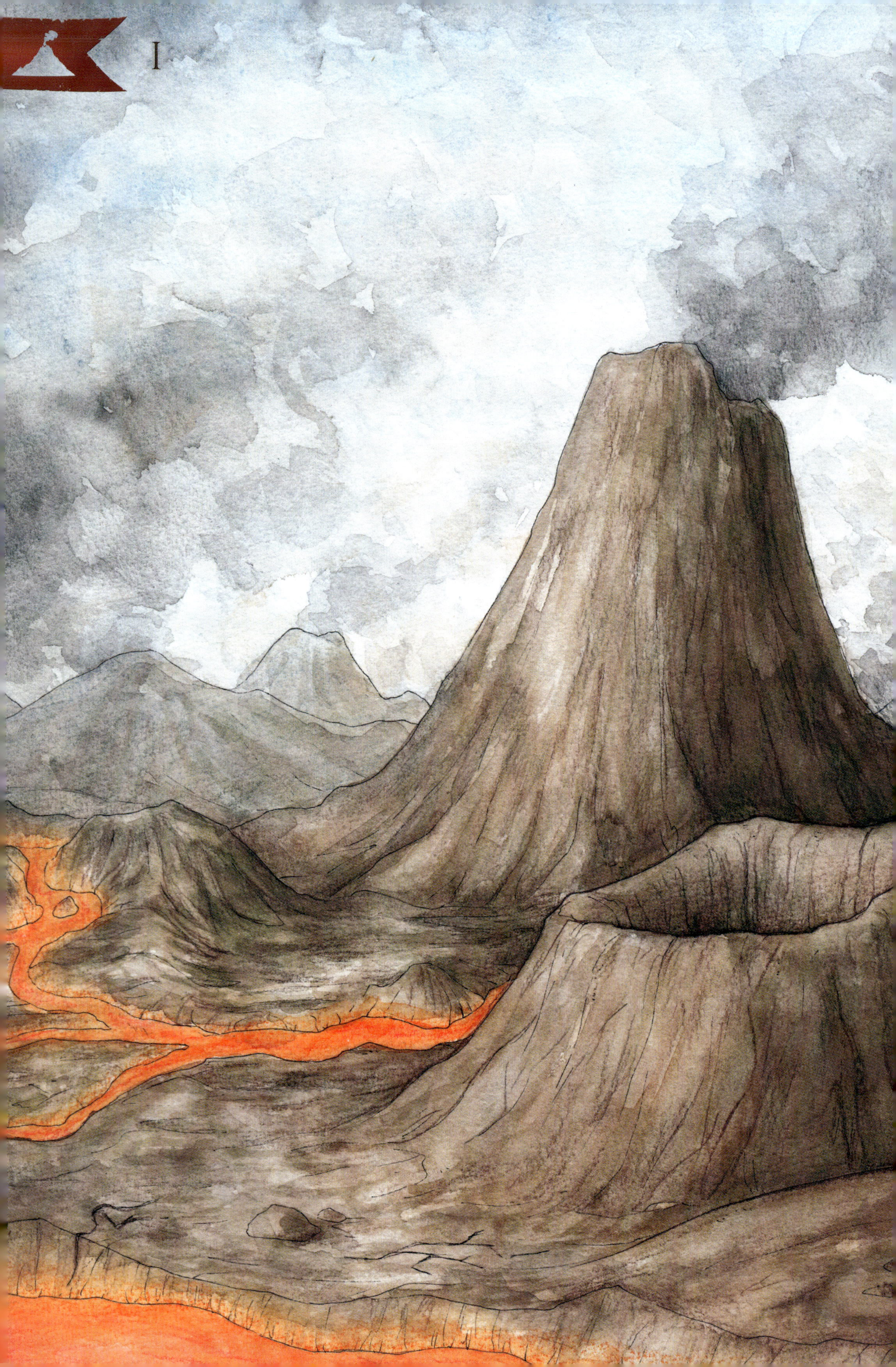

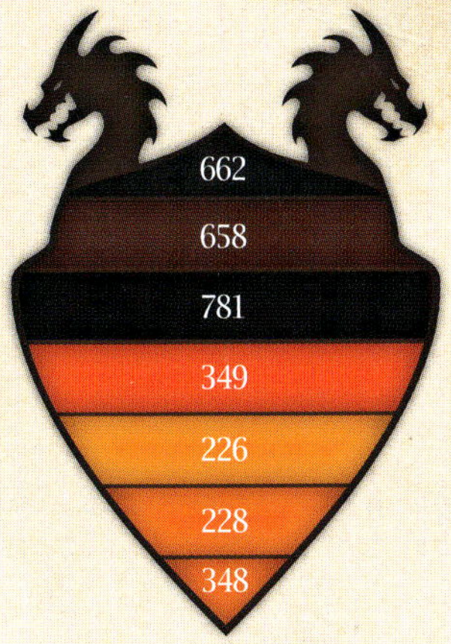

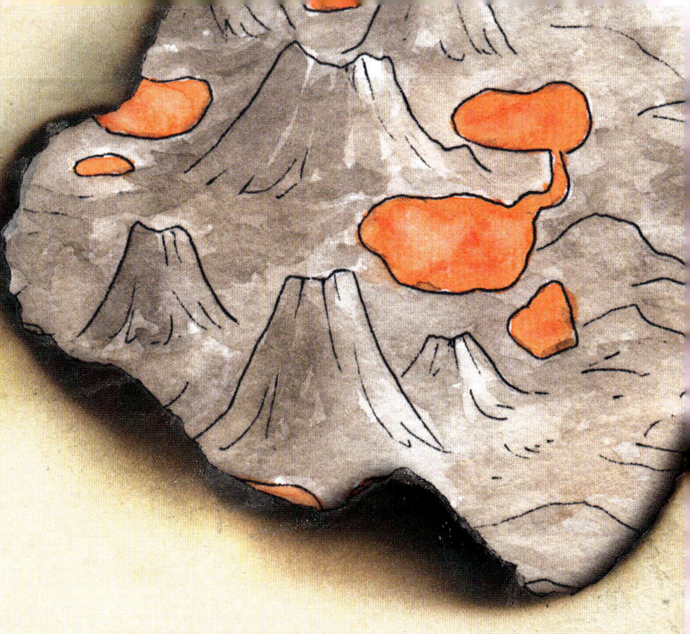

Vulkangebiete

Eine große Fläche im Westen des Kontinents wird von Vulkanen dominiert. Unzählige Schlote ragen in den Himmel hinauf und spucken regelmäßig Asche und Lava in die Luft.

Sollte ein Vulkan für eine gewisse Zeit ruhen, so gibt es andere, die aktiv werden und dafür sorgen, dass das Gebiet fast immer mit dunklen Wolken bedeckt ist. Am Fuße der riesigen Schlote ziehen sich glühende Lavaflüsse wie Adern über den steinigen Untergrund. Durch die vulkanische Aktivität gibt es hier viele Erdbeben, die neue Risse in den Boden reißen und dadurch mehr von dem Magma zu Tage fördern, das sich unter der Oberfläche angesammelt hat.

Auch wenn dieses Gebiet aufgrund seiner enormen Hitze, der ständigen Erdbeben und tückischen Vulkanausbrüche sehr lebensfeindlich erscheint, gibt es Drachen, die sich perfekt an diese Umgebung angepasst haben. So bevorzugen die Kraterdrachen zum Beispiel die Hitze der aktiven Vulkankrater, während die Feuersegler an den steilen Außenwänden der Schlote nisten und die Thermik der Lavaflüsse und -seen zum Fliegen ausnutzen.

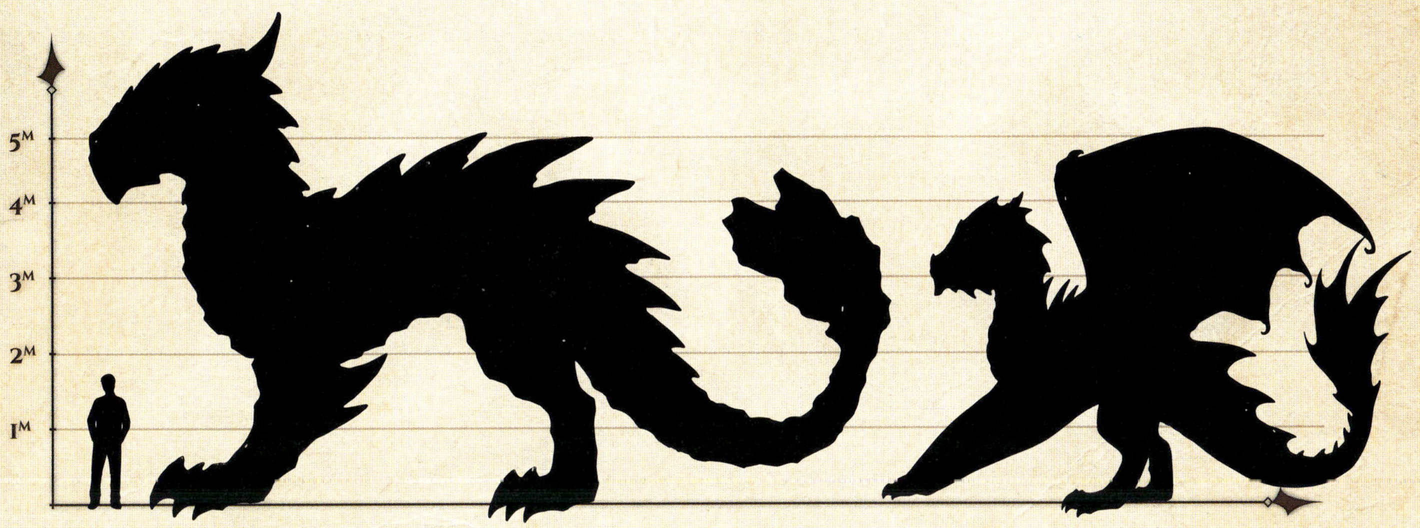

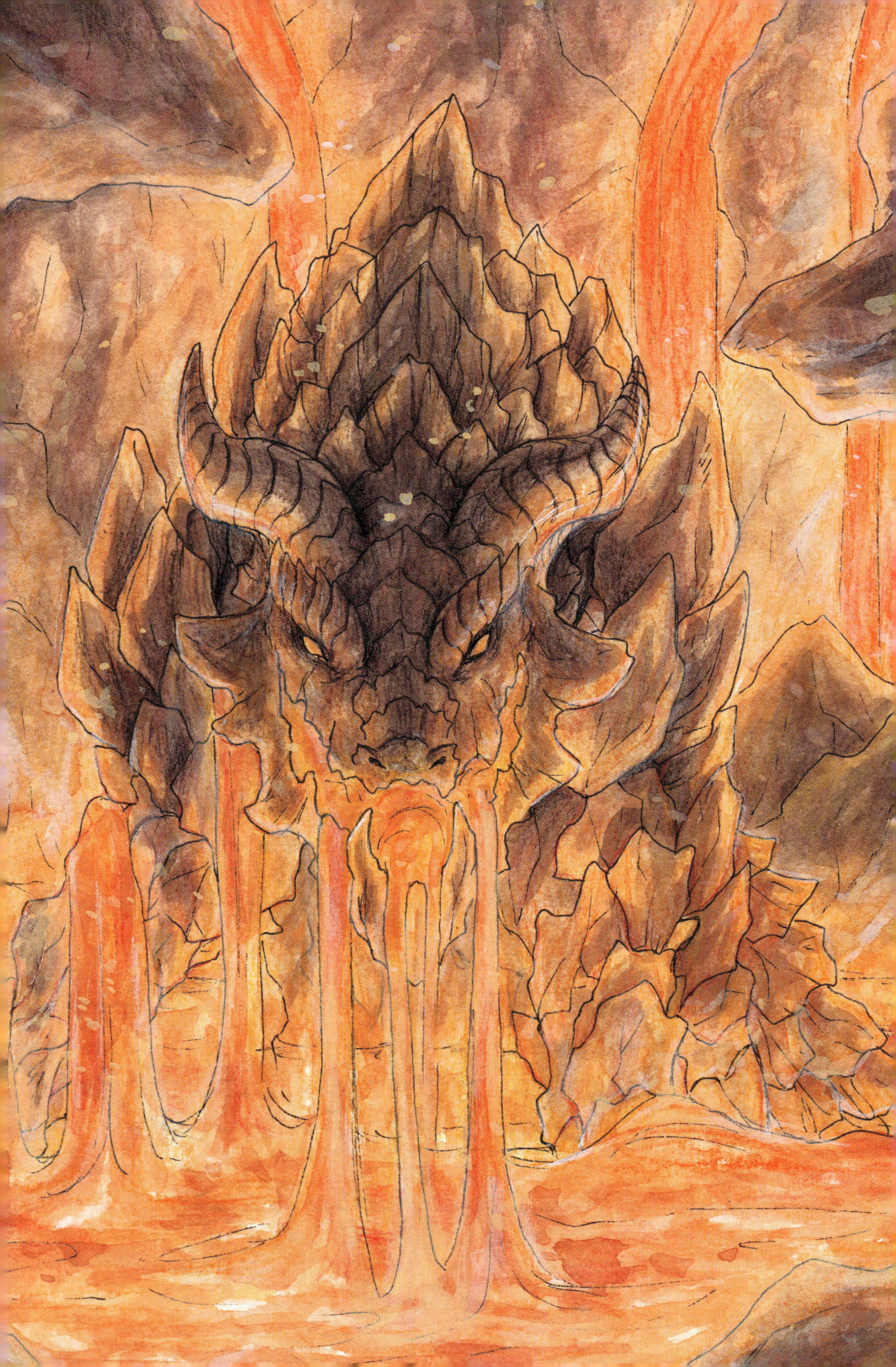

Kraterdrache

In den Tiefen der Krater aktiver Vulkane lebt eine Drachenart, die sich hervorragend an die glühende Hitze dort angepasst hat. Für Kraterdrachen gilt: Je heißer, desto besser.

Kraterdrachen bevorzugen verzweigte Höhlensysteme, die an aktive Magmakammern grenzen und direkten Zugang dazu besitzen. Mehrmals am Tag tauchen sie durch das dickflüssige Magma und suchen nach seltenen Gesteinsablagerungen, die man nur an diesem sonst lebensfeindlichen Ort finden kann. Diese dienen den Drachen, neben den häufiger vorkommenden Magmakristallen, als Nahrungsquelle.

Normalerweise verbringen Kraterdrachen ihr ganzes Leben in einem einzigen Vulkan und bleiben in einer Gruppe zusammen. Der einzige Zeitpunkt, zu dem sie ihre Heimat verlassen müssen, ist, wenn der Vulkan kurz vor dem Erlöschen steht. Dann sind die Drachen dazu gezwungen, den Krater zu verlassen und sich innerhalb weniger Tage einen neuen zu suchen, da sie nicht lange ohne Nahrung und Hitze überleben können.

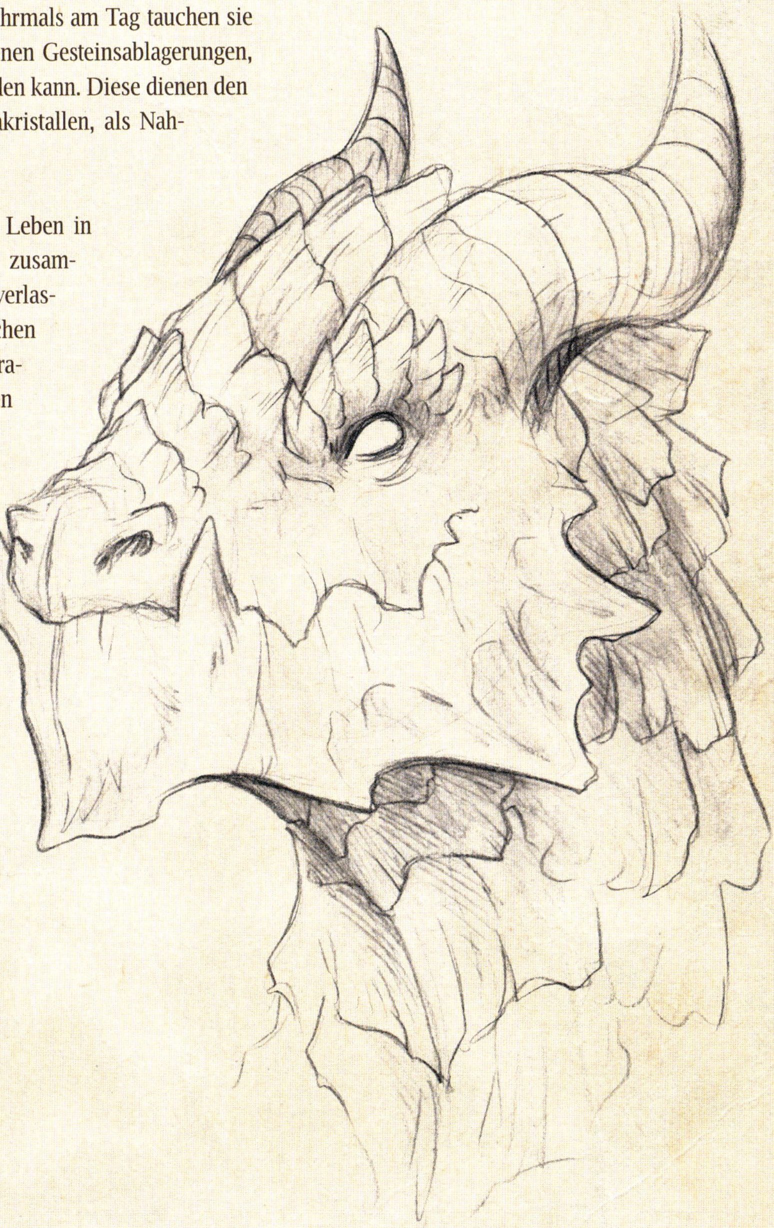

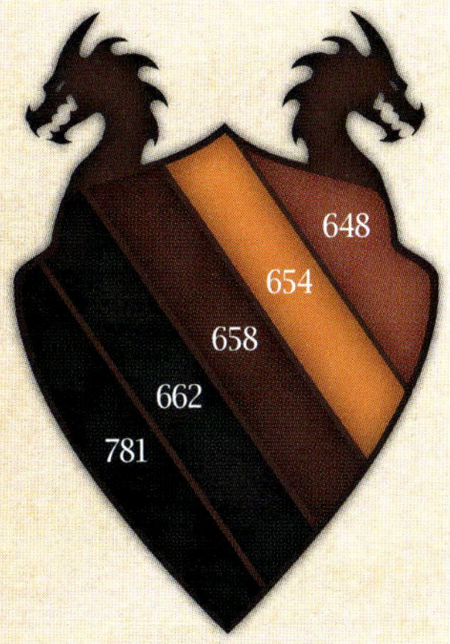

Aussehen

Kraterdrachen sind auf den ersten Blick leicht mit grobem Gestein oder erhärteter Lava zu verwechseln. Ihre Schuppen sind sehr robust und dick und schützen den Körper wie eine unzerstörbare Panzerung vor Hitze und Angreifern. Durch ihre wuchtige Erscheinung sind sie nicht sehr agil und relativ langsam, doch in den Tiefen der Krater gibt es keine Feinde, vor denen sie sich verstecken müssten.

Die Platten am Ende des Schwanzes sind besonders breit und aufgefächert, sodass sie damit flüssiges Gestein über ihre Gelege schaufeln oder die Eier im Nest wenden können. Sie besitzen keine Flügel und sind an das Leben im Untergrund angepasst.

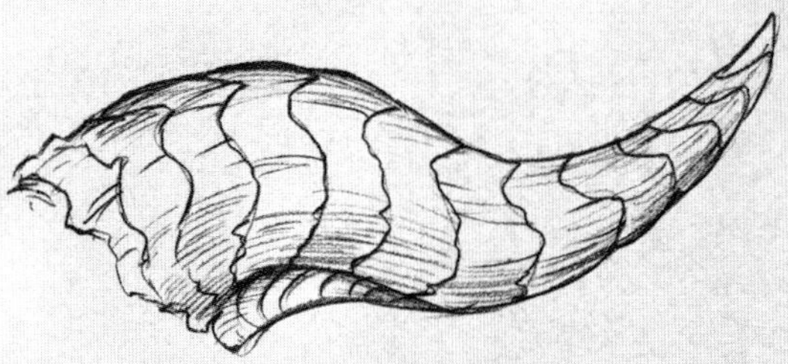

HÖRNER

Die Hörner der Kraterdrachen sind geschwungen und laufen am Ende spitz zu. Obwohl diese auf der Oberseite so schroff sind, wie die Panzerplatten auf ihrem Rücken, ist die Unterseite der Hörner glatt wie Marmor.

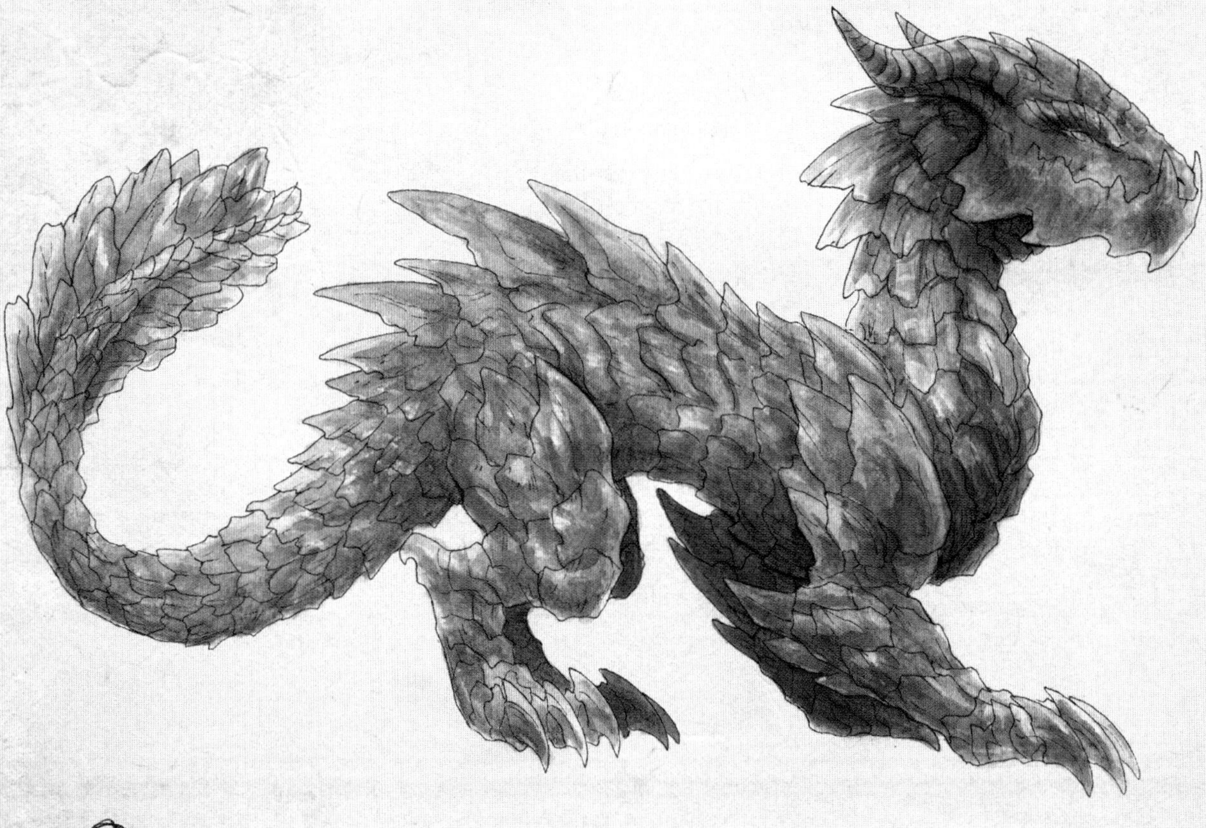

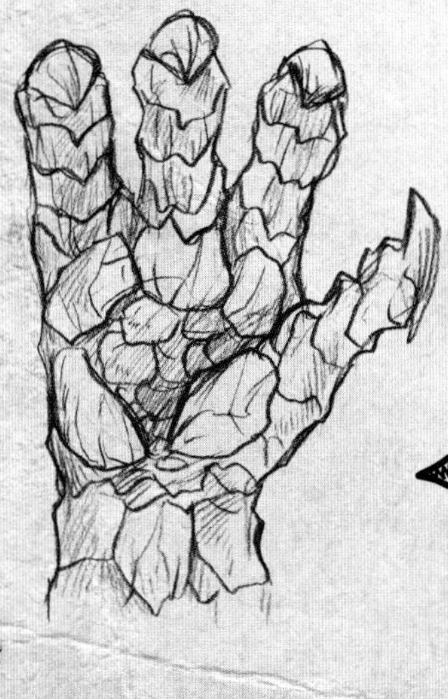

KLAUEN

Der gesamte Körper eines Kraterdrachen ist mit dicken, steinartigen Schuppen überzogen. Ihre Klauen sind extrem hart und können sich durch die meisten Gesteinsarten graben.

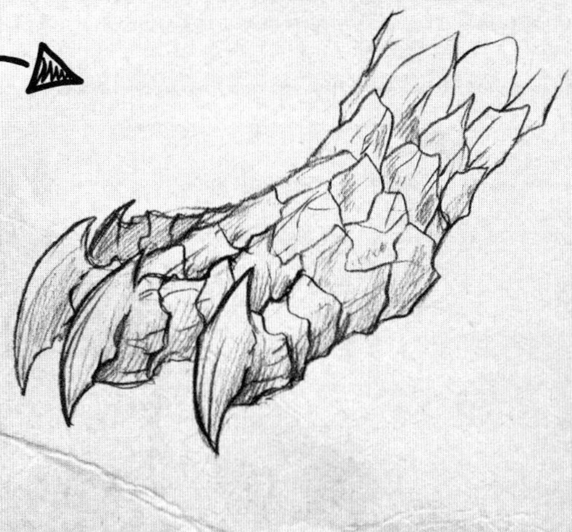

MAUL

Kraterdrachen haben keine Zähne. Sie besitzen vorn am Unterkiefer lediglich zwei Hauer, die ihnen dabei helfen, Gestein abzutragen und zu zerkleinern.

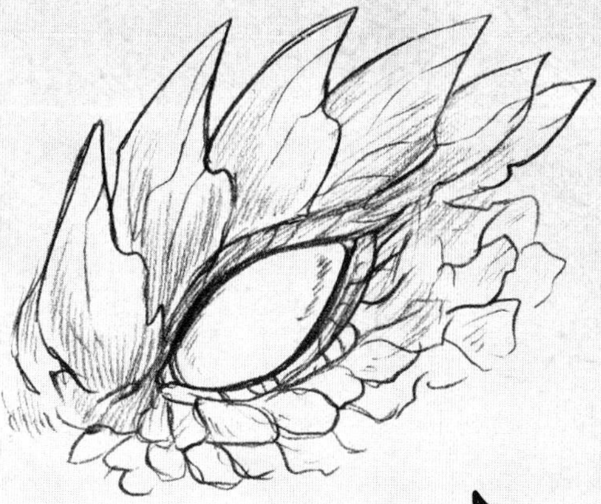

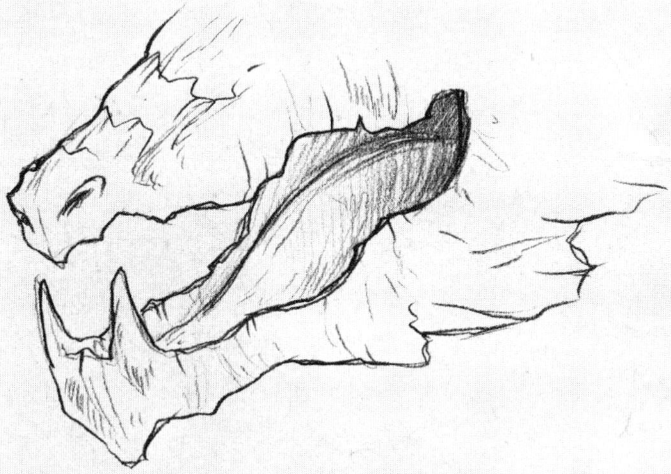

AUGEN

Bei normalem Tageslicht können Kraterdrachen kaum sehen, doch in der Dunkelheit und in den vom Magma erhellten Höhlen unter der Erde finden sie sich sehr gut zurecht.

SCHWANZ

Das Ende des Schwanzes ist mit breiten Steinplatten bedeckt. Mit ihnen können Kraterdrachen beim Graben Magma und erkaltendes Gestein oder Geröll zur Seite schieben. Der Schweif dient aber auch als nützliches Ruder beim Tauchen und fungiert auch als Werkzeug, um die Eier im Nest optimal zu platzieren und zu drehen.

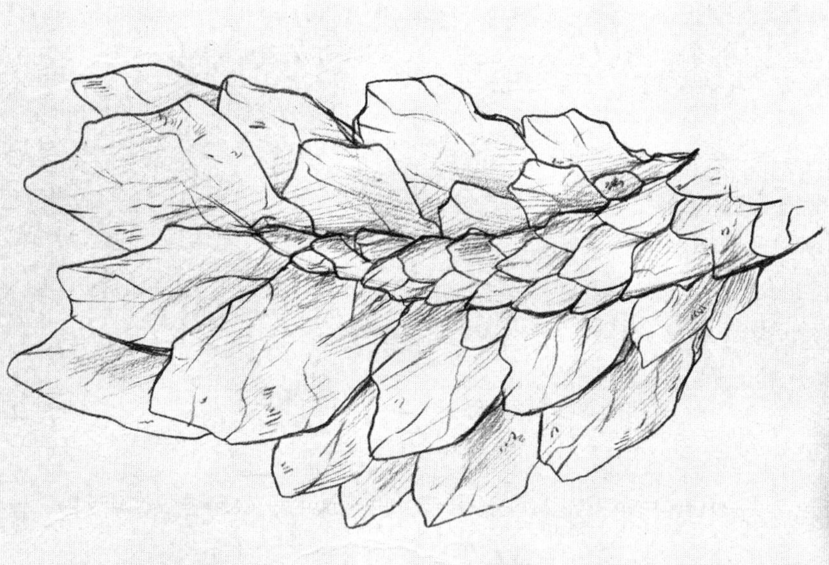

ÜBRIGENS

Durch ihre Robustheit und Hitzeresistenz sind Kraterdrachen dazu in der Lage, ihr Maul mit glühendem Magma zu füllen und damit auf potenzielle Angreifer zu spucken.

Eier und Babys

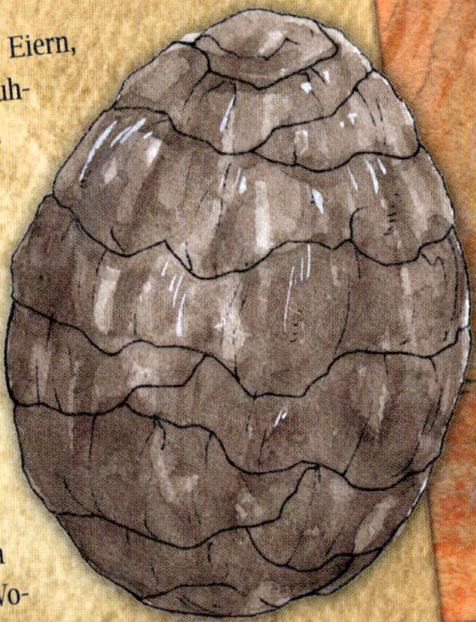

Das Gelege besteht im Durchschnitt aus vier bis fünf Eiern, die dicht zusammen in einer mit Magma gefüllten Kuhle liegen und sehr viel Aufmerksamkeit benötigen. Die richtige Temperatur ist während der Brutzeit entscheidend, weshalb die Eier regelmäßig von den Eltern gewendet werden müssen, damit sie gleichmäßig der Hitze ausgesetzt sind.

Die jungen Kraterdrachen wachsen sehr schnell und besitzen schon vom Moment des Schlüpfens an ihre typische dicke Panzerung. Zu Beginn müssen sie sich noch auf ihre Eltern verlassen, die ihnen Futter besorgen, doch aufgrund ihrer hohen Lernfähigkeit können sie schon nach wenigen Wochen selbstständig danach suchen.

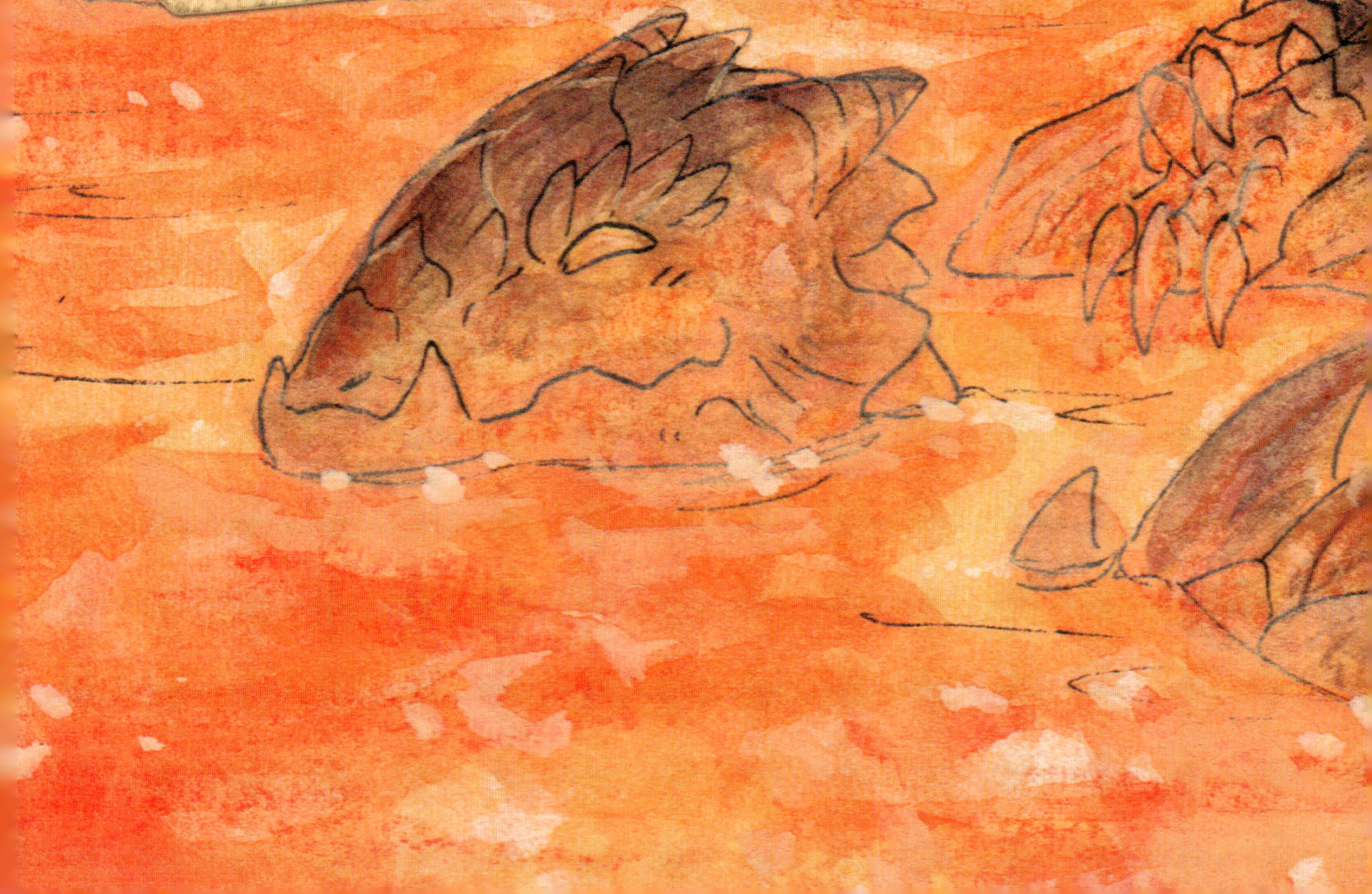

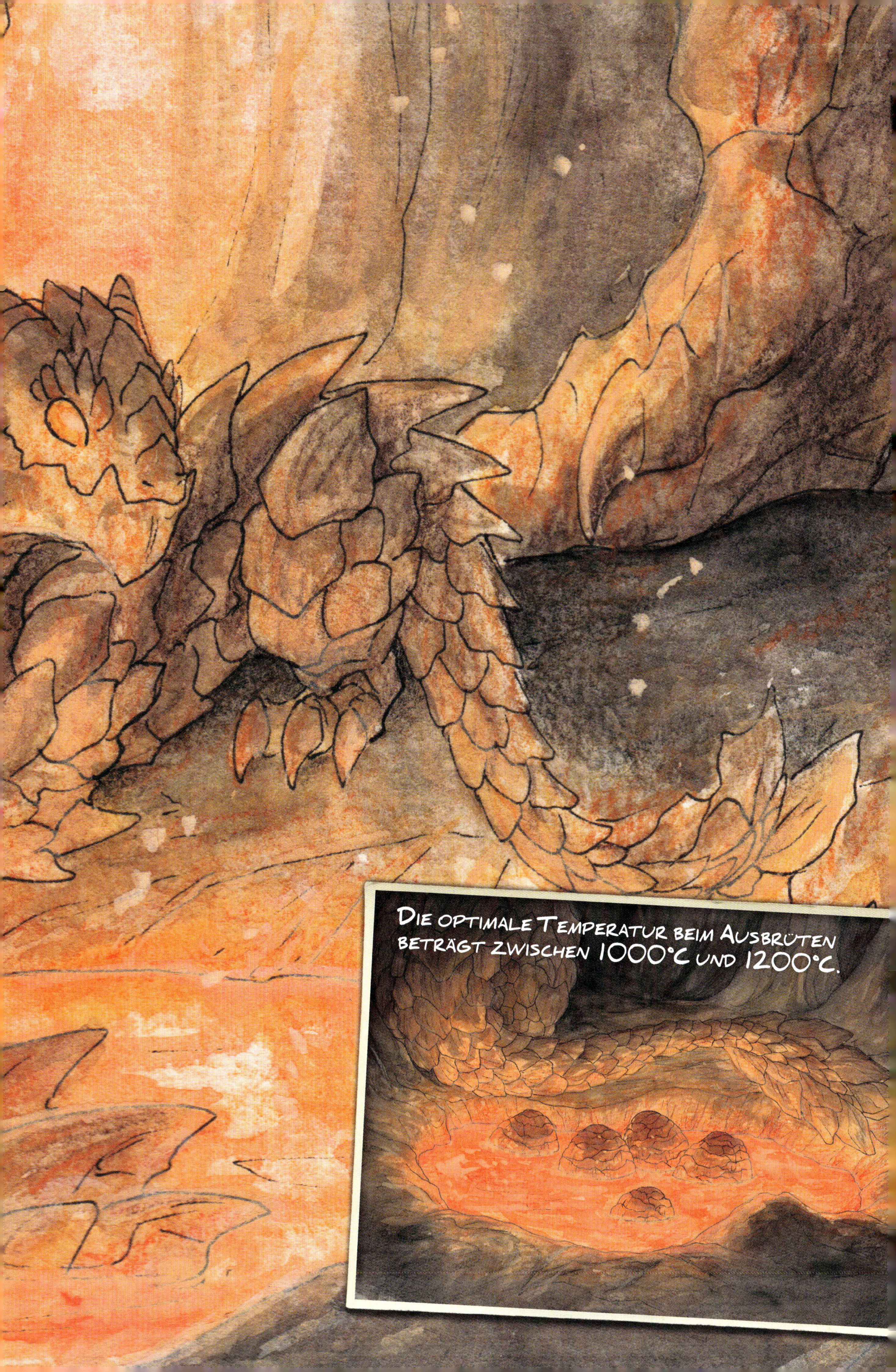
Die optimale Temperatur beim Ausbrüten beträgt zwischen 1000°C und 1200°C.

Einen Kraterdrachen zeichnen

Der Grundaufbau des Körpers des Kraterdrachen ist dem eines klassischen westlichen Drachen* sehr ähnlich. Die Schnauze ist breit und kurz und auch der Schwanz ist nicht allzu lang.

I

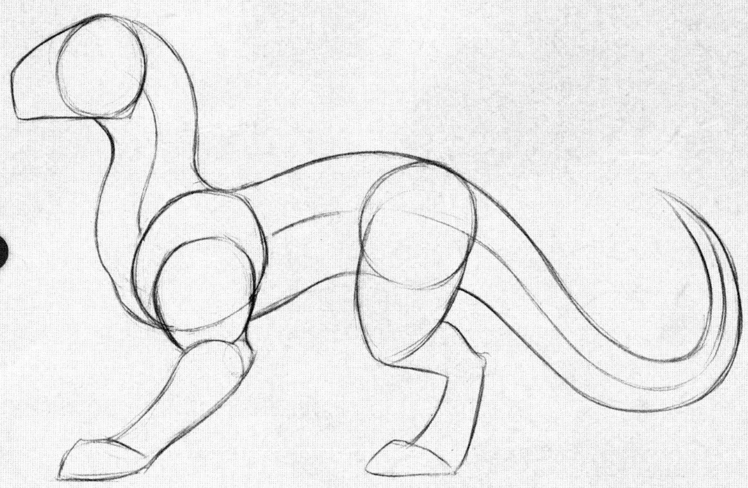

In diesem Schritt wird die Form des Kopfes bestimmt sowie das Gesicht und die Hörner eingezeichnet. Nun geht es an die Panzerung des Drachen. Da der Körper mit vielen dicken, steinartigen Platten bedeckt ist, ist es am einfachsten, mit den größten an Armen und Beinen zu beginnen. Die Platten müssen nicht besonders gerade sein. Durch eine zackige oder grobe Linienführung wirken sie natürlicher. Die ersten Hilfslinien können anschließend wegradiert werden.

II

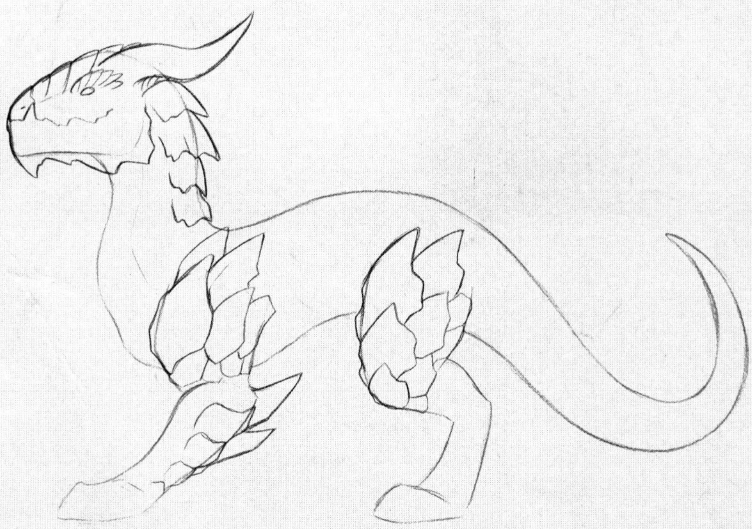

Als nächstes folgen die spitz zulaufenden Platten auf dem Rückenkamm, die bis zur Hüfte immer größer werden und dann wieder abnehmen. Auf beiden Seiten der Schwanzspitze wachsen flache, breite Platten in mehreren Reihen hintereinander. Es folgen weitere Details, wie die Krallen an den Pfoten und die Panzerplatten an Hals und Brust. Die noch leeren Flächen auf den Beinen können mit vielen kleineren Platten bedeckt werden.

III

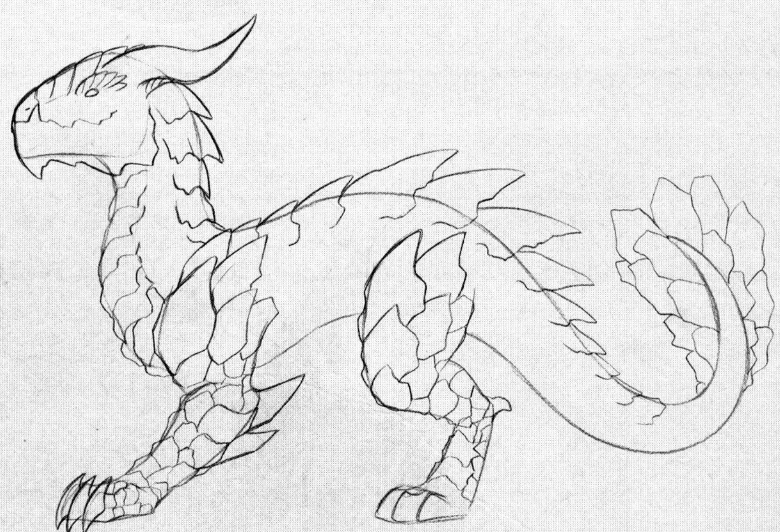

In diesem Schritt werden noch mehr Details eingezeichnet. Der Rest des Körpers wird mit Panzerschuppen bedeckt, um dem Drachen ein ‚steiniges' Aussehen zu verleihen.

IV

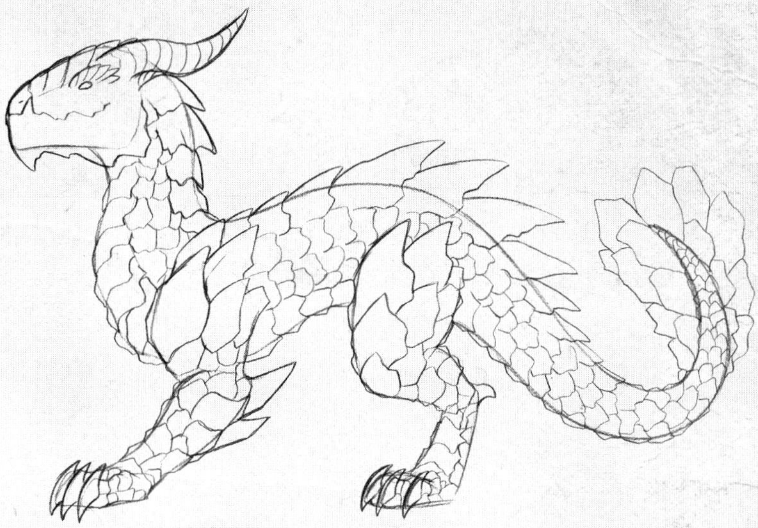

Im letzten Schritt werden die Hilfslinien vollständig wegradiert. Ein paar Schraffierungen und Risse in den Panzerplatten lassen diese noch rauer erscheinen.

V

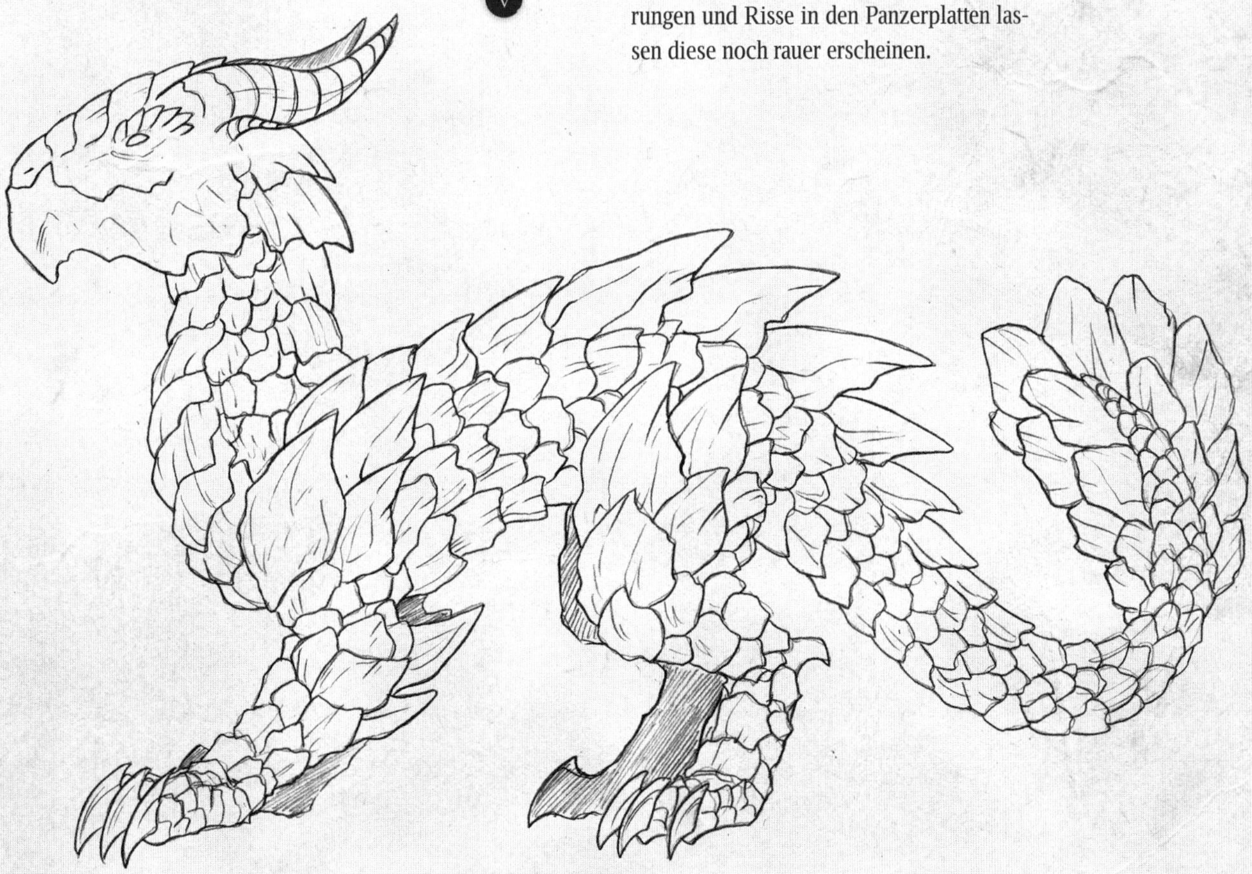

*Eine detaillierte Anleitung zum Zeichnen westlicher Drachen findet sich im ersten Teil der "Faszinierenden Drachenwelt".

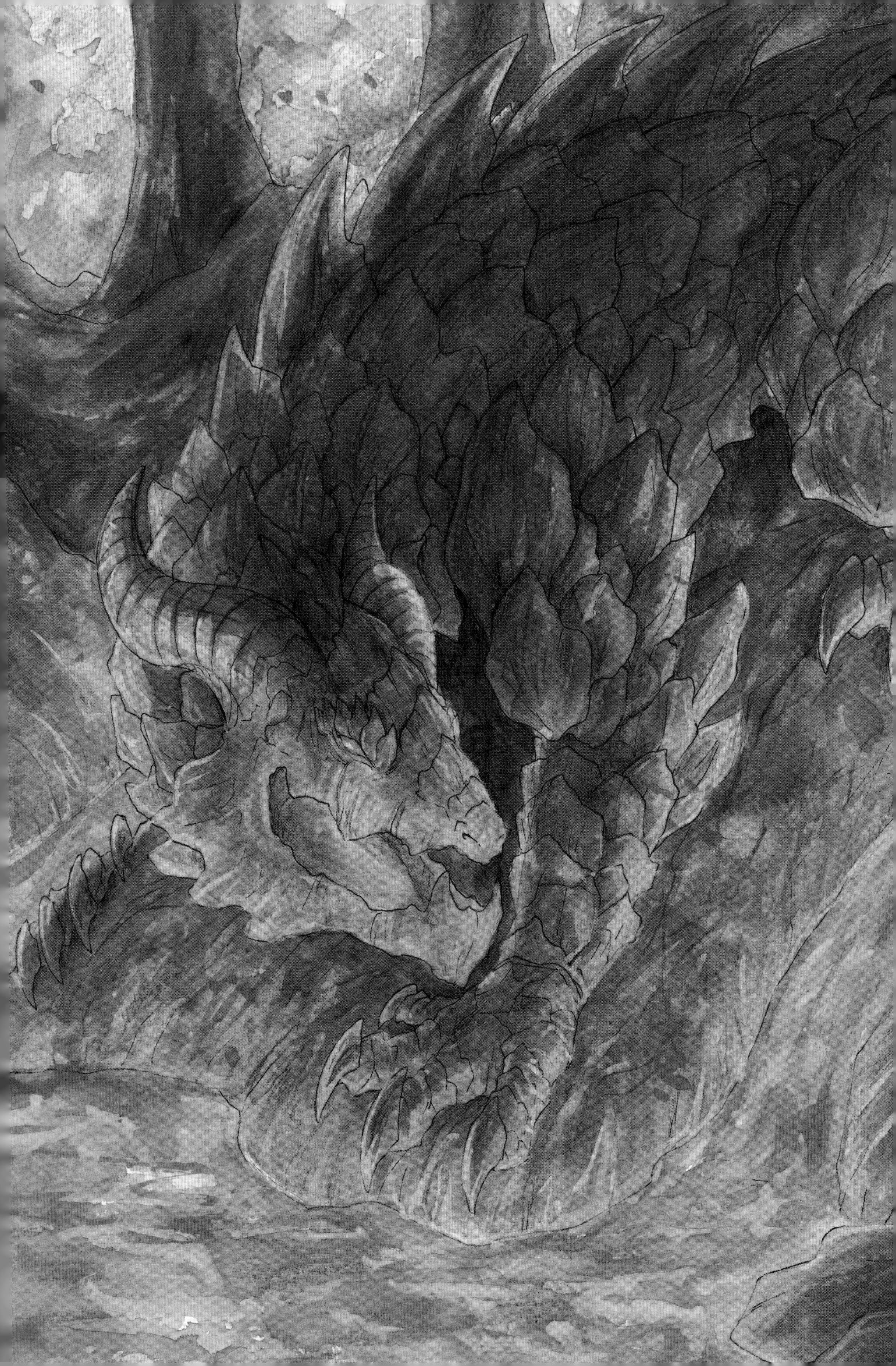

Coloration eines Lavabeckens

I

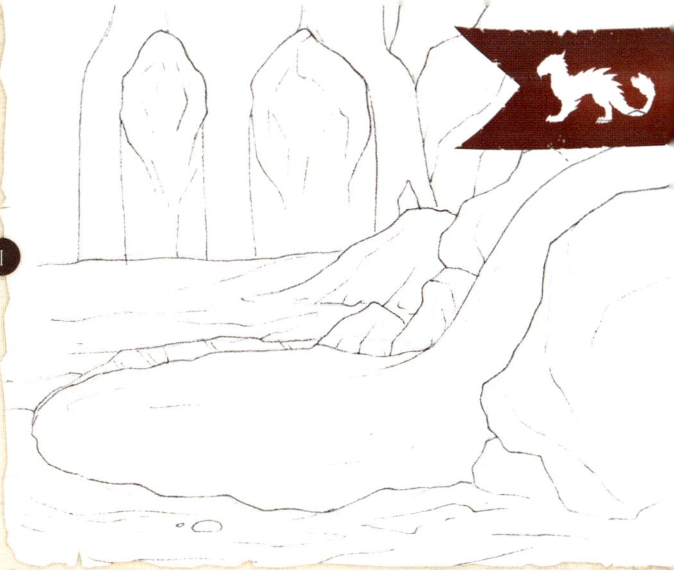

Zuerst werden das Lavabecken und die Kraterhöhle vorgezeichnet. Diese Linien werden sehr fein mit Bleistift gezogen, um nach der Coloration eine realistischere Darstellung zu erreichen. Wenn man, wie hier im Beispiel, die Konturen hervorheben möchte, empfiehlt es sich, mit einem Fineliner oder Tuschestift zu arbeiten.

II

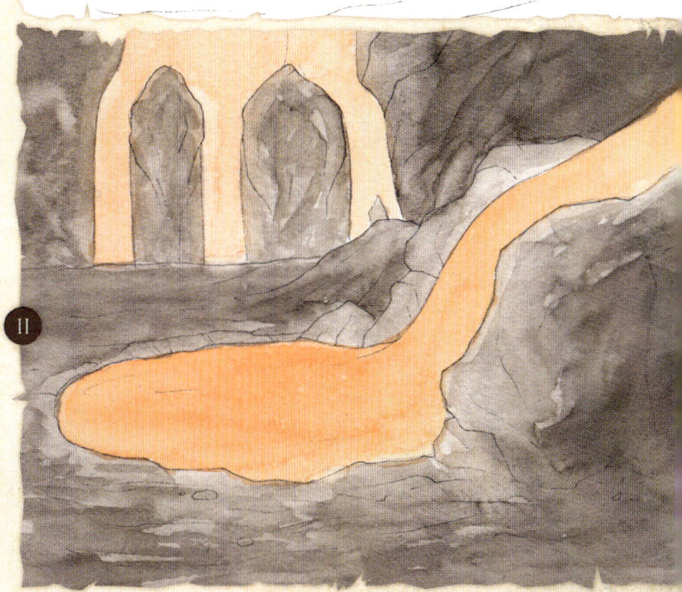

Grundiert wird die Lava wird mit einem hellen Orange. Die Fläche kann ruhig ungleichmäßig ausgefüllt sein und hellere sowie dunklere Stellen aufweisen. Die Felsen der Höhle bekommen ein dunkles Braun. Bei der Schattierung sollte man beachten, dass das Licht von der Lava ausgeht. Um die Flüsse und Pfützen herum wird es also heller.

III

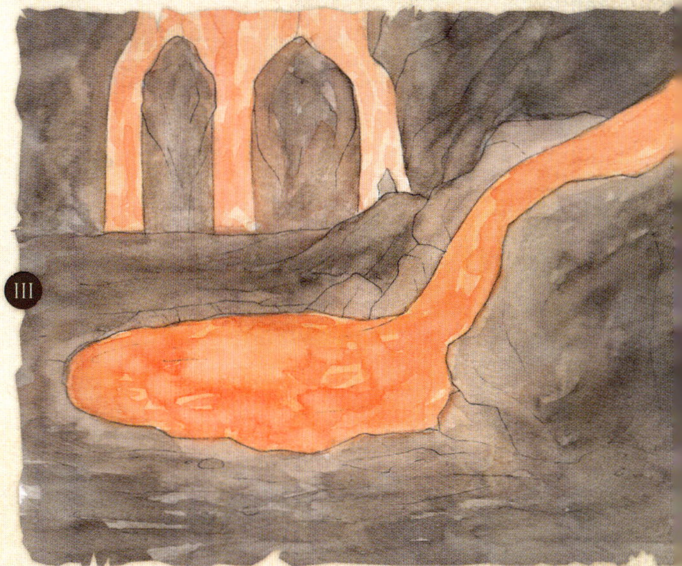

Nun bekommt die Lava etwas mehr Struktur. Das flüssige Gestein ist durch die Bewegung an verschiedenen Stellen unterschiedlich heiß. Dies bedeutet, dass die etwas abgekühlte Lava dunkler und nicht mehr so flüssig ist. Mit einem Pinsel werden grobe, orange-rote Flecken auf die Lava getupft und die Ränder mit etwas Wasser angelöst, damit sie miteinander verfließen können. Durch diese Technik erhält die Lava nach und nach eine natürliche Struktur.

IV

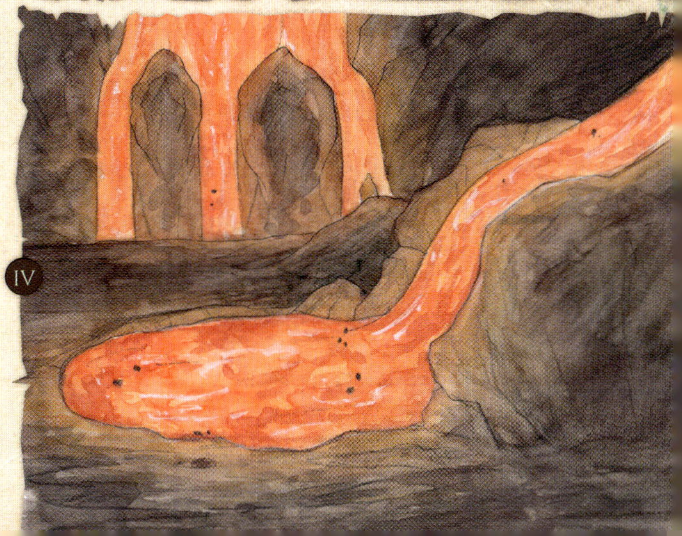

Um noch mehr Dynamik und Tiefe zu erzeugen, wird der vorherige Colorationsschritt mit einem dunklen Rot wiederholt. Die Struktur sollte hier allerdings etwas feiner als zuvor umgesetzt werden. Kleine Dampfschwaden lassen sich gut mit weißer Tusche ergänzen. Schwarze Punkte stellen aufsteigende Aschepartikel dar. Zuletzt wird die Höhle weiter schattiert, sodass die Bereiche, die am weitesten von der Lava entfernt sind, am dunkelsten erscheinen. Das Gestein um die Lava wird mit einem gelborangenen Lichtschein versehen.

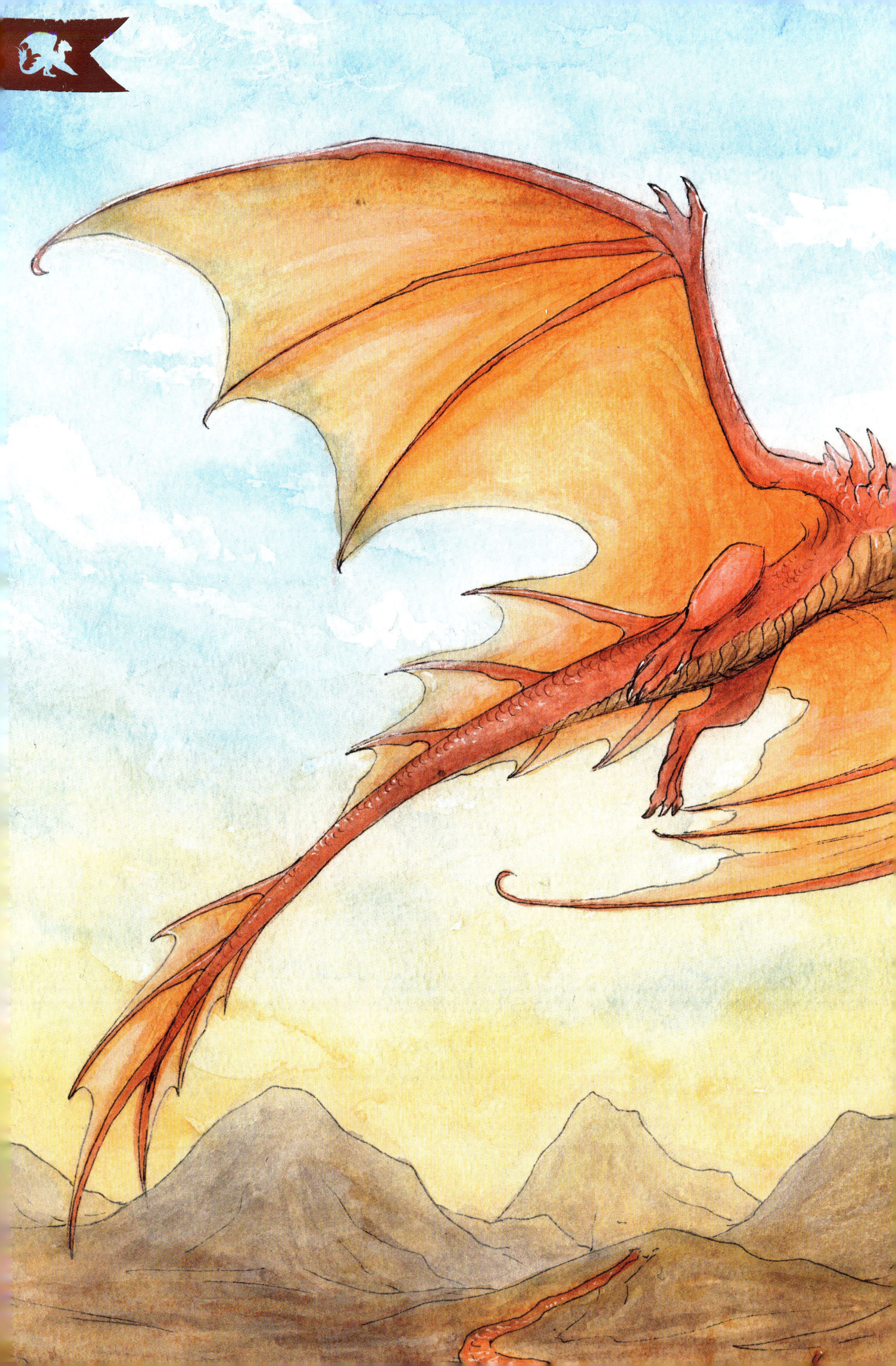

Feuersegler

Diese Drachen sind geborene Flieger und verbringen die meiste Zeit ihres Lebens in der Luft.

In den weiten Vulkanlandschaften mit den offenen Lavaseen und heißen Quellen gibt es genügend heiße Luft, die die Feuersegler als Auftrieb nutzen können, um sich lange Zeit mühelos in der Luft zu halten. Nachts oder bei Sturm suchen sie Schutz an den steilen Klippen am Rande der Vulkane, indem sie sich mit ihren langen Klauen an Vorsprüngen festhalten und sich in Nischen oder kleinen Höhlen ausruhen.

In den angrenzenden fruchtbaren Graslanden finden die Feuersegler genügend Nahrung, denn sie sind ausgezeichnete Jäger und stürzen sich schnell und gezielt auf ihre Beute herab.

Feuersegler sind dazu in der Lage, Feuer zu speien um sich so vor Angreifern oder Rivalen zu schützen. Da das Feuerspeien jedoch sehr an ihren Kräften zehrt, setzen sie diese Fähigkeit selten ein und wehren sich so lange wie möglich mit Klauen und Zähnen.

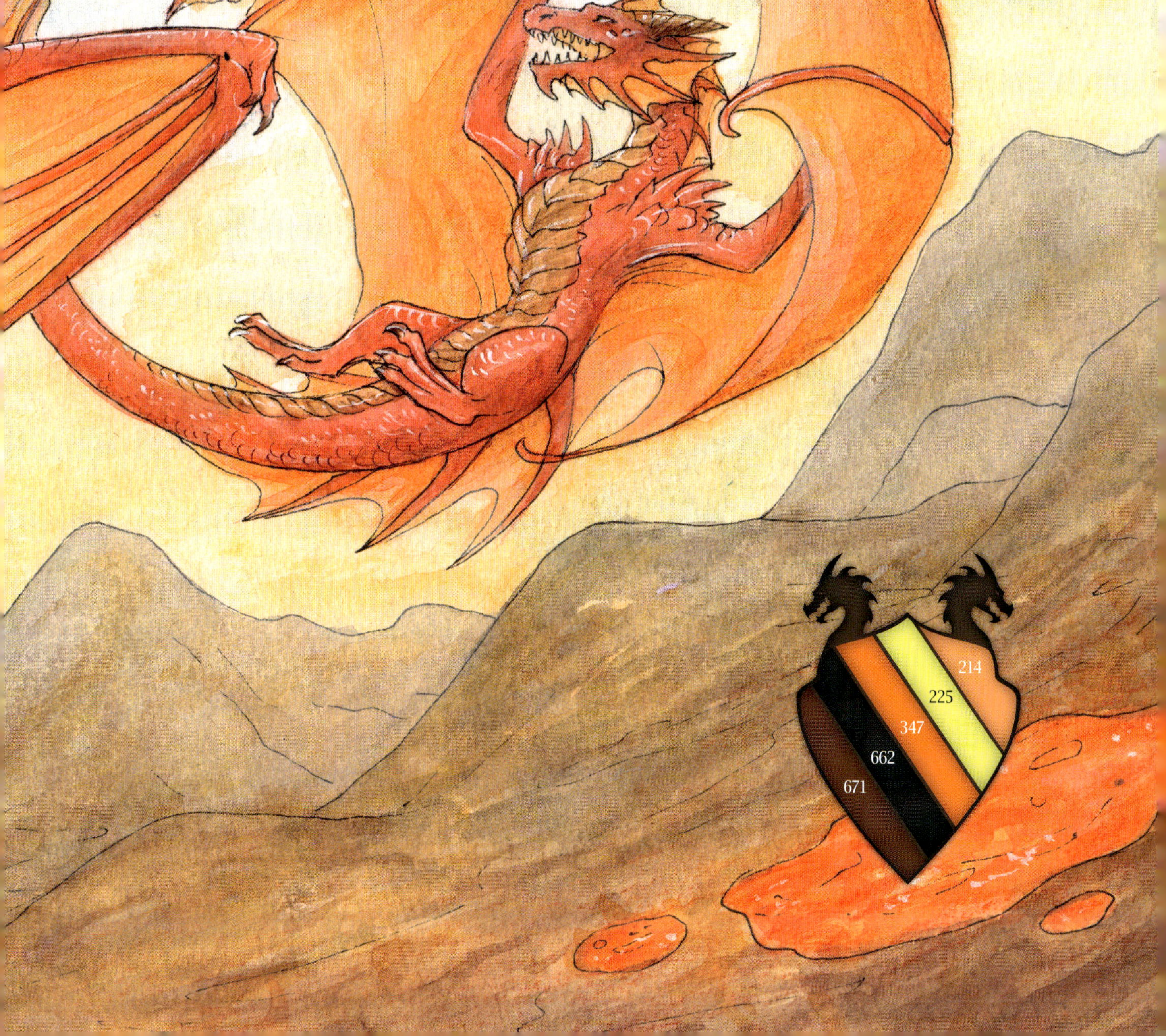

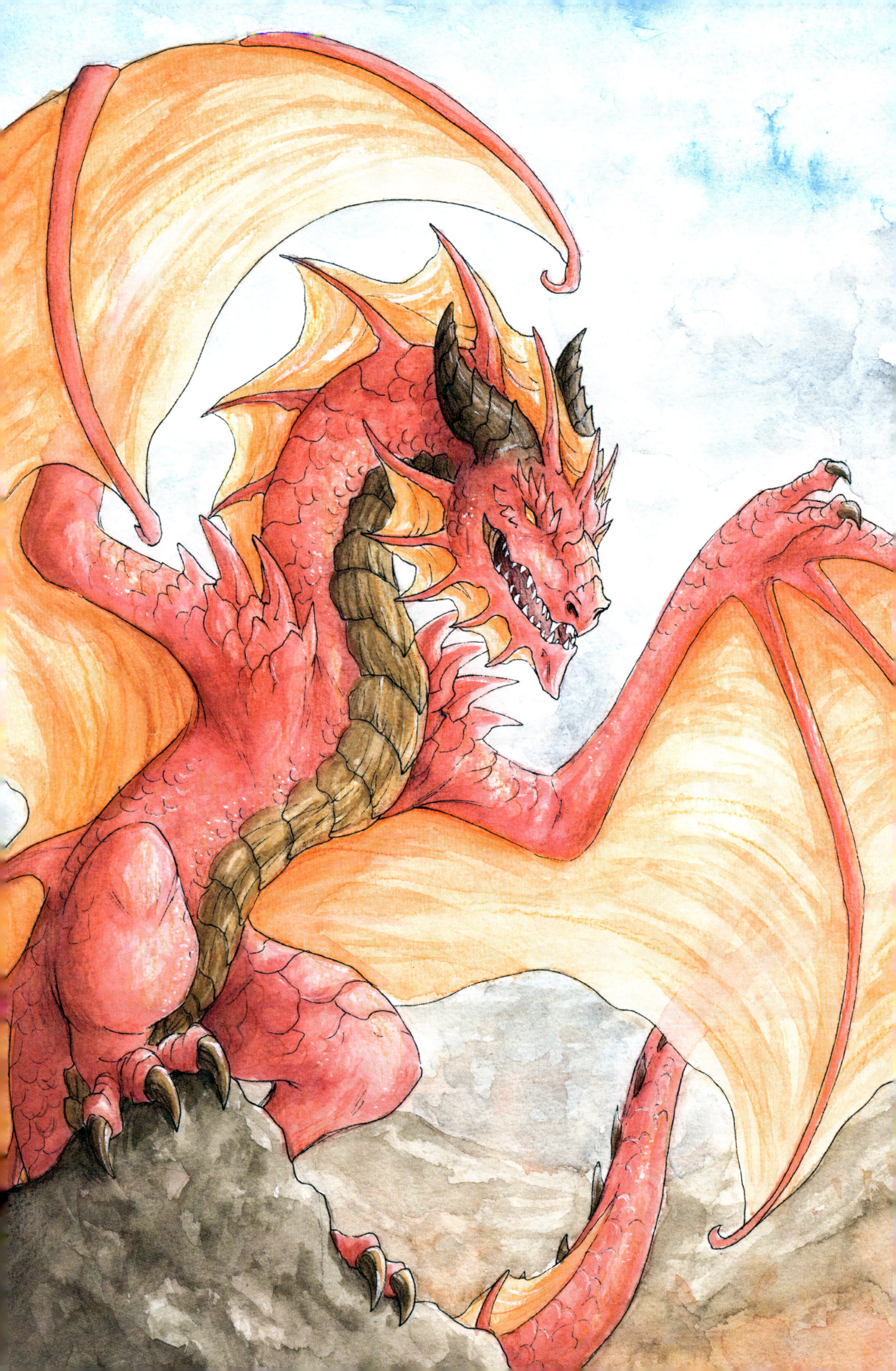

SCHWANZ

Das Ende des Schwanzes funktioniert wie ein Fächer – er kann aufgespannt werden, um als Ruder im Flug zu dienen, oder auch zusammengeklappt werden, wenn das Flugmanöver es verlangt.

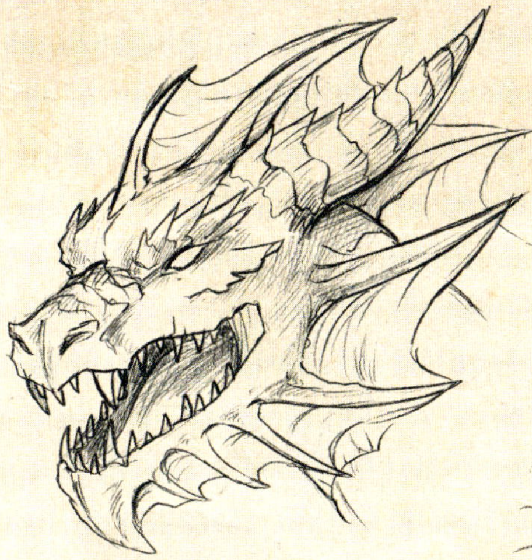

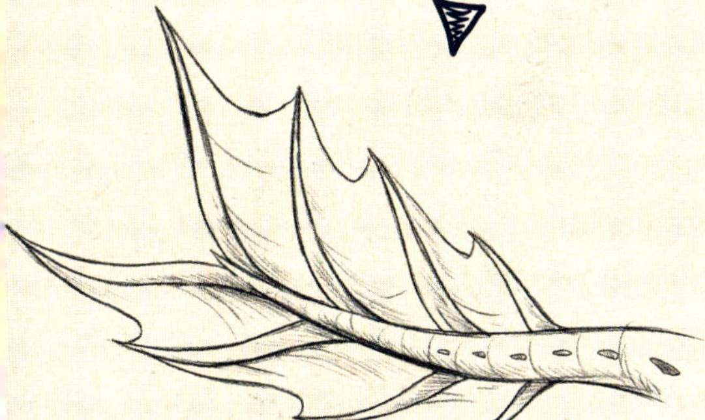

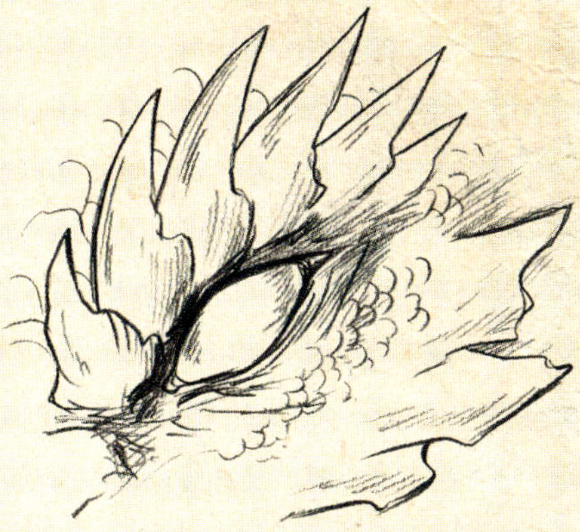

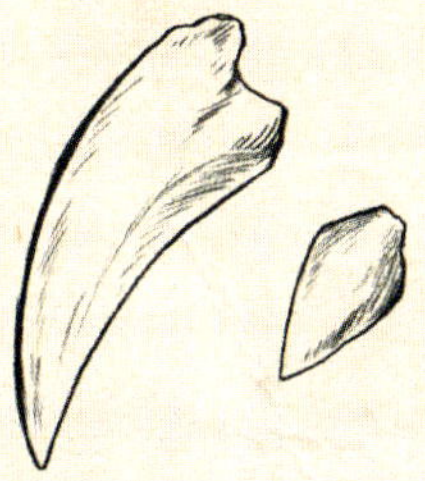

ZÄHNE & SCHUPPEN

Feuersegler haben dicke Schuppen, die sie vor der Hitze der Lavaströme schützen.

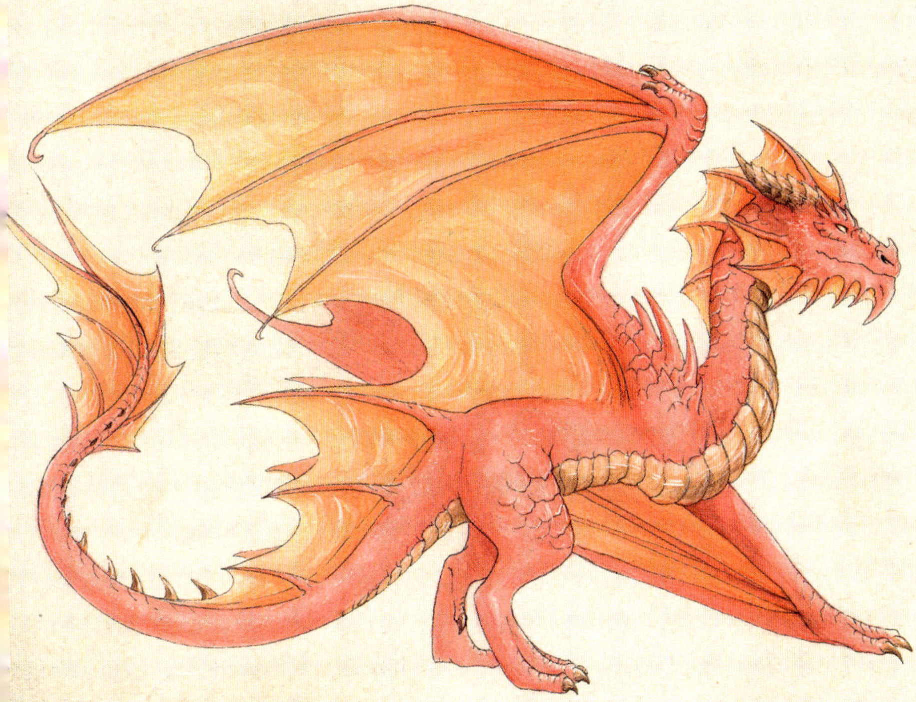

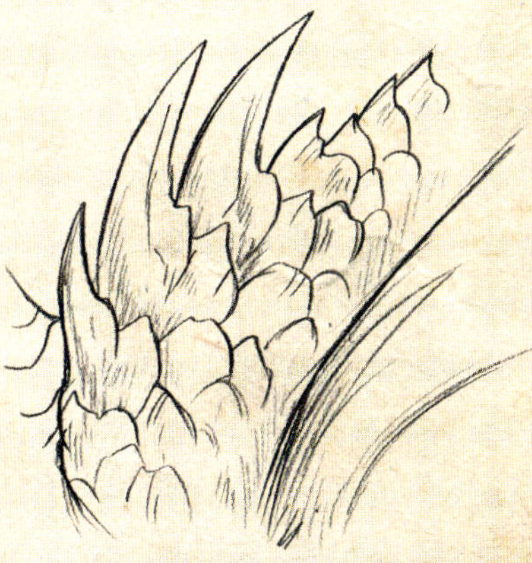

SCHULTER

Die Schulter ist mit sehr spitzen Schuppen und Stacheln besetzt.

AUSSEHEN

Feuersegler sind schlank und besitzen große, kräftige Flügel. Die Klauen am mittleren Flügelgelenk dienen zum Festhalten an Felsvorsprüngen. Neben den zusätzlichen Gleitflügeln an den Seiten ihres Körpers, hilft der breit aufgefächerte Schwanz bei Flugmanövern. Das Schuppenkleid der Feuersegler weist oft eine rote Färbung auf, die Lederhäute der Flügel nehmen dabei häufig eine etwas hellere Farbe an.

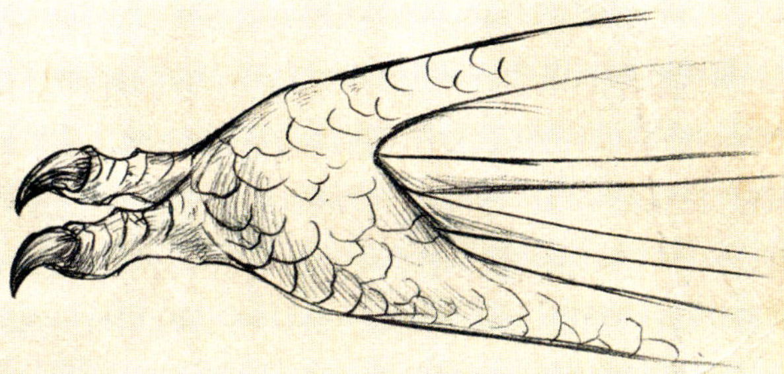

KRALLEN

Mit den Krallen an den Flügelgelenken können sich die Drachen an steile Vorsprünge und Steinwände hängen.

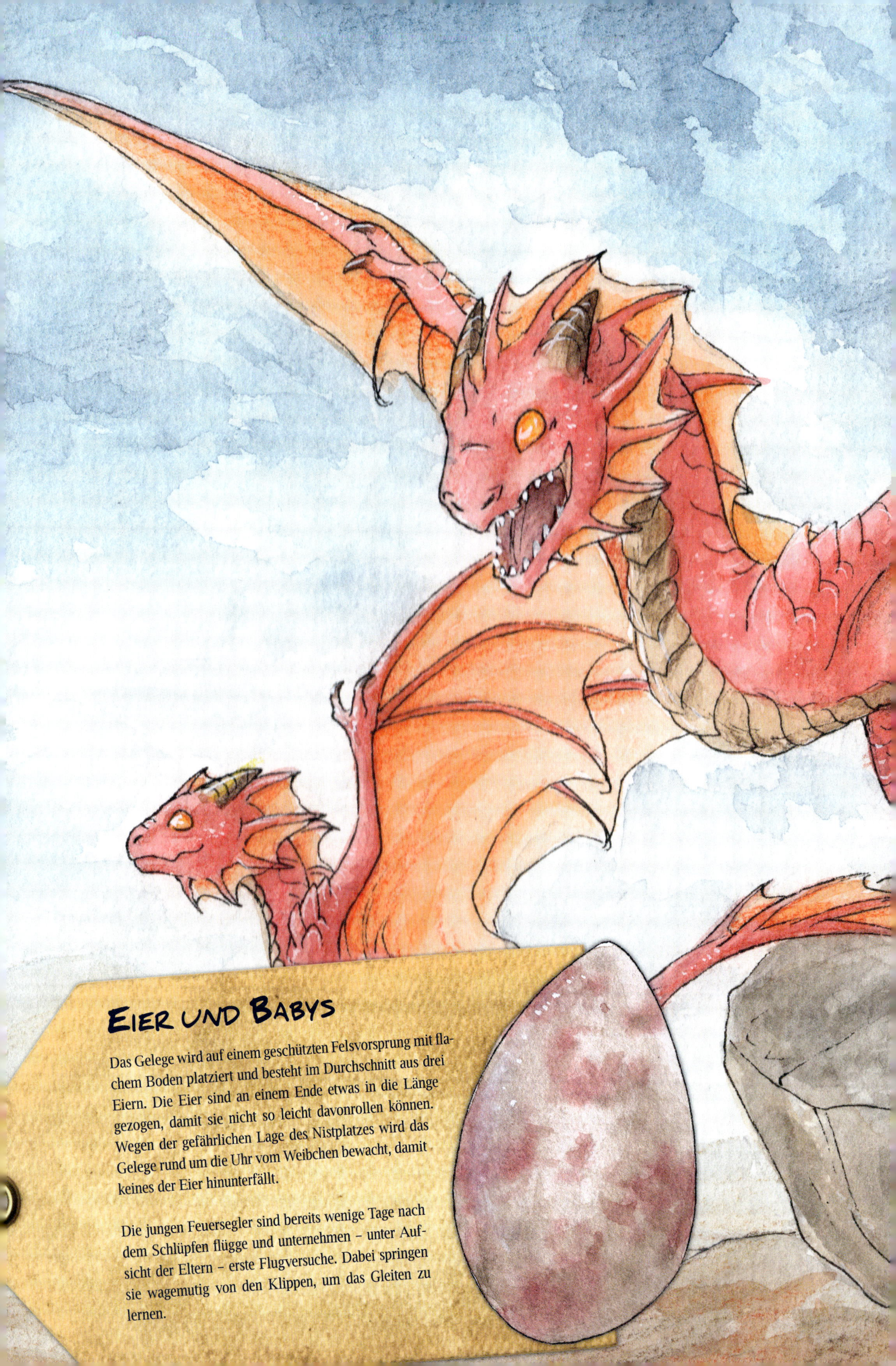

Eier und Babys

Das Gelege wird auf einem geschützten Felsvorsprung mit flachem Boden platziert und besteht im Durchschnitt aus drei Eiern. Die Eier sind an einem Ende etwas in die Länge gezogen, damit sie nicht so leicht davonrollen können. Wegen der gefährlichen Lage des Nistplatzes wird das Gelege rund um die Uhr vom Weibchen bewacht, damit keines der Eier hinunterfällt.

Die jungen Feuersegler sind bereits wenige Tage nach dem Schlüpfen flügge und unternehmen – unter Aufsicht der Eltern – erste Flugversuche. Dabei springen sie wagemutig von den Klippen, um das Gleiten zu lernen.

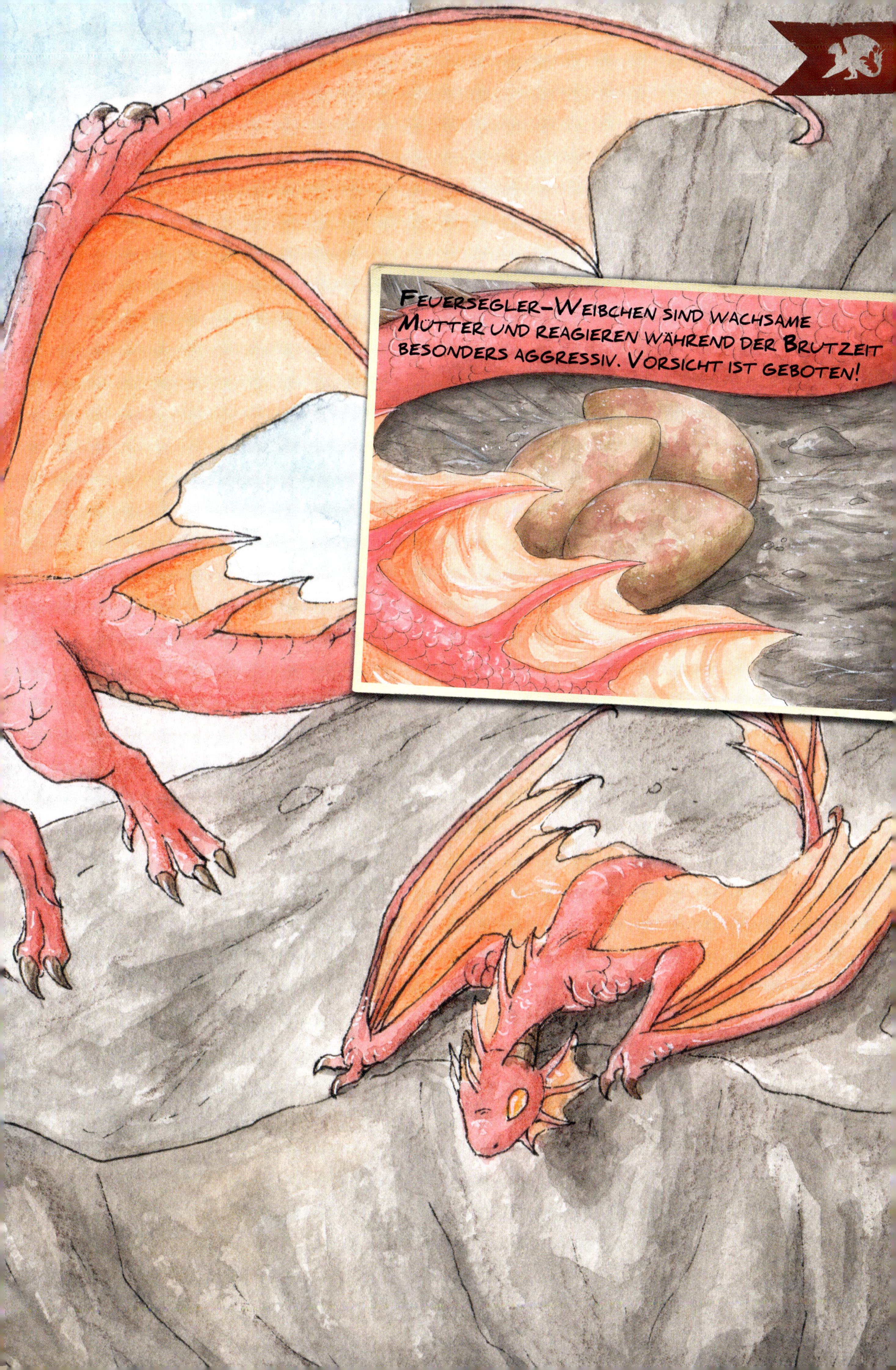
Feuersegler-Weibchen sind wachsame
Mütter und reagieren während der Brutzeit
besonders aggressiv. Vorsicht ist geboten!

Flügel zeichnen

Um Flügel in Bewegung zeichnen zu können, ist es zunächst wichtig, ihren Aufbau zu verstehen und zu wissen, welche Bewegungen überhaupt möglich sind.*

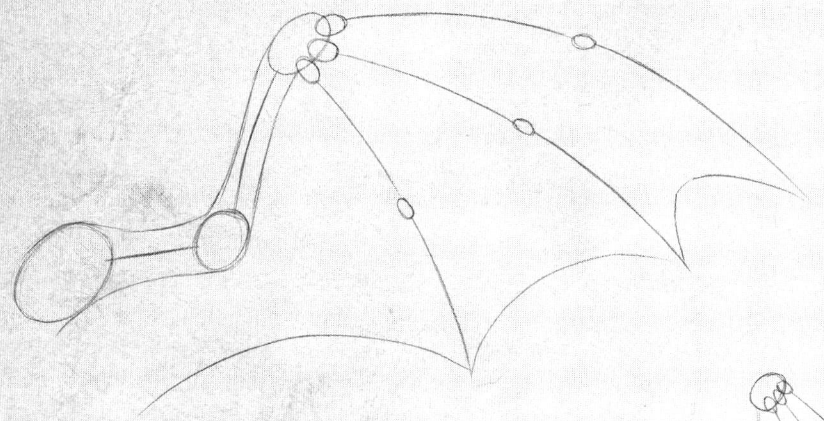

Der Flügel hat drei Gelenke: Das Schulter-, Ellbogen- und Handgelenk. An die Handfläche setzen die „Finger“ an, zwischen denen die Flügelhaut gespannt ist. Je nach Drachenart können Hand und Finger sehr unterschiedlich aussehen und in der Anzahl der Finger und Gelenke variieren.

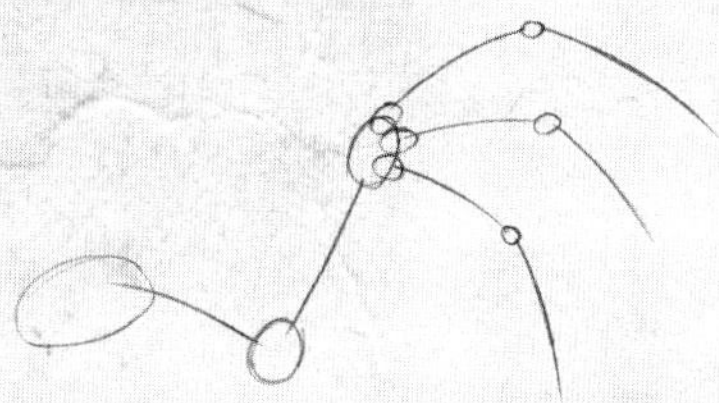

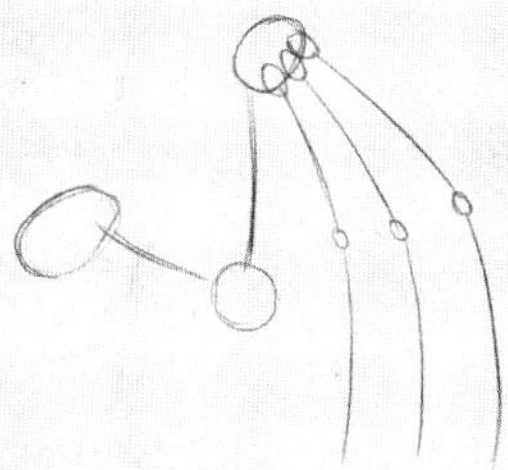

In diesen Abbildungen sind die Gelenke als Kreise dargestellt: hier ist es dem Drachen möglich, den Flügel zu bewegen. Die Linien hingegen sind unbeweglich.

Flügel können sehr flexibel sein. Wenn der ausgebreitete Flügel schnell nach hinten bewegt wird, krümmt er sich gegen den Windwiderstand. Auf der Abbildung ist dies in der seitlichen Perspektive zu sehen.

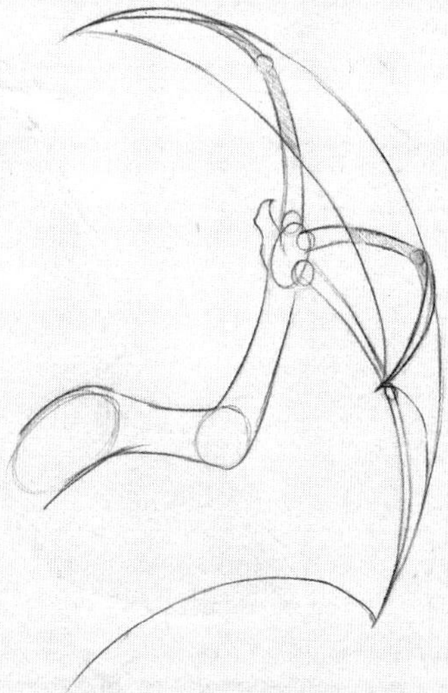

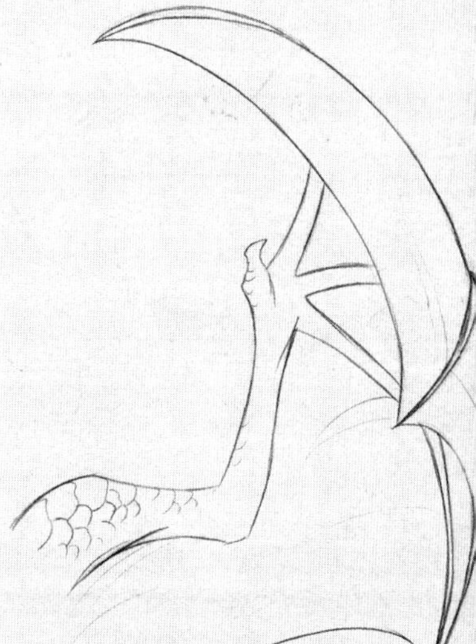

Am einfachsten ist es, den Verlauf der einzelnen Fingerknochen zu skizzieren, bevor die Flügelhaut eingezeichnet wird – denn diese kann, je nach Haltung, bestimmte Teile des Flügels verdecken.

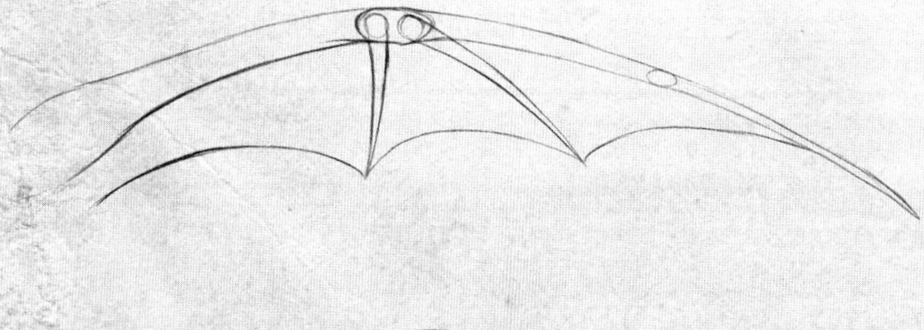

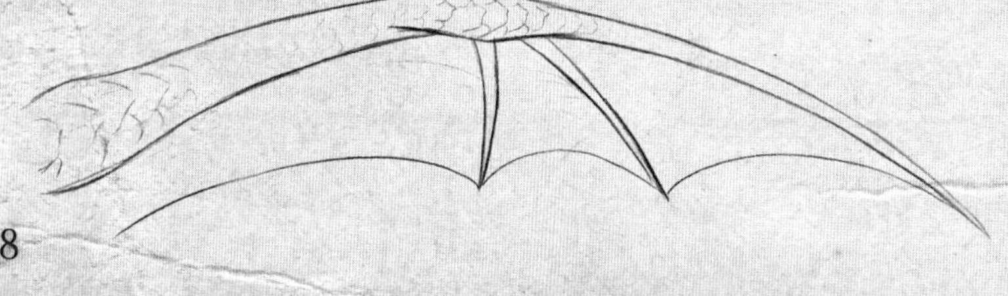

Betrachtet man einen ausgebreiteten Flügel von vorn, so werden die Fingerknochen in der Länge perspektivisch verkürzt. Zusätzlich spielt die Neigung des Flügels eine wichtige Rolle.

*Aus „Faszinierende Drachenwelt Teil I“ ist bereits der Grundaufbau der Flügel bekannt und hier noch einmal als Übersicht dargestellt.

Der hier abgebildete Flügel besitzt drei Fingergelenke und ist sehr beweglich. Die schraffierten Flächen zeigen die hinteren, beziehungsweise unteren Finger, die von der Flügelhaut später teilweise verdeckt werden.

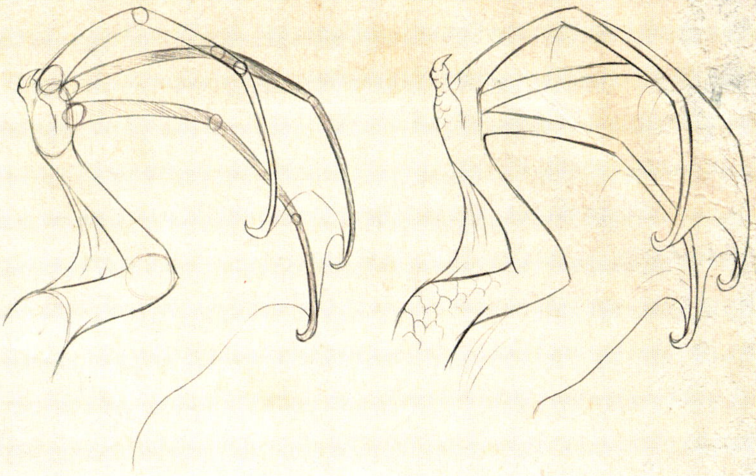

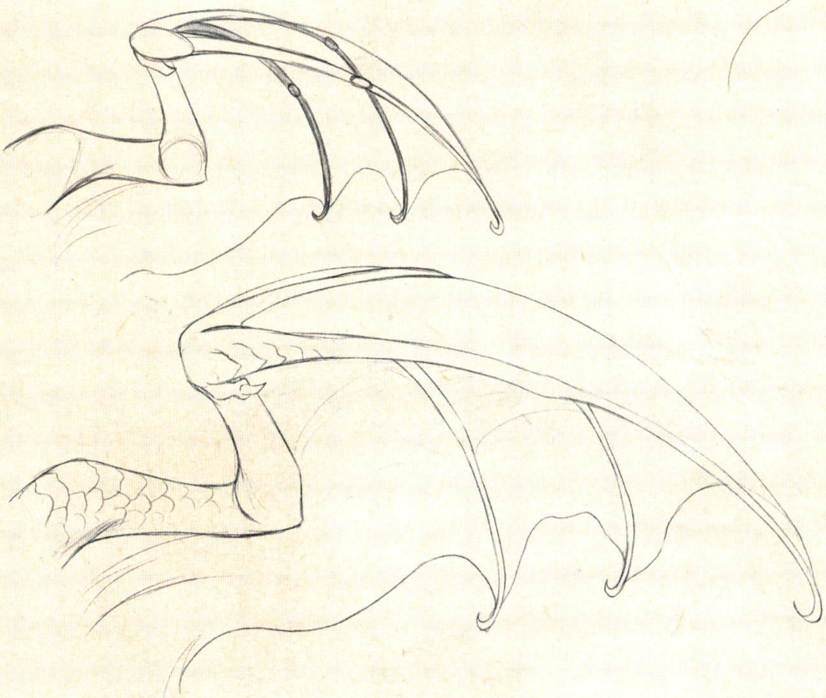

Dieser leicht angewinkelte Flügel wird von vorn und von schräg oben betrachtet. Dadurch sieht man die Rundung der Flügelhaut, die durch die lockere Haltung der Finger entsteht. Auch in diesem Beispiel befindet sich ein Teil der Finger hinter der vorderen Flügelhaut. Der Finger in der Mitte ist oben nur zur Hälfte sichtbar, bis er durch die Krümmung hinter der Haut verschwindet.

Hier sind Abbildungen von Drachen, die ihre Flügel auf unterschiedliche Weise bewegen. Als Hilfe beim Zeichnen eignen sich Bilder von Fledermausflügeln sehr gut, da diese von der Knochenstruktur ähnlich aufgebaut sind. Darstellungen und Fotos von Vogelflügeln können ebenfalls als Referenz hilfreich sein.

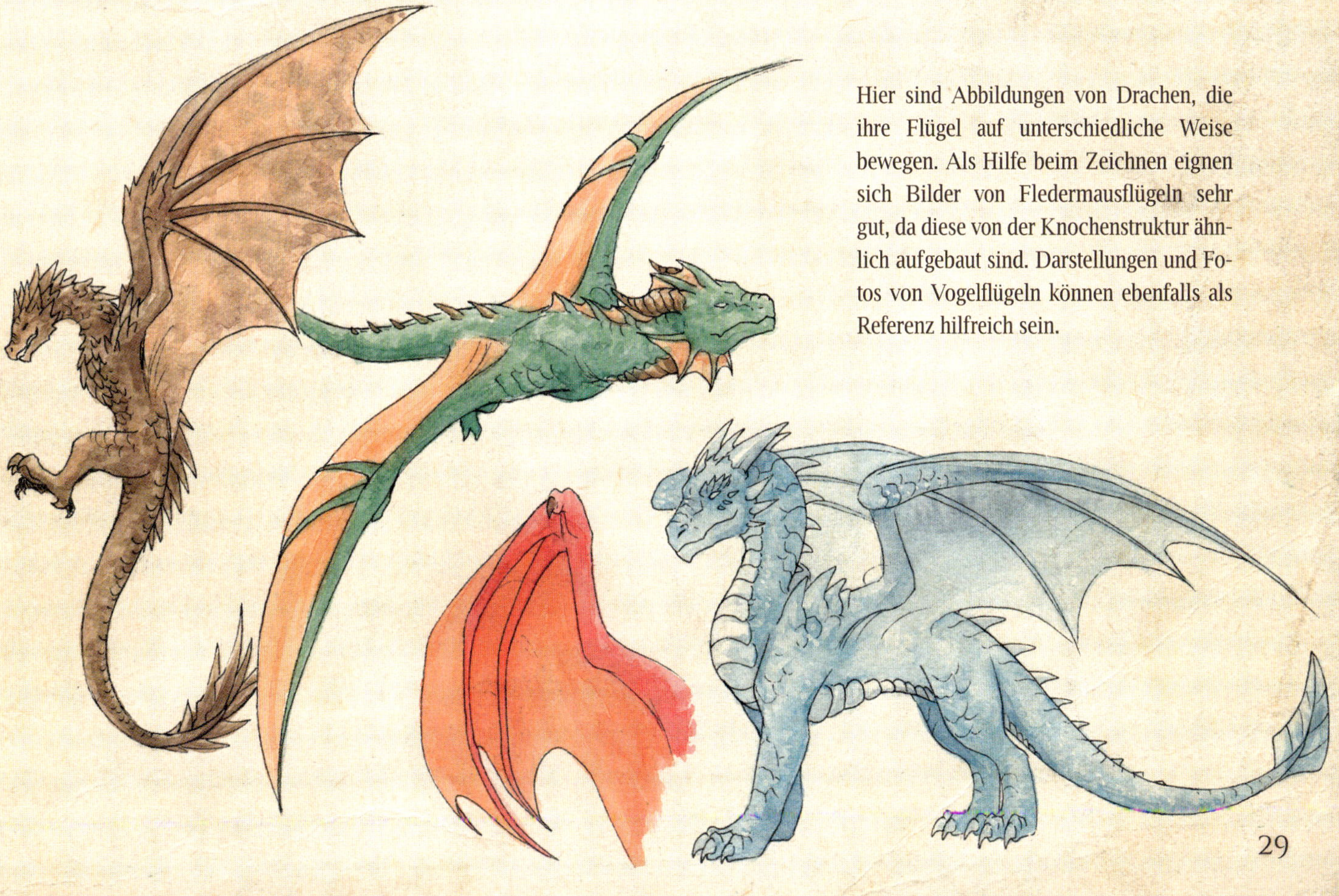

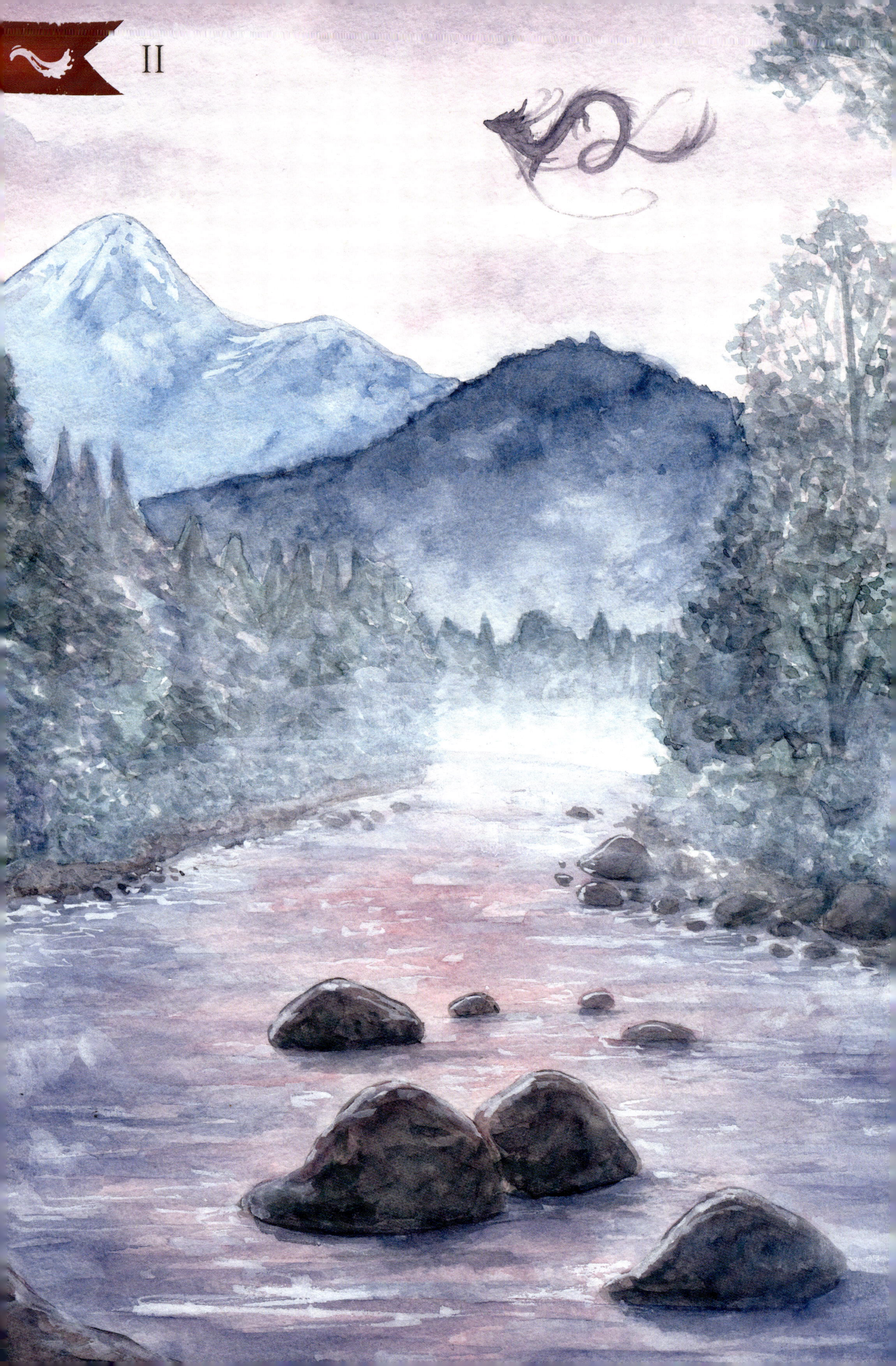

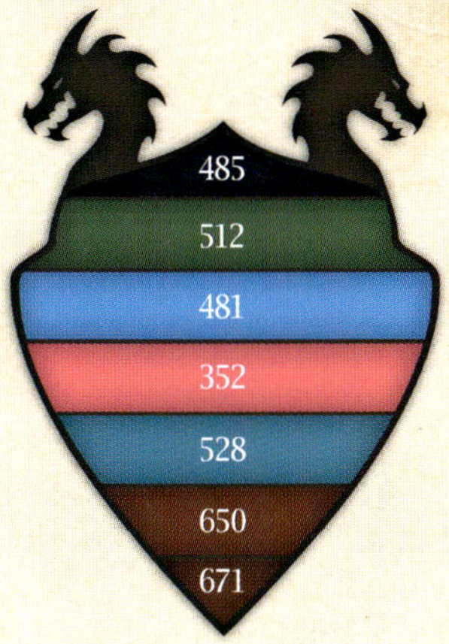

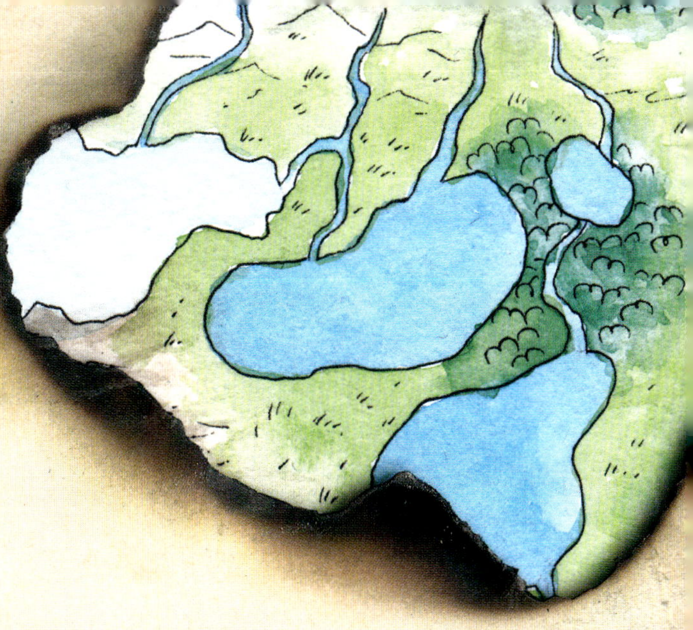

Flüsse und Seen

Hunderte von Flüssen durchziehen das Zentrum und den Nordwesten des Kontinents und fließen, wenn sie nicht in einem der zahlreichen Seen enden, bis ins Meer.

Entlang dieser Lebensadern gibt es dichte Wälder und saftig grüne Wiesen, aber auch steile Klippen und steinige Ufer, die vielen Lebewesen Schutz und Lebensraum bieten. Die Flüsse können gemütlich vor sich hinfließen oder aber zum reißenden Strom werden. Auch riesige Wasserfälle sind keine Seltenheit, besonders im bergigen Norden.

Wenn man genau hinschaut, erkennt man, dass die Flüsse und Seen die Heimat vieler Tiere sind. Hier gibt es Drachenarten, die den Großteil ihres Lebens in und am Wasser verbringen, wie zum Beispiel der große Flussdrache. Aber auch der Perlensammler fühlt sich dort wohl, denn er ist ständig auf der Suche nach neuen Schätzen, die die Tiefen der Gewässer für ihn bereithalten.

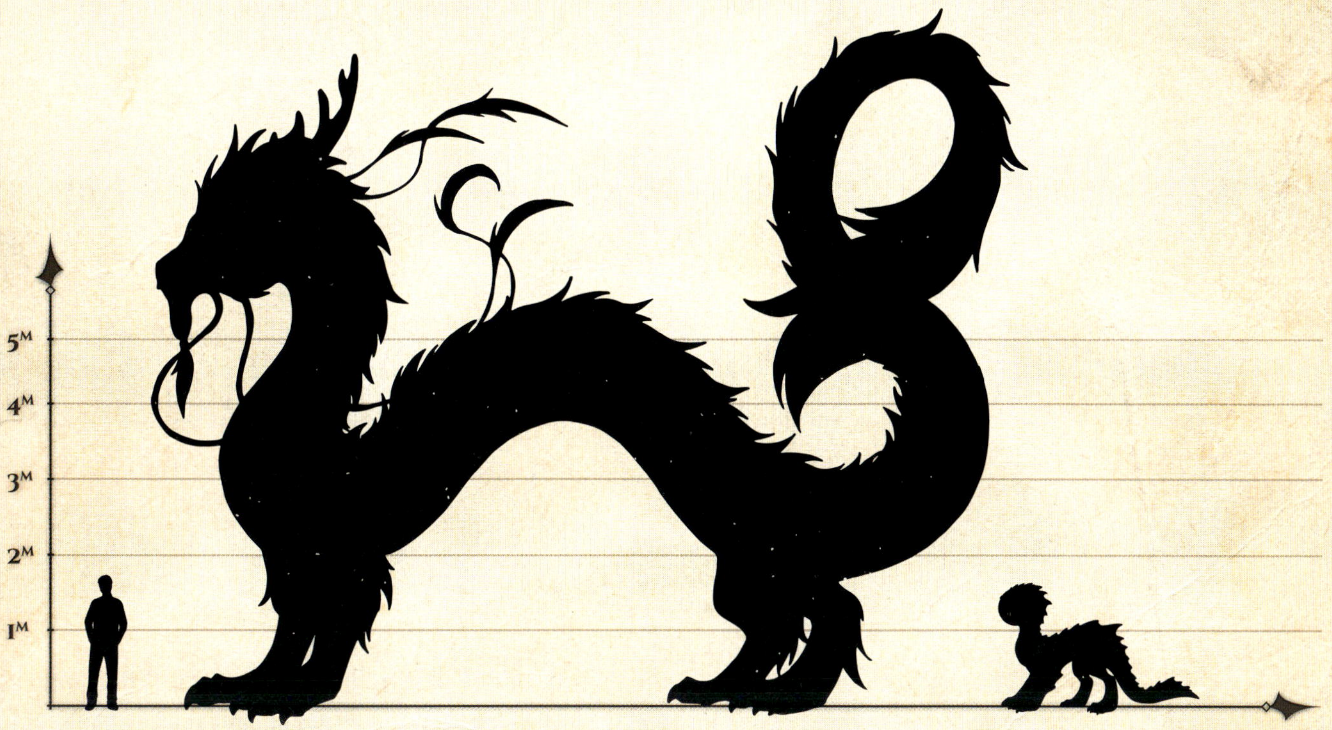

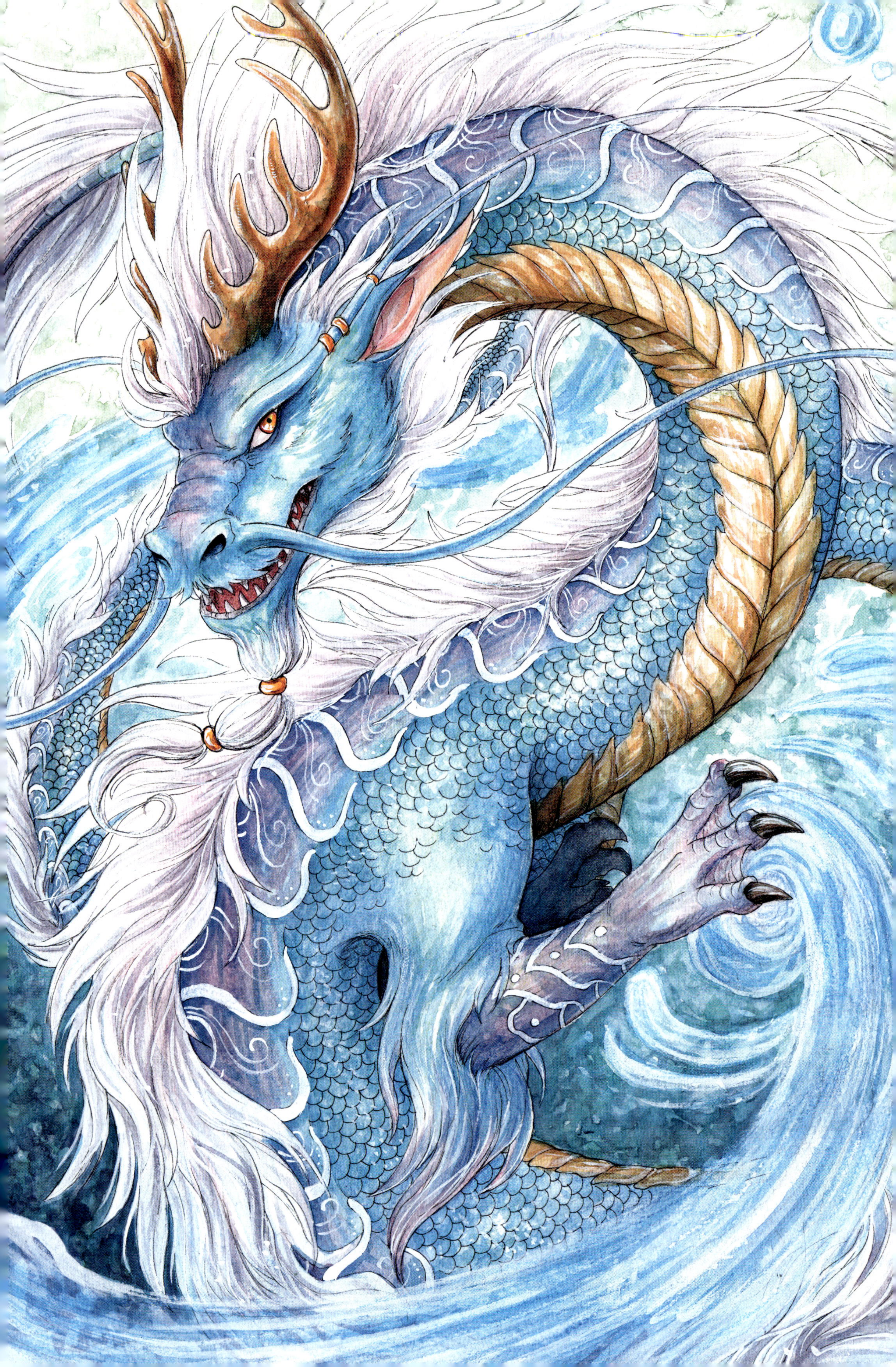

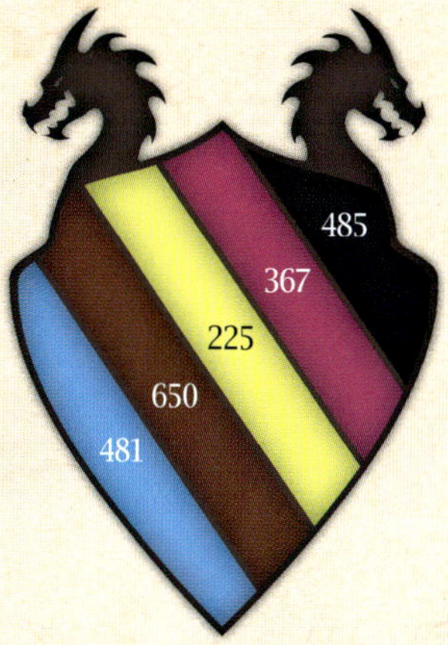

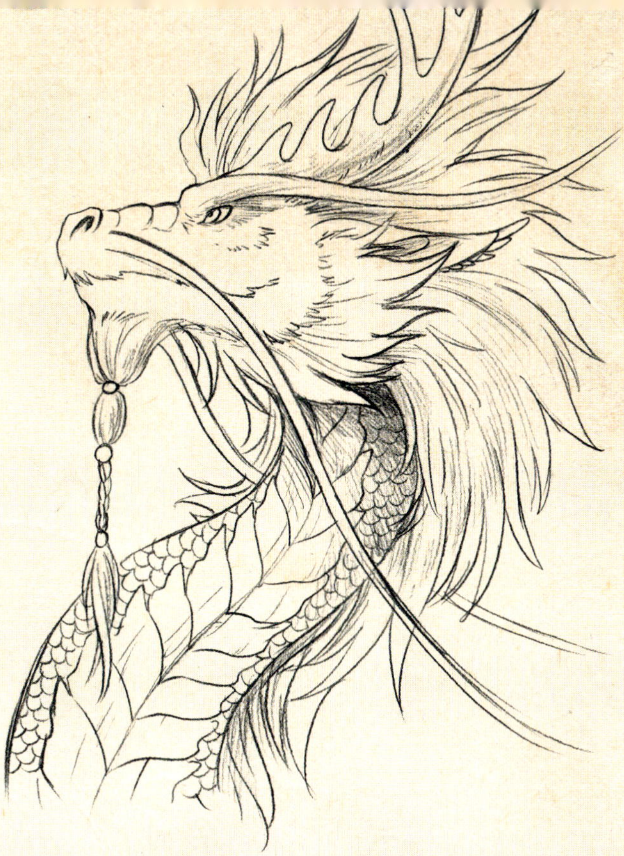

Großer Flussdrache

In den wasserreichen Flusslanden findet man eine Drachenart, die zu den anmutigsten und mystischsten gehört.

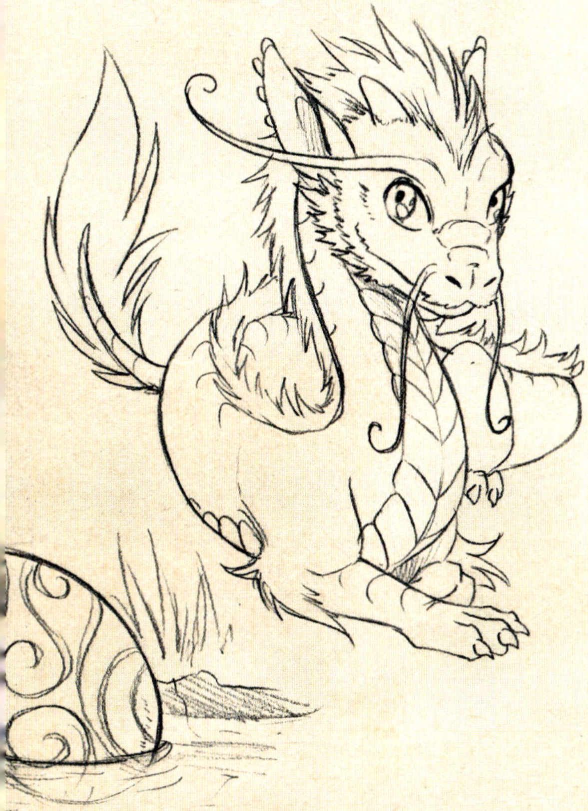

Der große Flussdrache verbringt sein ganzes Leben am Lauf des Flusses, an dem er geboren wurde und verlässt diesen erst, wenn es für ihn an der Zeit ist, zu sterben. Durch seine Vorliebe für klares, kaltes Flusswasser wird dieser Drache oft als „König der Flüsse“ bezeichnet. Man sagt, er könne das Wasser kontrollieren und dessen Lauf beeinflussen.

Tatsächlich sind die Bewegungen des Flussdrachen sehr harmonisch und fast im perfekten Einklang mit dem Wasser. In tieferen Bereichen des Flusses kann er sich unter Wasser schnell und geräuschlos fortbewegen, ohne dass man seine Bewegungen an der Oberfläche sieht. Es ist daher sehr schwierig, einen Flussdrachen zu entdecken, wenn er sich unter Wasser aufhält.

Übrigens

Flussdrachen sind hervorragende Fischer und ernähren sich von dem, was sie in ihrem Fluss fangen können. Dazu gehören auch Muscheln, Krebse und Aale.

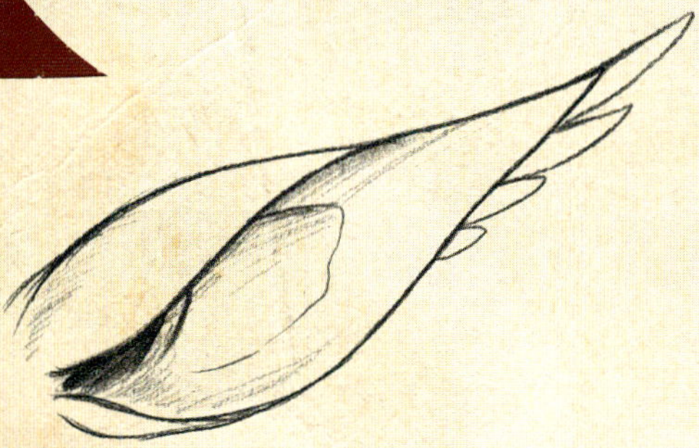

OHREN

Flussdrachen haben ein sehr gutes Gehör, sowohl über als auch unter der Wasseroberfläche.

HORN

Am Horn eines Flussdrachen lässt sich sein Alter bestimmen. Je mehr Zacken es hat, desto älter ist der Drache.

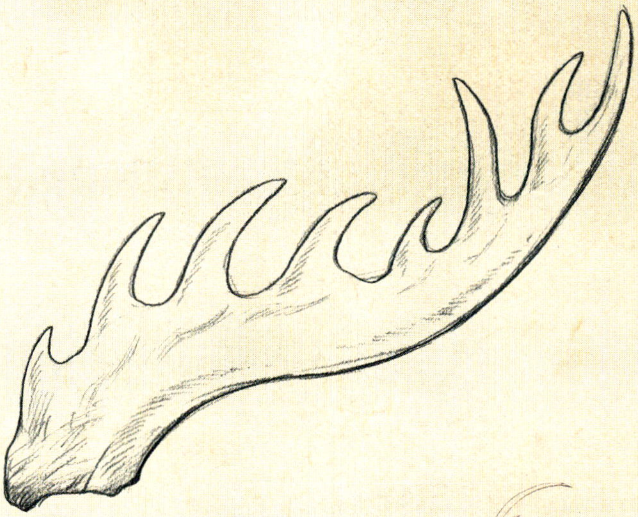

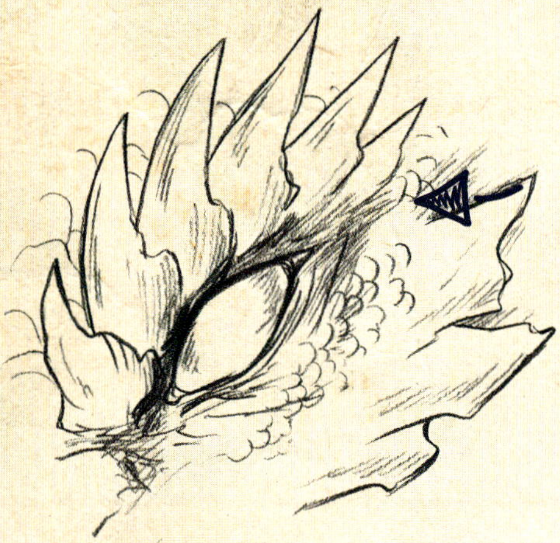

AUGEN

Die Augen sind eines der wichtigsten Werkzeuge für die Jagd auf Fische. Dem Drachen entgeht keine Bewegung und kein Detail.

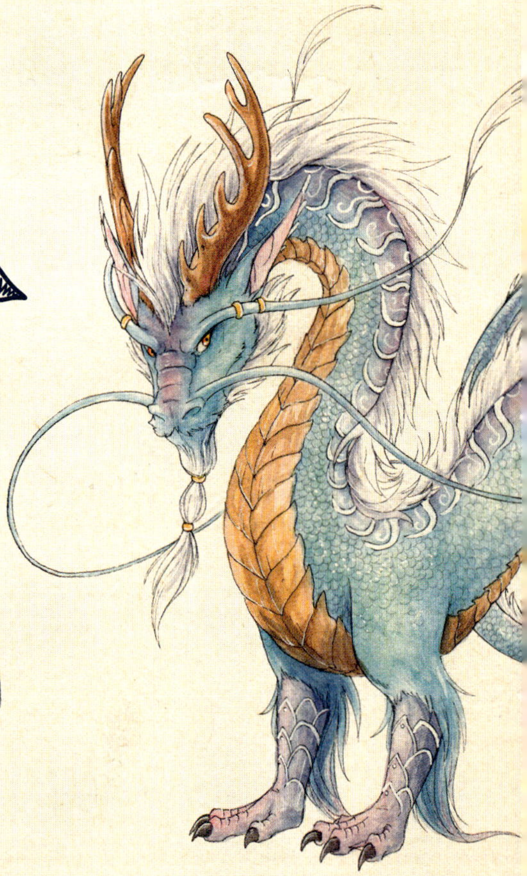

ZÄHNE

Die Zähne sind sehr spitz und können mühelos auch harte Materialien durchdringen, wie z.B. Muschelschalen.

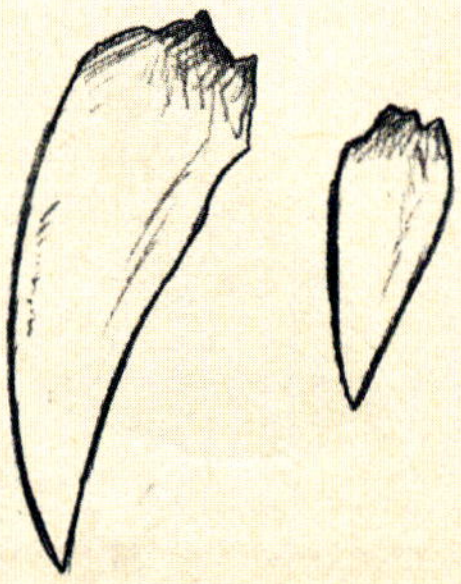

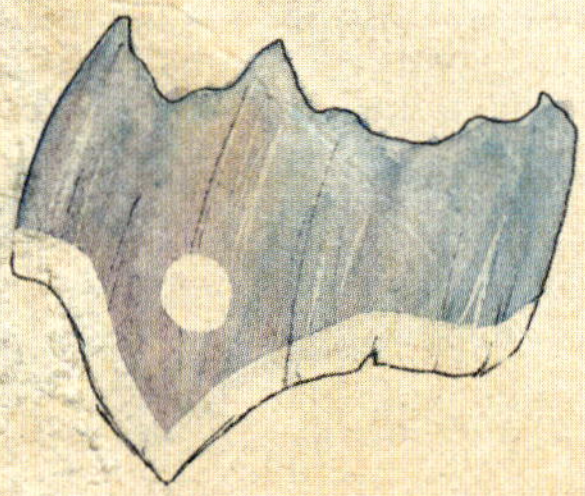

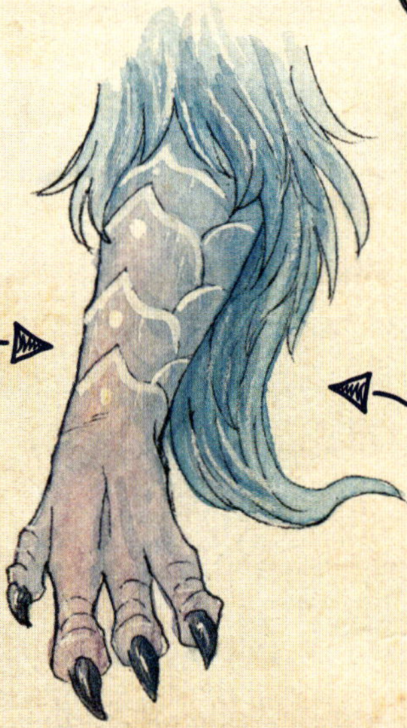

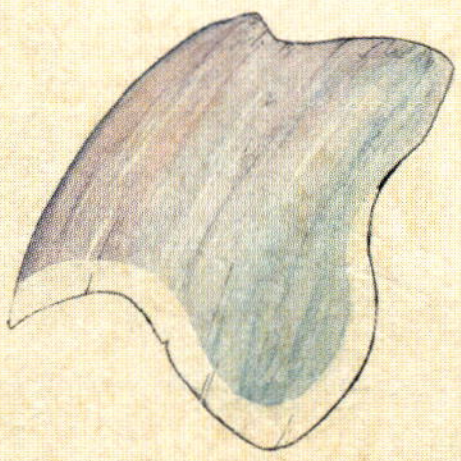

ARMSCHUPPEN

Wie alle Panzerschuppen des Flussdrachen sind auch die Armschuppen mit weißen Mustern verziert und schimmern hellblau und violett.

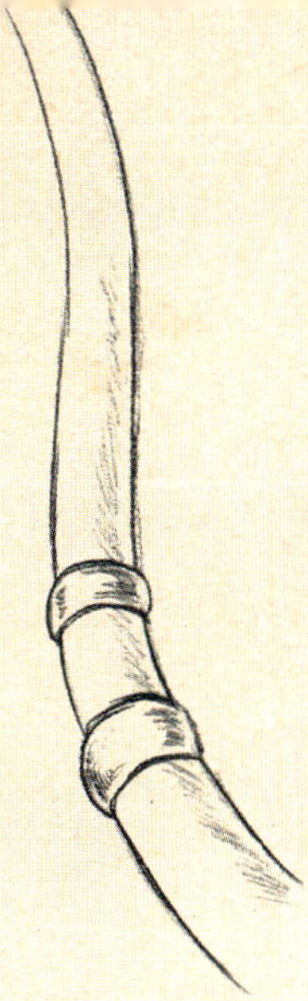

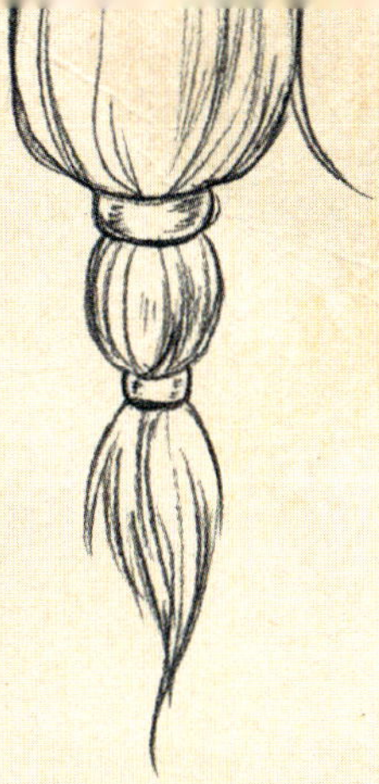

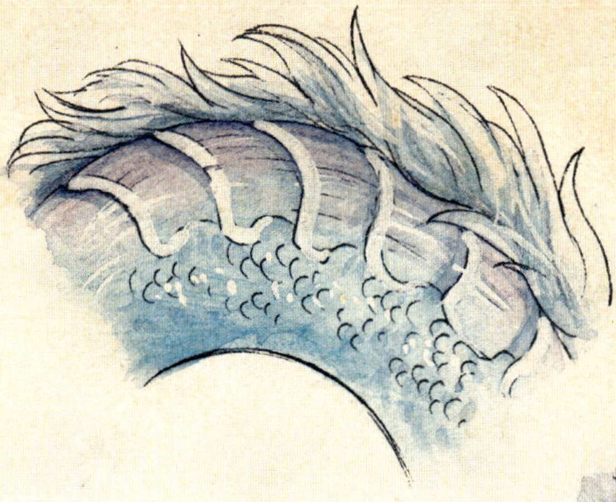

SCHMUCK

Flussdrachen lieben Schmuck und sind sehr geschickt im Umgang mit flüssigem Metall. Sie formen daraus oft Ringe, die sie um ihre Bärte und Fühler tragen.

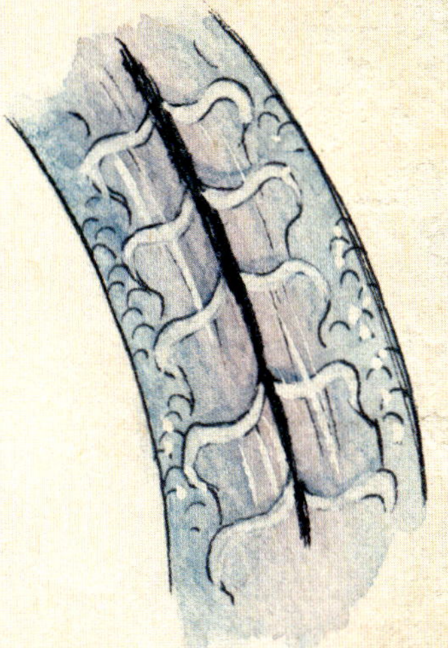

AUSSEHEN

Der große Flussdrache zeichnet sich durch seinen langen, schlangenartigen Körper und die kurzen Gliedmaßen aus. Seine Schnauze ist gedrungen und kurz. Über seinen Rücken und die Schwanzspitze zieht sich eine dichte Mähne. Seinen Kopf zieren große geschwungene Hörner, die oft mehrere Verzweigungen besitzen.

Die langen Fühler, die an der Schnauze und über den Augen ansetzen, sind typisch für diese Art und variieren in ihrer Länge je nach Alter und Geschlecht des Drachen. Bei Männchen sind die Fäden oft länger und ausgeprägter als bei Weibchen. Der Kinnbart ist ebenfalls typisch für beide Geschlechter – die Männchen verwenden allerdings oft mehr Zeit für dessen Pflege.

Obwohl der Flussdrache keine Flügel besitzt, kann er mühelos durch die Lüfte gleiten.

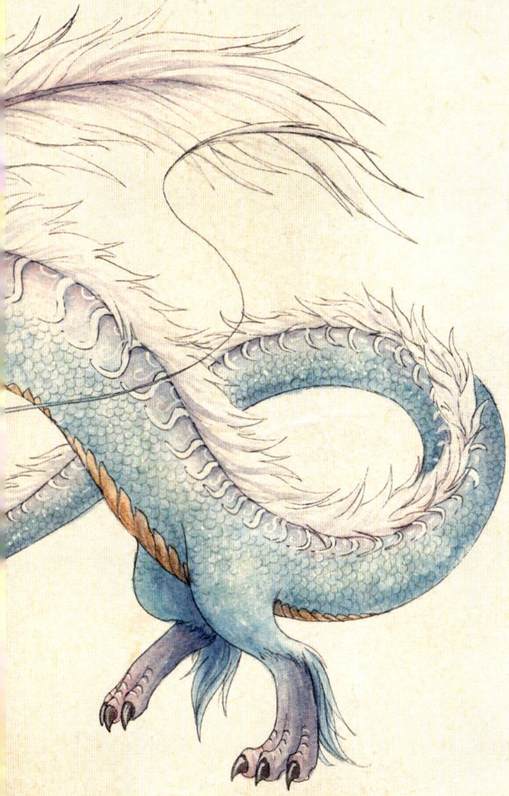

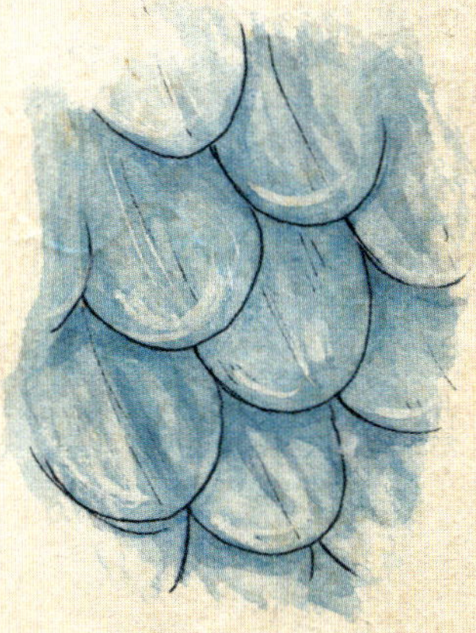

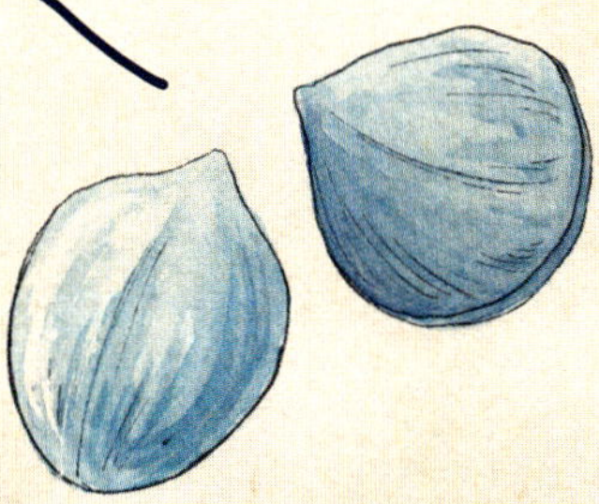

SCHUPPEN

Die Schuppen schimmern oft in einem hellen Blau und sind von sanften, violetten Farbverläufen durchzogen. Typisch sind auch die weißen Zeichnungen am Rand der größeren Panzerschuppen, wie zum Beispiel an den Vorderbeinen und den Rückenplatten.

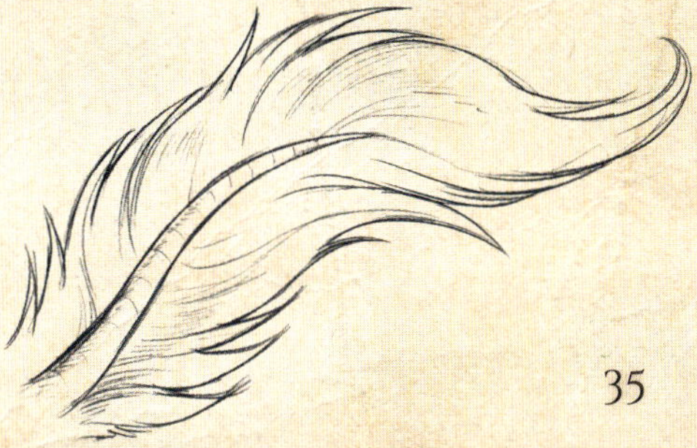

FUß UND KRALLEN

Knapp über der Ferse endet das typische lange Fell und fällt in Strähnen am Fuß hinunter. Ob im oder über dem Wasser – das Fell von Flussdrachen fällt immer weich und elegant. Gleiches gilt auch für die Mähne.

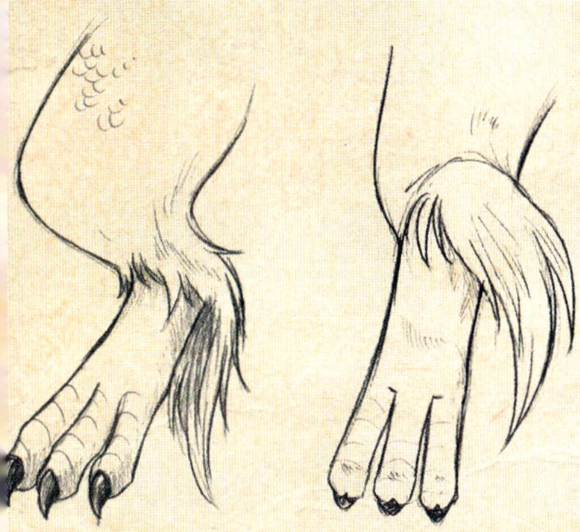

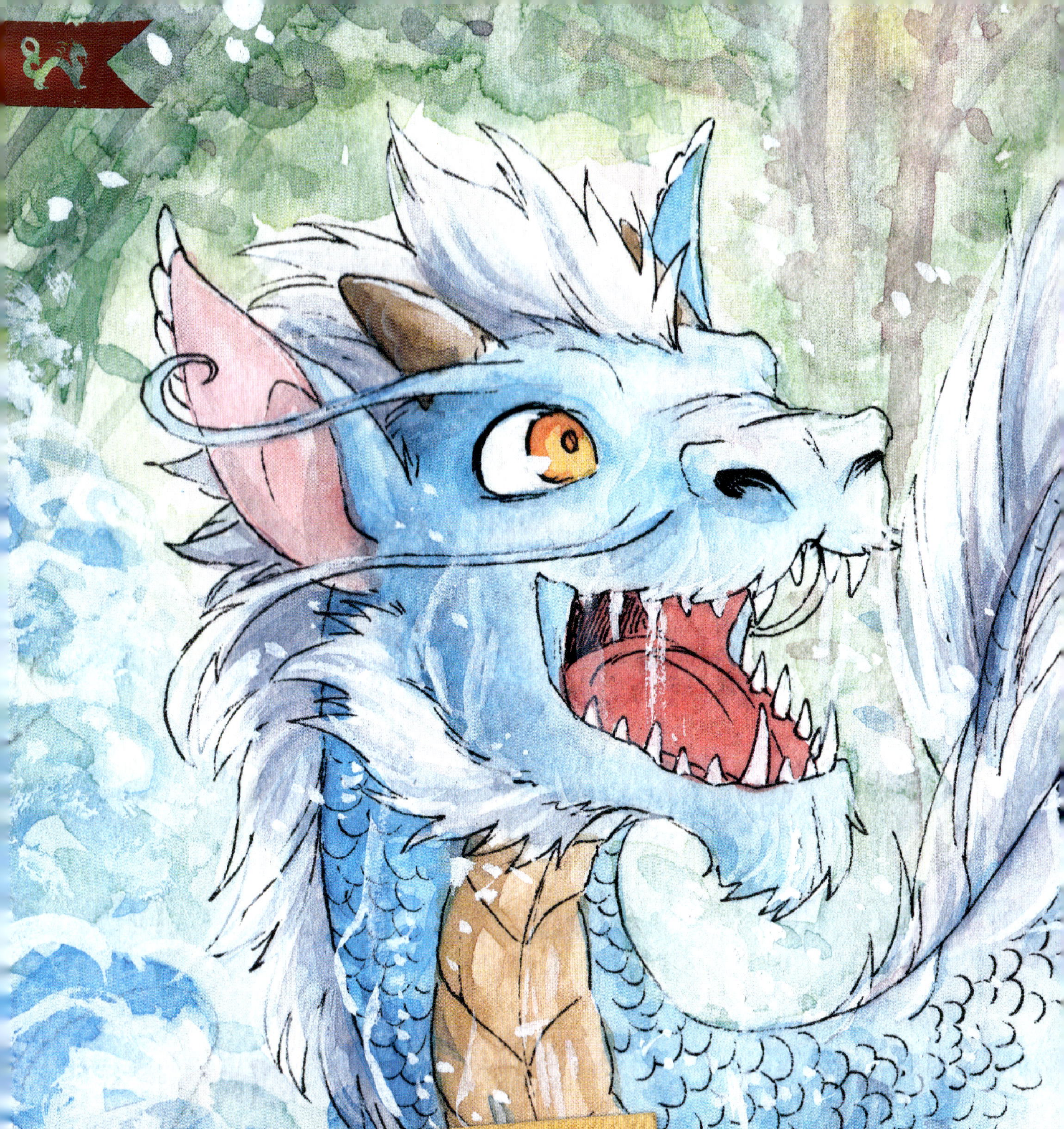

Eier und Babys

Die Flussdrachen legen ihre Eier an der Quelle ihres Heimatflusses ab und bewachen das Gelege, bis die Jungen geschlüpft sind. Ein Weibchen legt in der Regel alle fünf Jahre ein bis zwei Eier, weshalb Flussdrachen sehr selten sind und meist in nur kleinen Gruppen leben. Die Eier sind eher oval und haben eine helle, glänzende Schale, die mit feinen Mustern gezeichnet ist.

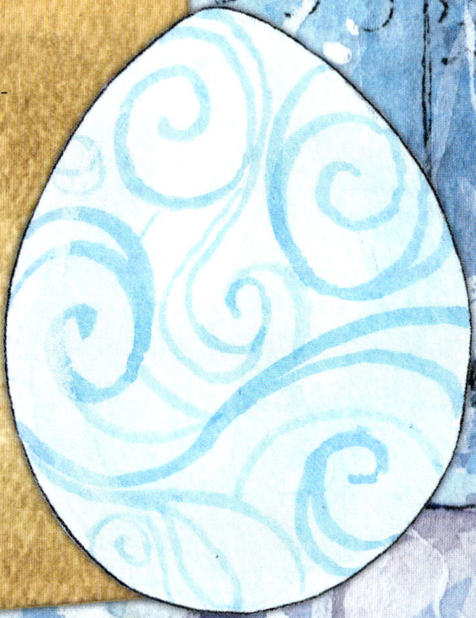

Sobald die Jungen geschlüpft sind, folgen sie ihr Leben lang dem Lauf des Flusses. Je jünger sie sind, desto näher sind sie bei der Quelle – alte Drachen hingegen leben in der Nähe der Flussmündung. Sobald sie spüren, dass ihr Tod näher rückt, schwimmen sie aufs offene Meer hinaus und finden dort ihr Ende.

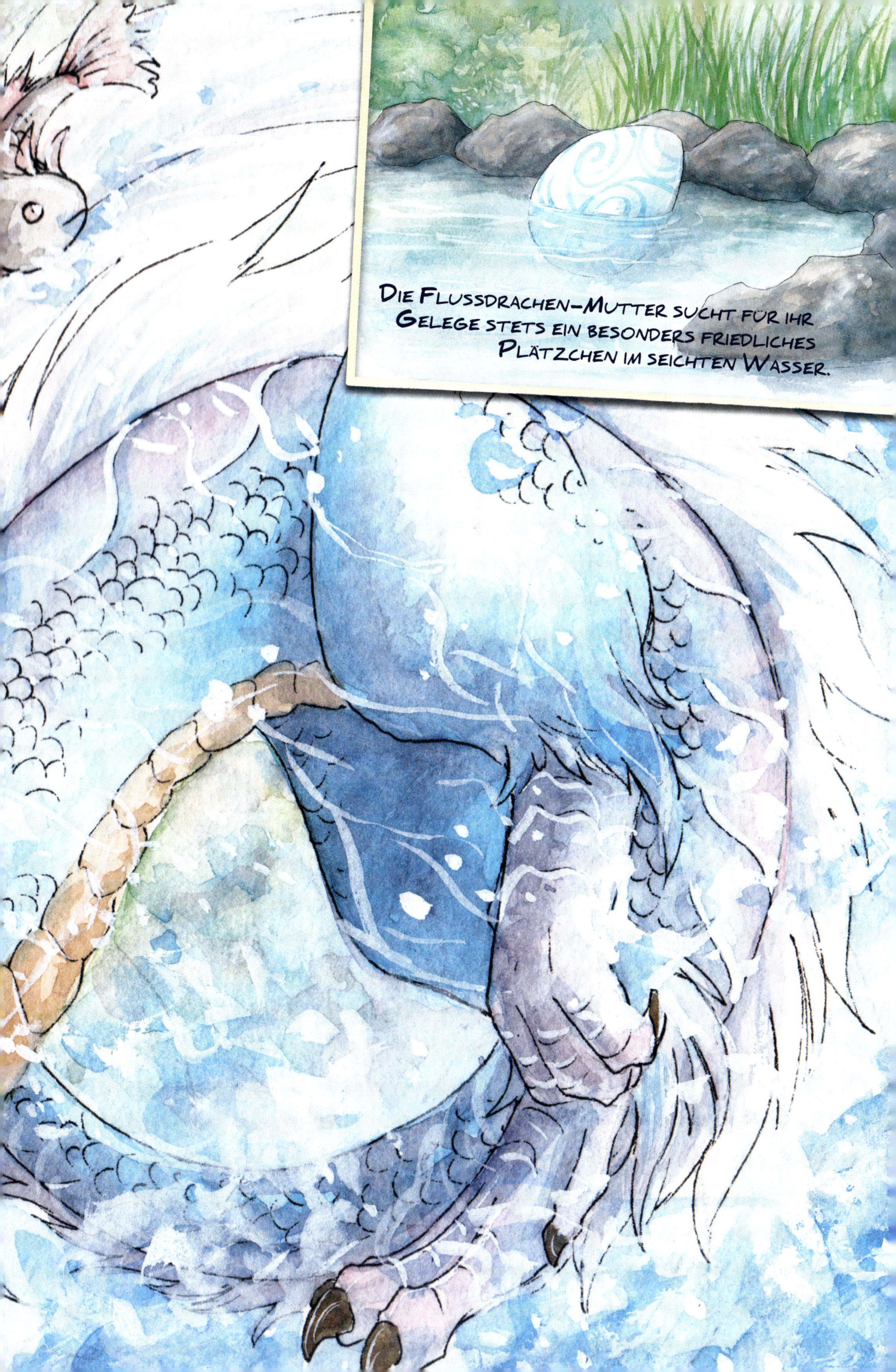
Die Flussdrachen-Mutter sucht für ihr Gelege stets ein besonders friedliches Plätzchen im seichten Wasser.

Darstellung von Wasser

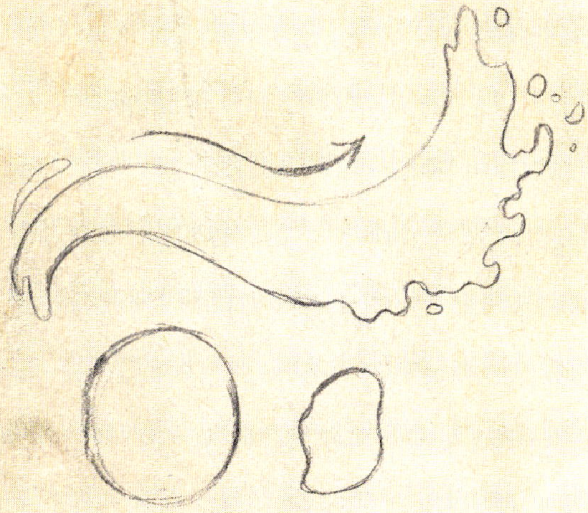

I

Beim Zeichnen von flüssigem Wasser ist es wichtig, mit natürlichen, geschwungenen Linien zu arbeiten. Im ersten Beispiel macht das Wasser einen schwungvollen Bogen, als würde es magisch in eine Richtung bewegt. Am rechten Ende, dort wo der Schwung endet, spritzt das Wasser und bildet eine Krone und einige Tropfen. Damit alles möglichst realistisch aussieht, sollten die Umrisse nur mit einer sehr feinen Bleistiftlinie vorgezeichnet werden.

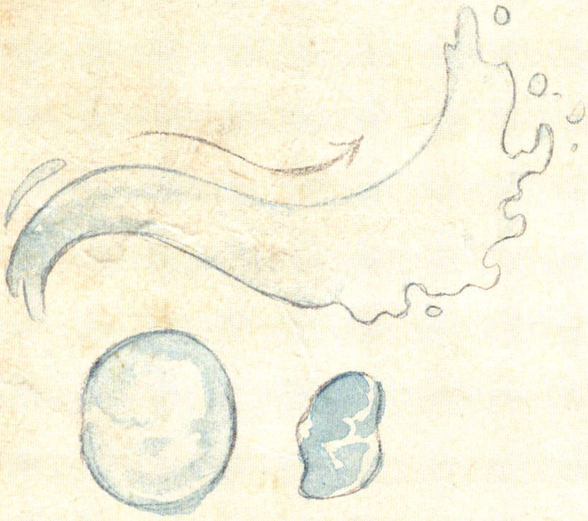

II

Mit einem hellen Blauton arbeitet man nun grob die Umrandungen nach und arbeitet nass-in-nass, um die Ränder verschwimmen zu lassen. Damit die Coloration natürlich wirkt, sollten einige Stellen heller oder ganz weiß bleiben – dort wird am meisten Licht reflektiert. Da die Oberfläche des Wassers uneben ist, können helle Stellen überall auftreten.

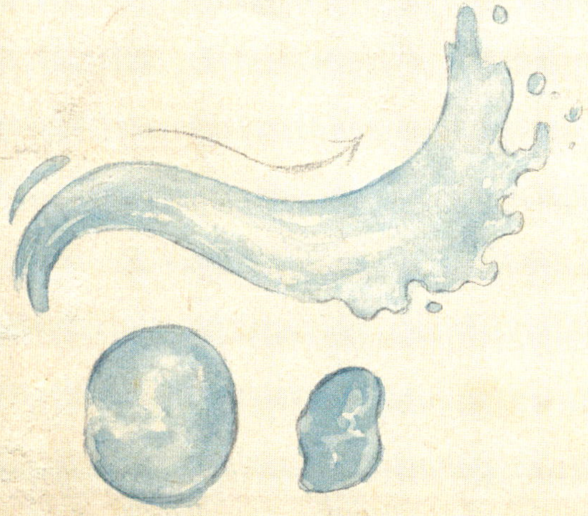

III

Als nächstes werden die dunklen Partien hervorgehoben, um der Welle mehr Tiefe zu verleihen.

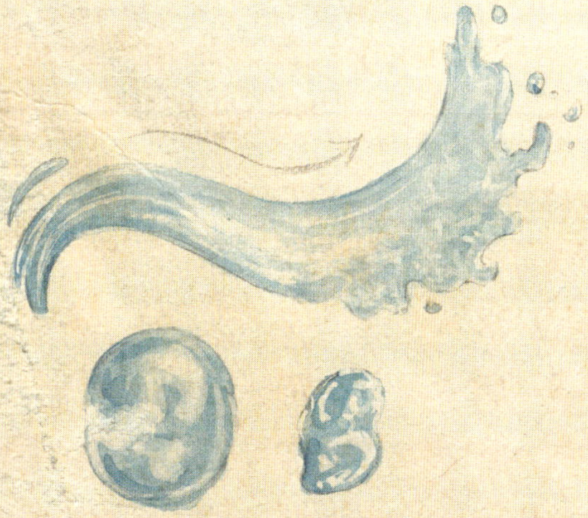

IV

Dieser Schritt wird so lange wiederholt, bis man mit dem Erscheinungsbild des Wassers zufrieden ist. Zum Schluss lassen sich mit verdünnter weißer Tusche die hellen, reflektierenden Stellen hervorheben. Durch unregelmäßige, gekräuselte Linien am rechten Ende kann man das Spritzen des Wassers besser andeuten.

Störende oder noch zu stark sichtbare Bleistiftlinien können wegradiert werden.

Einen Wasserfall malen

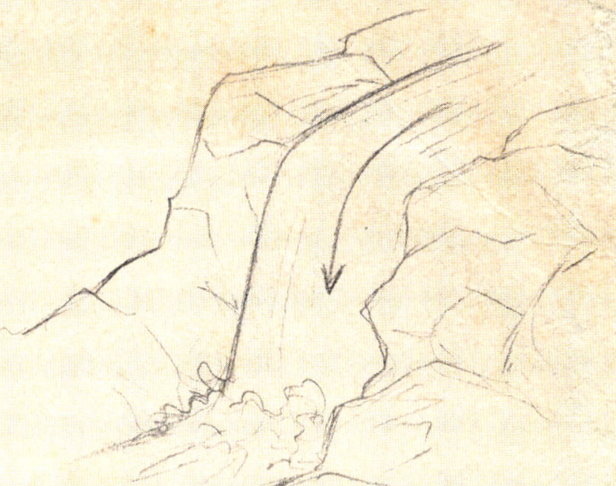

Je nach Fließgeschwindigkeit des Wassers kann ein Wasserfall sehr unterschiedlich aussehen. Durch den plötzlichen Abfall des Geländes (z.B. einer Felskante oder einer Ansammlung aufgehäufter Steine im Flussbett), stürzt das Wasser hinab und bewegt sich schneller als zuvor. Wichtig ist, dass das Wasser nicht in einem 90°-Winkel hinabfließt, sondern einen leichten Bogen macht, wenn es über eine Kante hinausschießt. Am unteren Ende des Wasserfalls spritzen Tropfen empor – je nach Größe des Wasserfalls kann sich daraus auch Nebel oder Dunst bilden.

I

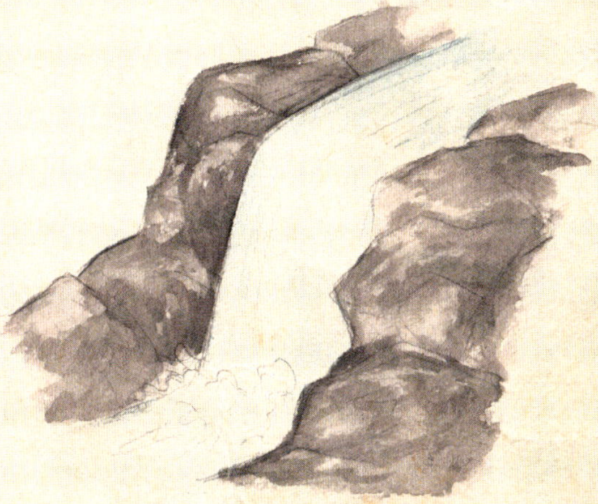

Mit einem hellen Blauton werden die ersten Schattierungen vorgenommen. Dort, wo das Wasser am schnellsten fließt, ist es am hellsten und erscheint fast weiß.

II

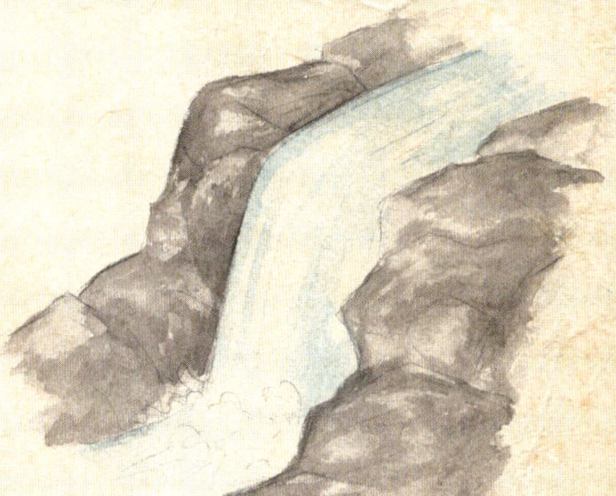

Ober- und unterhalb des Falls werden die dunklen Partien hervorgehoben.

III

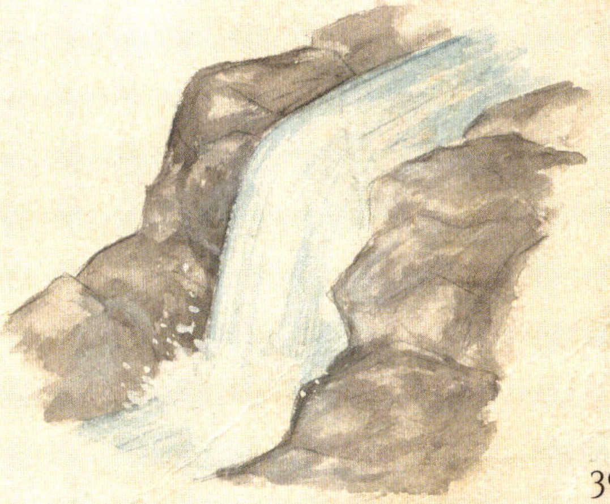

Mit verdünnter weißer Tusche werden nun die Highlights gesetzt. Dort, wo das Wasser des Falls auf den unteren Teil trifft, kann man Tropfen und Spritzer ebenfalls mit Weiß sehr gut andeuten. So wird die Bewegung des Wassers noch deutlicher.

IV

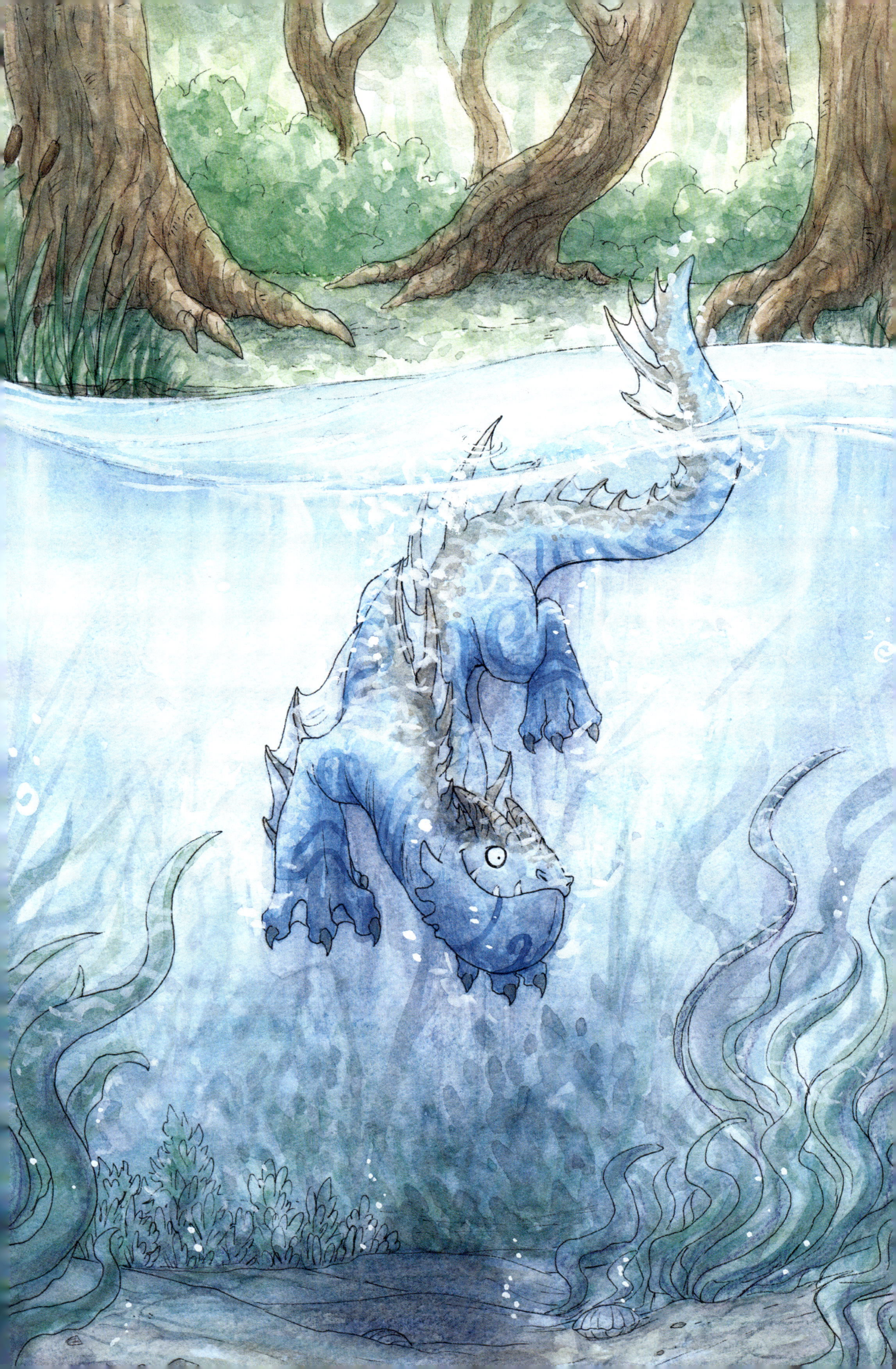

PERLENSAMMLER

PERLENSAMMLER SIND EIFRIGE KLEINE DRACHEN, DIE AN DEN UFERN VON FLÜSSEN UND SEEN LEBEN, IN DENEN OFT PERLENMUSCHELN ZU FINDEN SIND.

Perlensammler sind fasziniert von allem was glänzt und glitzert und tauchen mehrmals am Tag in die Tiefen der Gewässer hinab, um nach besonders schönen Perlen oder hübschen bunten Steinen zu suchen. Ihre wertvollsten Schätze verarbeiten sie zu Ketten und Schmuckstücken, die sie stolz zur Schau tragen.

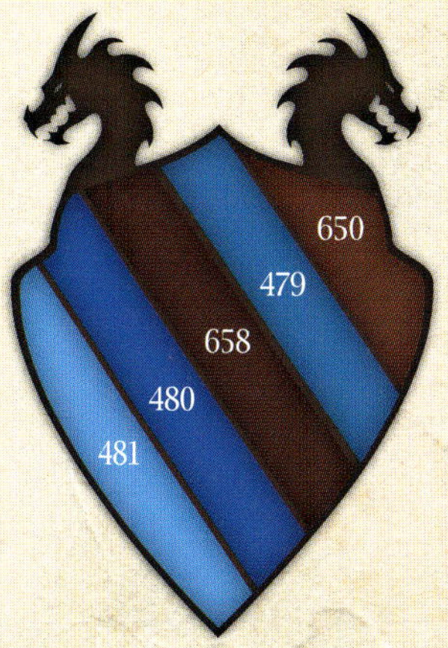

In der Paarungszeit bemühen sich die Männchen, ihren Auserwählten wertvolle und ansprechende Geschenke zu machen, um sie für sich zu gewinnen. Denn wenn ein Männchen besonders edle Schmuckstücke präsentieren kann, zeugt das von Fleiß, Tüchtigkeit und nicht zuletzt auch Mut, da einige Muscheln nur in den tiefsten und dunkelsten Teilen des Flusses zu finden sind.

Perlensammler leben gerne in kleinen Gruppen zusammen und genießen die Gesellschaft ihrer Artgenossen. Ein Großteil des Lebens verbringen die Perlensammler mit dem Sammeln und Horten ihrer Schätze und verteidigen ihre Funde gegen ihre Artgenossen oder andere Flussbewohner.

Auch Fremden gegenüber sind sie grundsätzlich aufgeschlossen und lassen sich auch in Ruhe beobachten, wenn Besucher einen gewissen Abstand wahren. Mit den richtigen, glitzernden Geschenken kann man Perlensammler auch dazu bringen, so nahe zu kommen, dass man sie streicheln kann.

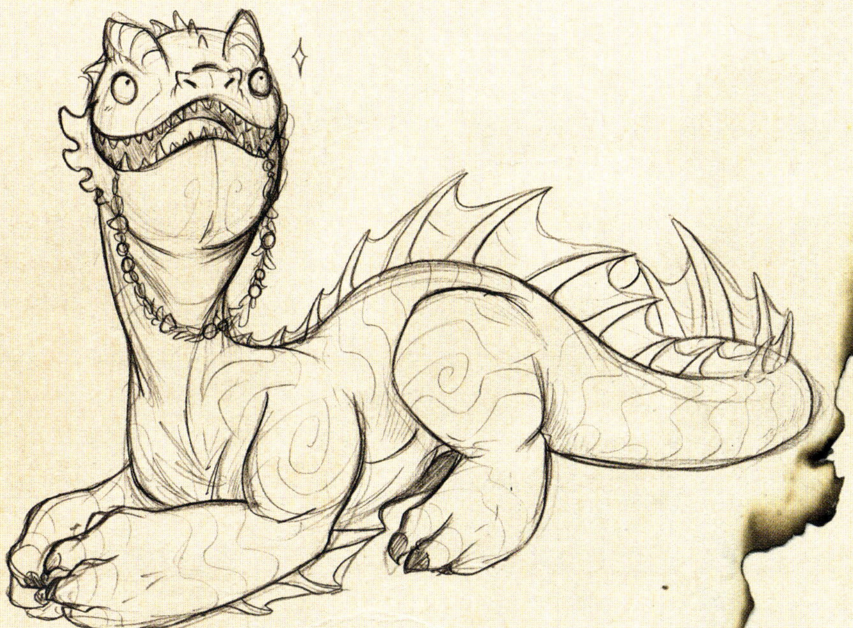

WUSSTET IHR?

Perlensammler sind extrem neugierig und aufgeschlossen. Dennoch sollte man ihre gesammelten Perlen niemals anfassen – das nimmt selten ein gutes Ende.

ZÄHNE

Die Zähne der Perlensammler sind zwar kurz, dafür aber sehr spitz. Sie eignen sich hervorragend für den Fischfang und das Knacken von dicken Muscheln.

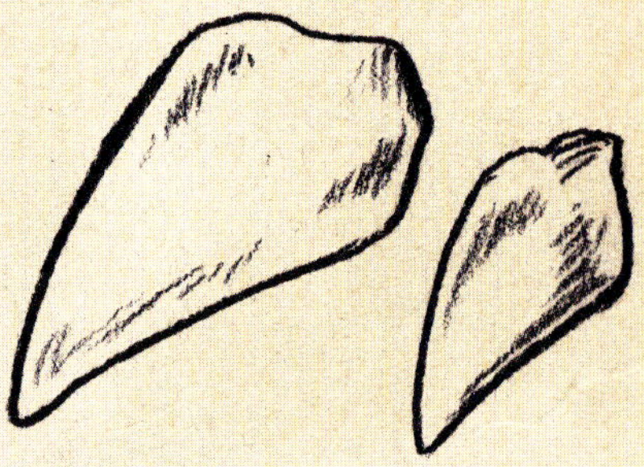

AUGEN

Die großen hervorstehenden Augen sind typisch für diese Drachenart und lassen sie, in Kombination mit ihrem breiten Unterkiefer, meist ziemlich unbeholfen aussehen. Zwar sind sie sehr zutraulich und lieb, doch man sollte sie nicht unterschätzen.

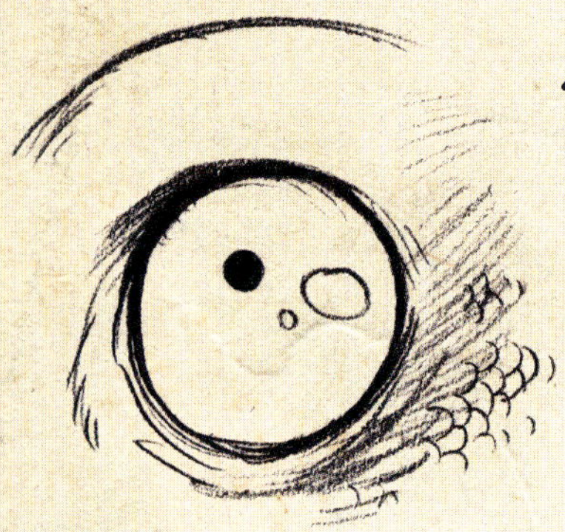

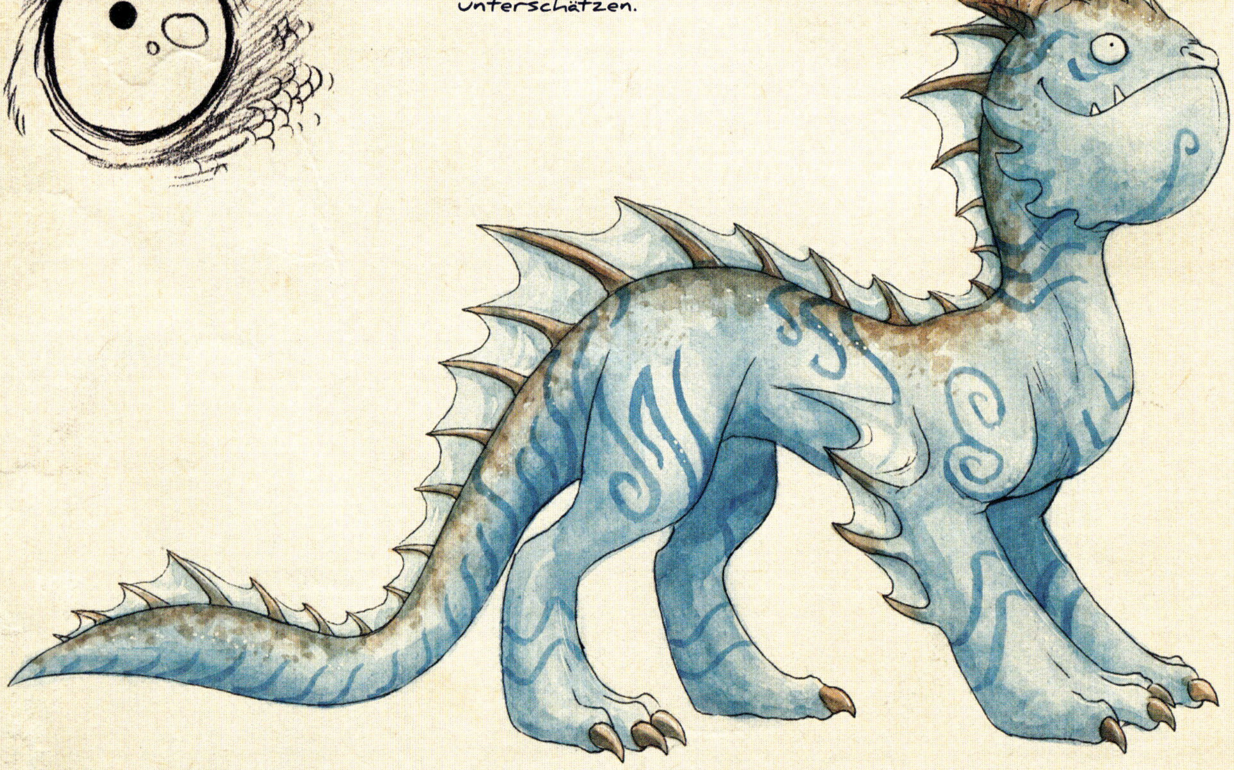

SCHWANZ

Die Schwimmhäute zwischen den Stacheln helfen dem Drachen beim Schwimmen und Tauchen und ermöglichen ihm erstaunliche Manöver unter Wasser.

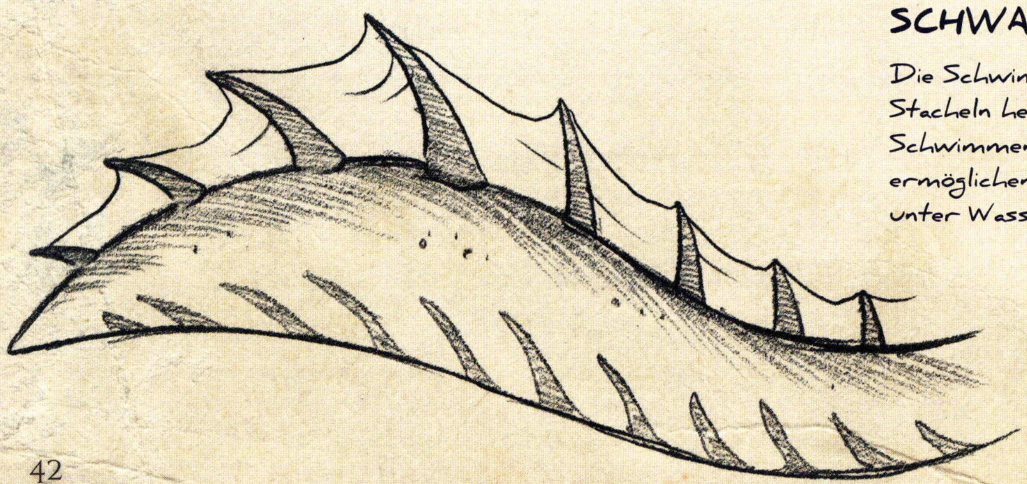

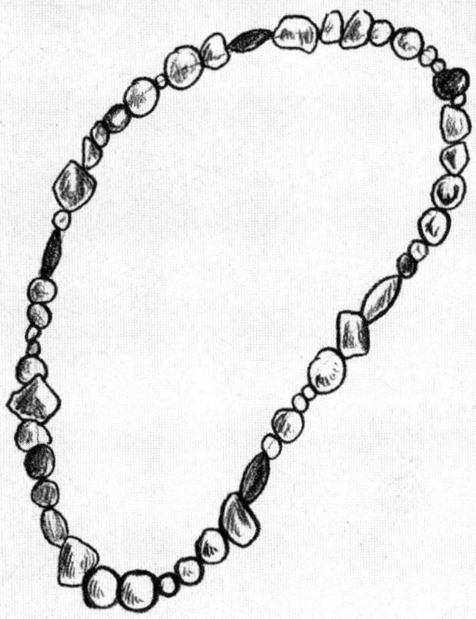

KETTE

Was ihre Perlen und bunten Steine angeht, so sind Perlensammler sehr eigen. Nicht wenige Exemplare tragen ihre Schmuckstücke ständig, um sie den anderen Drachen stolz zu präsentieren. Einige jedoch verstecken ihre Schätze gut vor den gierigen Augen ihrer Artgenossen und holen sie nur selten heraus.
Es ist nicht unüblich, Perlensammler mit und ohne Schmuck in einer Gruppe anzutreffen.

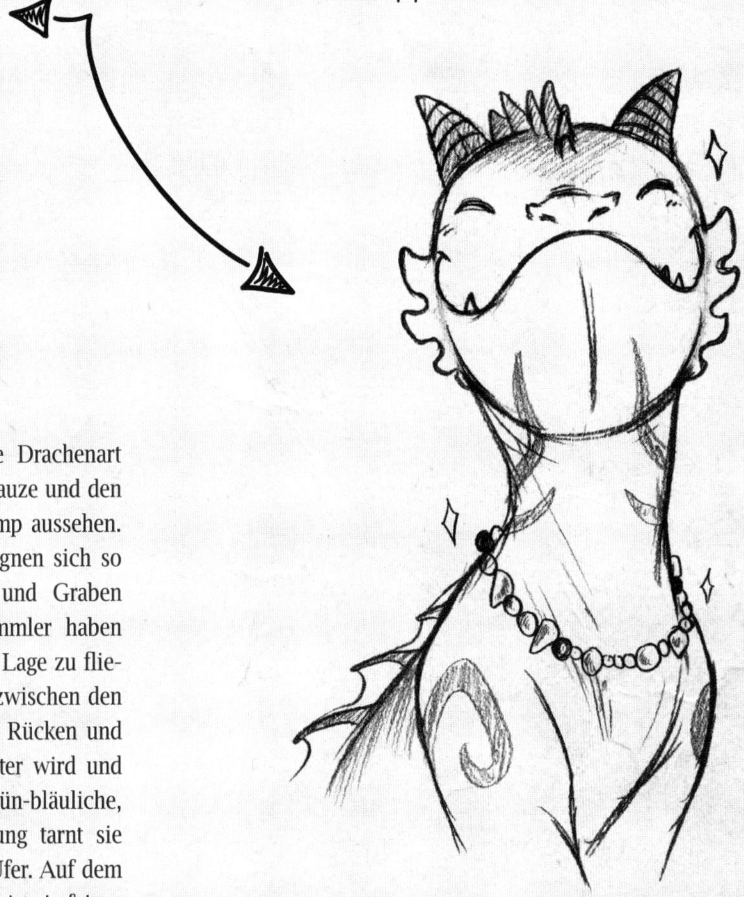

AUSSEHEN

Auf den ersten Blick mag diese Drachenart durch die kurze, gedrungene Schnauze und den breiten Unterkiefer ein wenig plump aussehen. Ihre Pfoten sind sehr breit und eignen sich so hervorragend zum Schwimmen und Graben im feuchten Schlamm. Perlensammler haben keine Flügel und sind nicht in der Lage zu fliegen. Sie besitzen Schwimmhäute zwischen den Zehen und einen Kamm auf dem Rücken und dem Schwanz, der am Ende breiter wird und im Wasser als Ruder dient. Ihre grün-bläuliche, manchmal auch bräunliche Färbung tarnt sie perfekt in ihrem Lebensraum am Ufer. Auf dem Schuppenkleid des Perlensammlers ist ein feines Muster zu sehen, das sich über dessen gesamten Körper zieht und bei jedem Drachen anders aussieht.

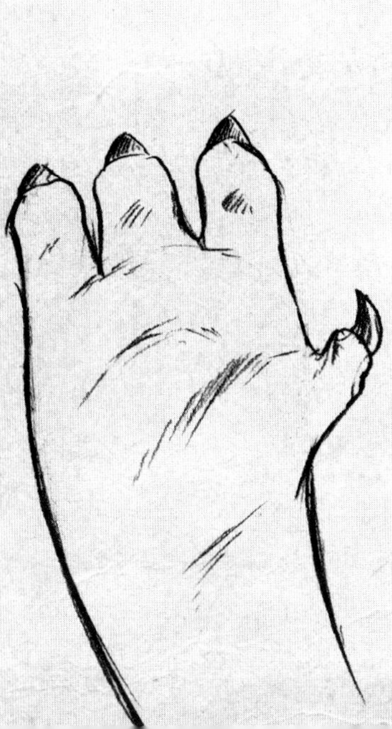

PFOTEN

Perlensammler haben sehr breite Pfoten, die ihnen beim Schwimmen und beim Graben in der feuchten Erde des Flussufers von großem Nutzen sind. Die Schwimmhaut zwischen den Zehen ist so zart, dass sie nur mit geschultem Auge zu erkennen ist.

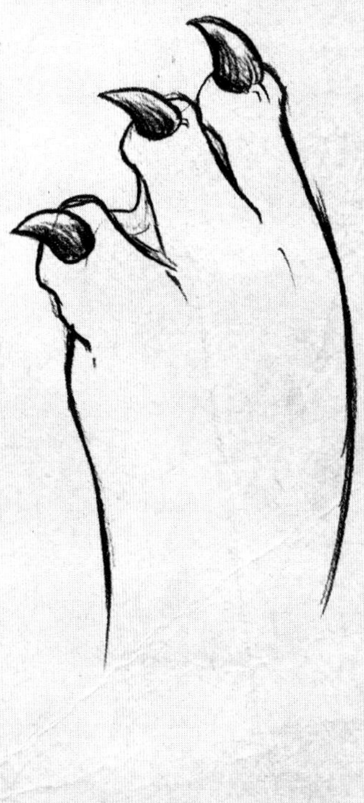

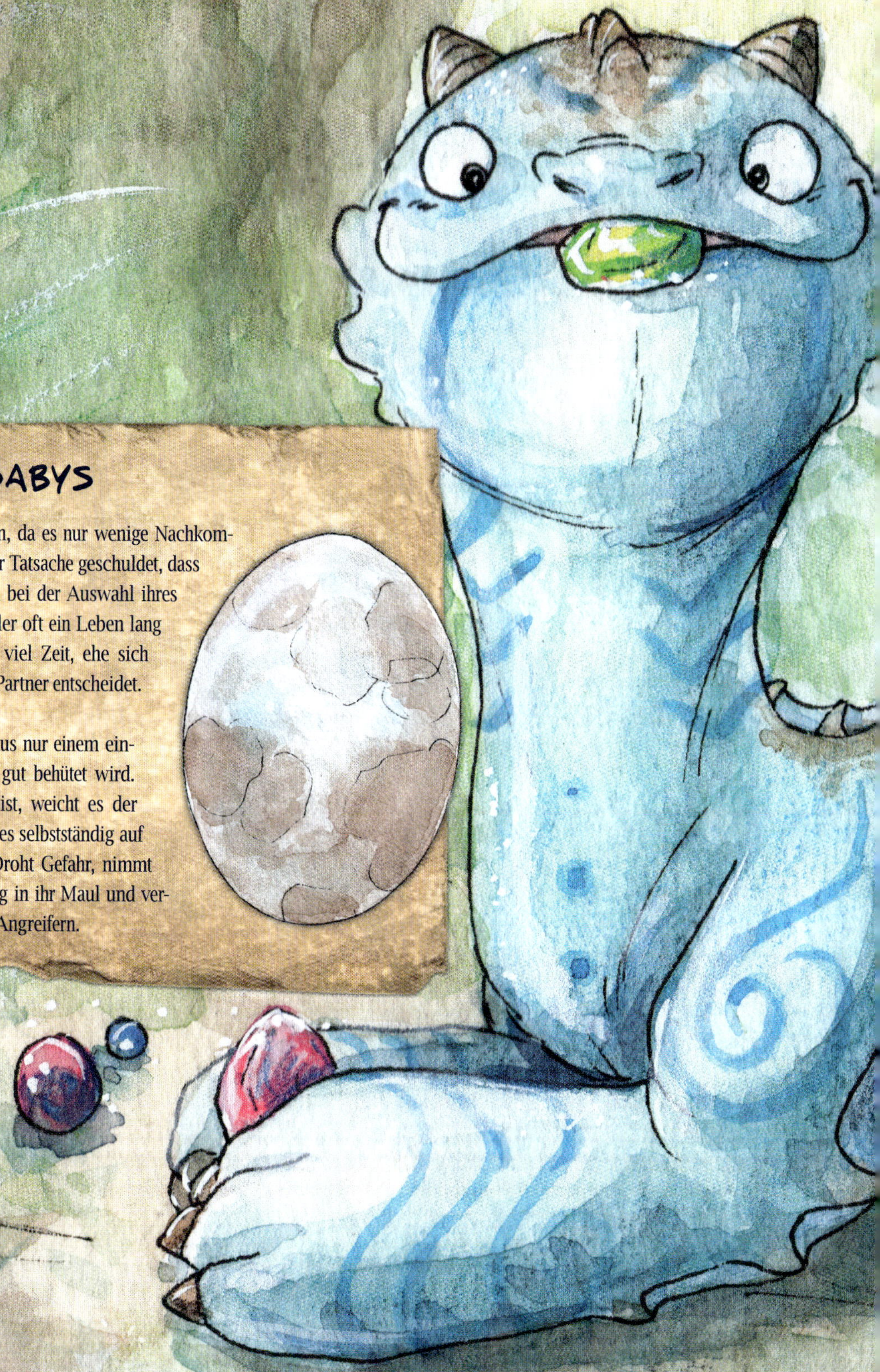

Eier und Babys

Perlensammler sind sehr selten, da es nur wenige Nachkommen gibt. Dies ist vor allem der Tatsache geschuldet, dass die Weibchen sehr wählerisch bei der Auswahl ihres Partners sind. Da Perlensammler oft ein Leben lang zusammenbleiben, verstreicht viel Zeit, ehe sich ein Weibchen für einen festen Partner entscheidet.

Das Gelege besteht meistens aus nur einem einzigen Ei, das von den Eltern gut behütet wird. Sobald das Junge geschlüpft ist, weicht es der Mutter nicht von der Seite, bis es selbstständig auf Nahrungssuche gehen kann. Droht Gefahr, nimmt die Mutter das Junge vorsichtig in ihr Maul und versteckt und beschützt es so vor Angreifern.

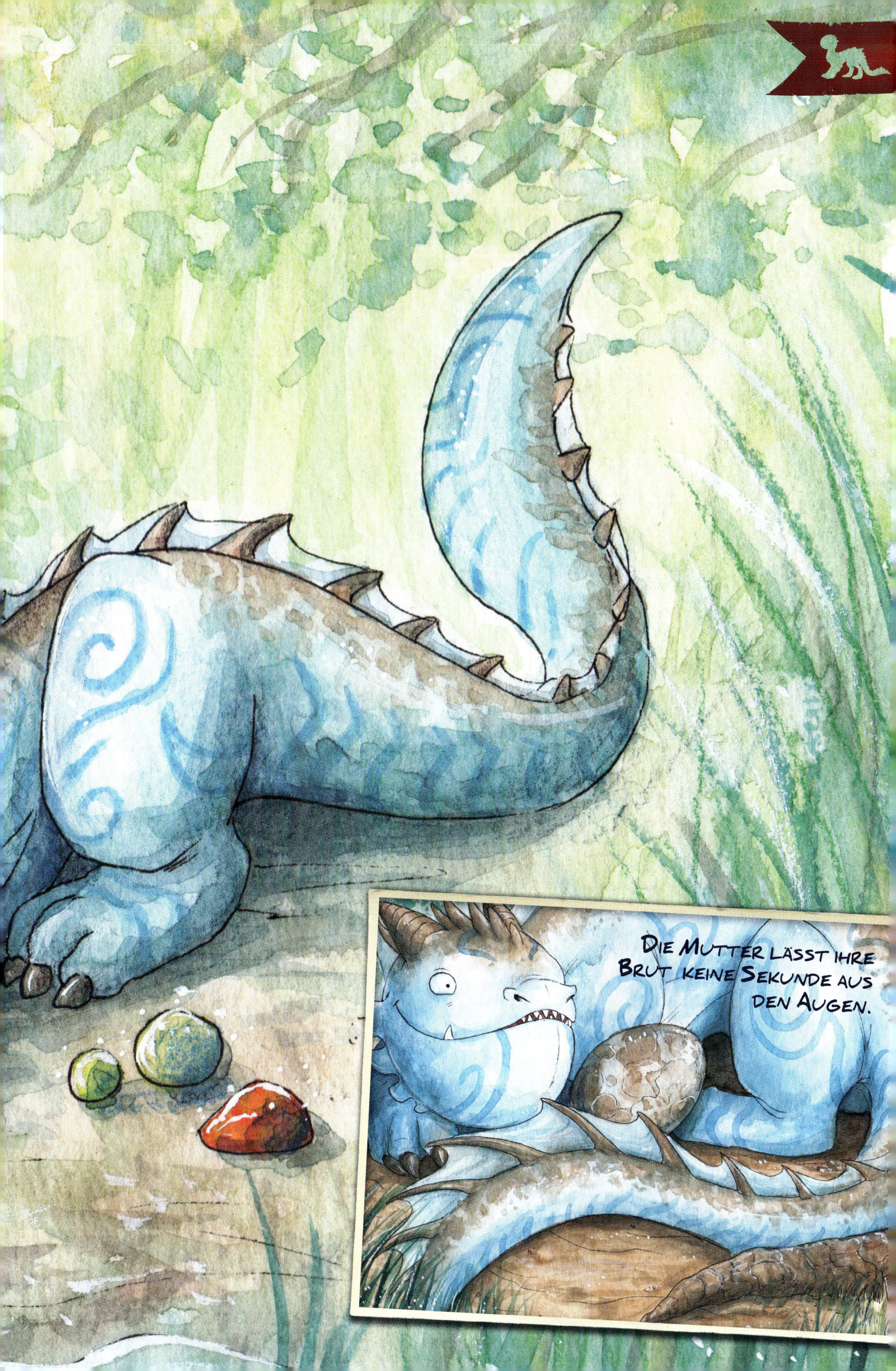
Die Mutter lässt ihre
Brut keine Sekunde aus
den Augen.

Kopf des Perlensammlers

Im ersten Schritt wird ein Kreis als Grundform des Kopfes gezeichnet. Mit einer Hilfslinie werden die Perspektive und Blickrichtung des Drachen markiert (in diesem Fall ist es eine dreiviertel-links Ansicht). Eine geschwungene Linie verläuft quer über die obere Hälfte des Kreises und bildet den Mund. Der Unterkiefer sollte den größeren Teil des Kopfes einnehmen.

I

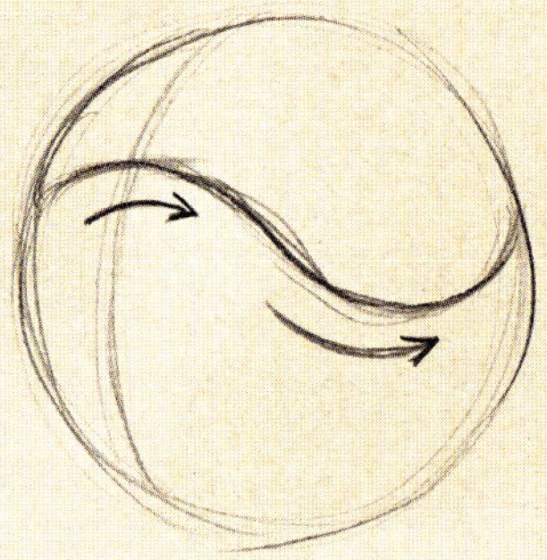

Ein Stück über dem höchsten Punkt der Mundlinie wird eine horizontale Hilfslinie eingezeichnet, auf der die Nüstern und das Auge liegen. Die Form der Schnauze wird genauer definiert.

II

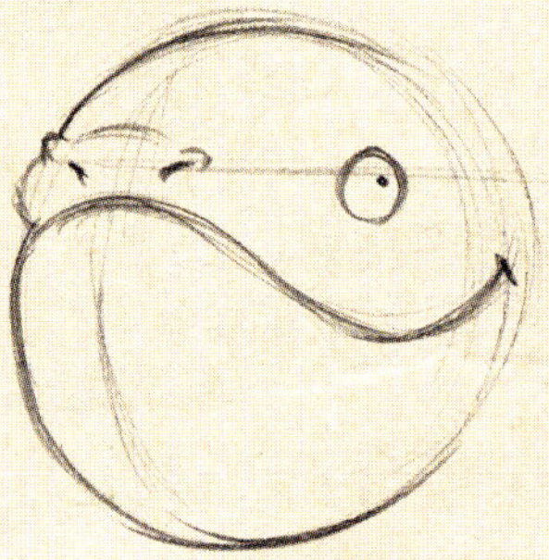

Anschließend werden die Hörner und die kleinen Zacken am Kiefer eingezeichnet. Die ersten Hilfslinien können nun wegradiert werden.

III

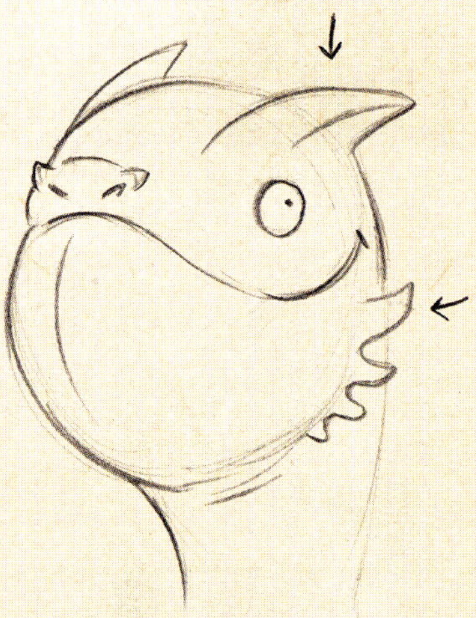

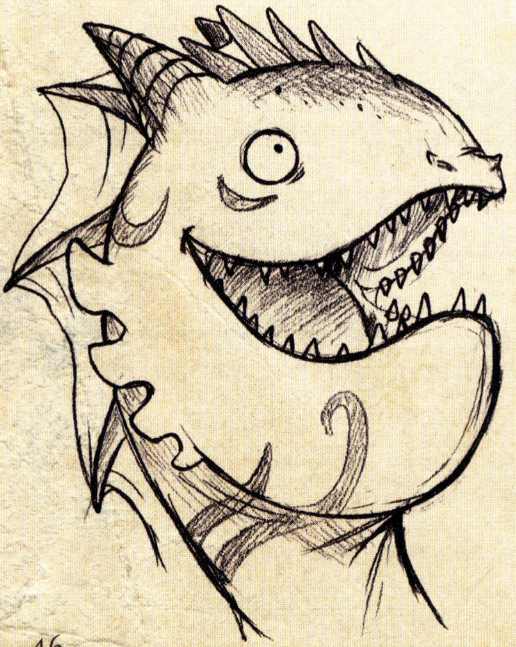

IV

Zum Schluss werden weitere Details wie die Zähne, die Zacken auf dem Rücken und die Linien auf den Hörnern hinzugefügt.

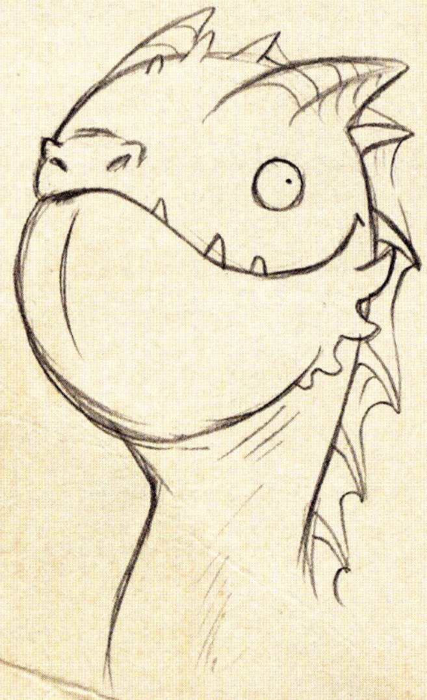

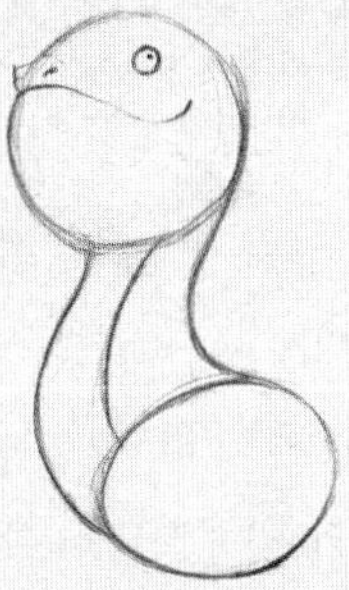

I

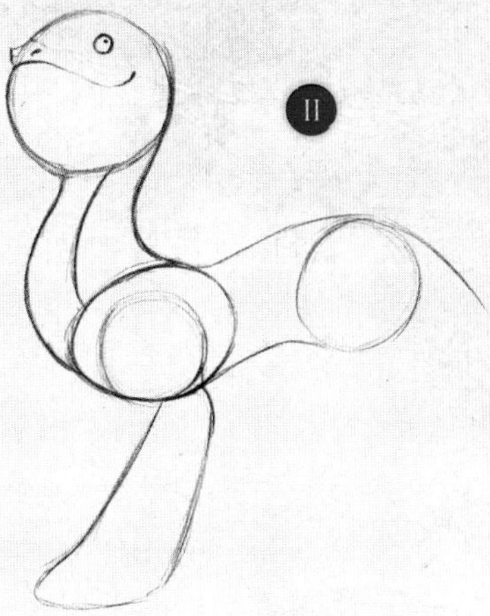

II

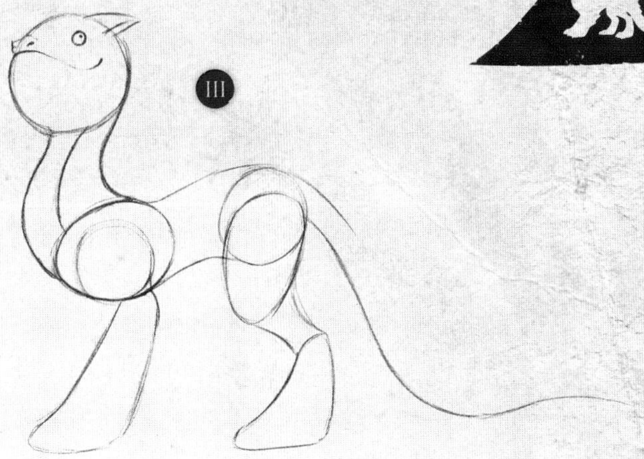

III

Körper des Perlensammlers

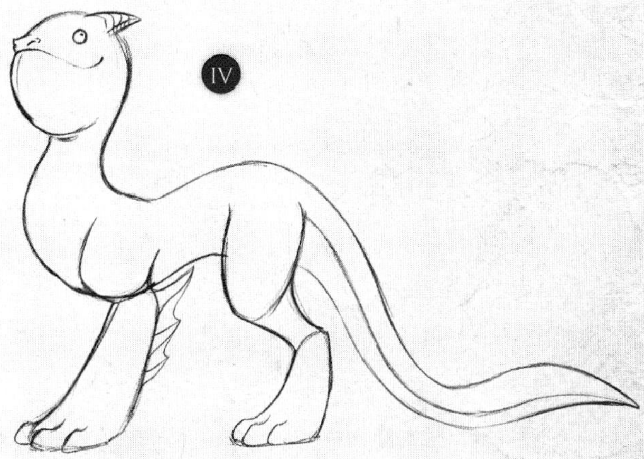

IV

I Der Kopf des Perlensammlers wird entsprechend dem Tutorial auf Seite 46 gezeichnet. Eine geschwungene Linie bildet die Orientierung für den Verlauf des Halses. Mit einem leicht eiförmigen Kreis wird der Brustkorb markiert. Die obere und untere Linie des Halses gehen nahtlos in diesen Kreis über.

II Anschließend wird ein weiterer Kreis für die Position der Hüfte eingezeichnet. Diese liegt ein wenig höher als der Brustkorb. In der Mitte des Kreises für die Brust setzt die Schulter des Drachen an. Direkt daran wird die grobe Form des Beins gezeichnet. Das Bein ist oben schmal und wird nach unten hin breiter.

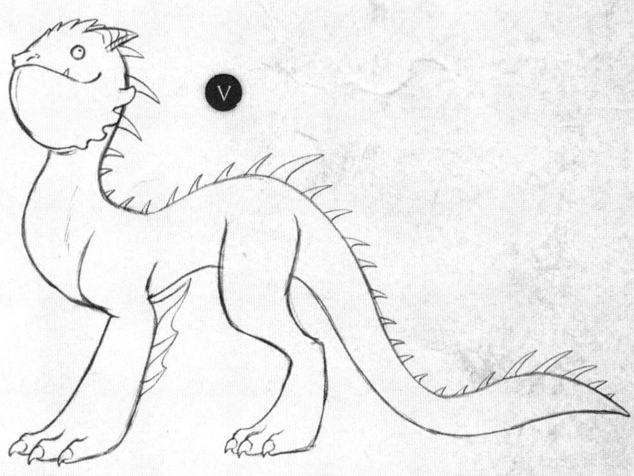

V

III Als nächstes wird für den Schwanz des Drachen eine Linie von der Mitte des Hüftkreises gezeichnet. Der Oberschenkel wird mit einem Oval markiert, das den Großteil des Hüftkreises einnimmt. Darunter wird ein wenig versetzt der Fuß eingezeichnet, der ebenso wie das Vorderbein nach unten hin breiter wird. Oberschenkel und Fuß werden mit zwei geschwungenen Linien verbunden.
Am Kopf können bereits die ersten Details, wie zum Beispiel die Hörner, hinzugefügt werden.

IV Die ersten Hilfslinien können nun wegradiert werden. Der Schwanz wird am Ende noch einmal dicker und läuft dann spitz zu. Jetzt werden Details an den Beinen eingezeichnet, dazu gehören die Zehen und die Zacken am Vorderbein.

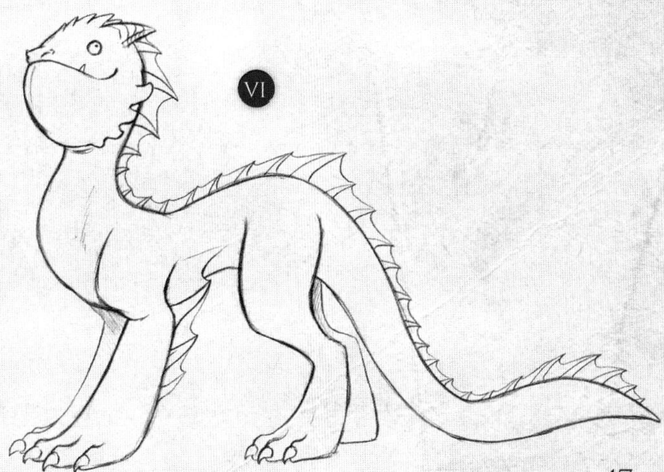

VI

V Auf den Rücken werden in regelmäßigen Abständen die Zacken eingezeichnet und der Drache bekommt Krallen an den Füßen. Auch am Kopf folgen weitere Details.

VI Fast fertig! Die Rückenzacken werden mit geschwungenen Linien verbunden – ebenso folgt eine geschwungene Linie von der obersten Zacke des Vorderbeins zum Bauch des Drachen, um die Schwimmhaut anzudeuten, die dort beginnt. Nun werden noch die fehlenden Beine im Hintergrund eingezeichnet und die letzten Hilfslinien wegradiert.

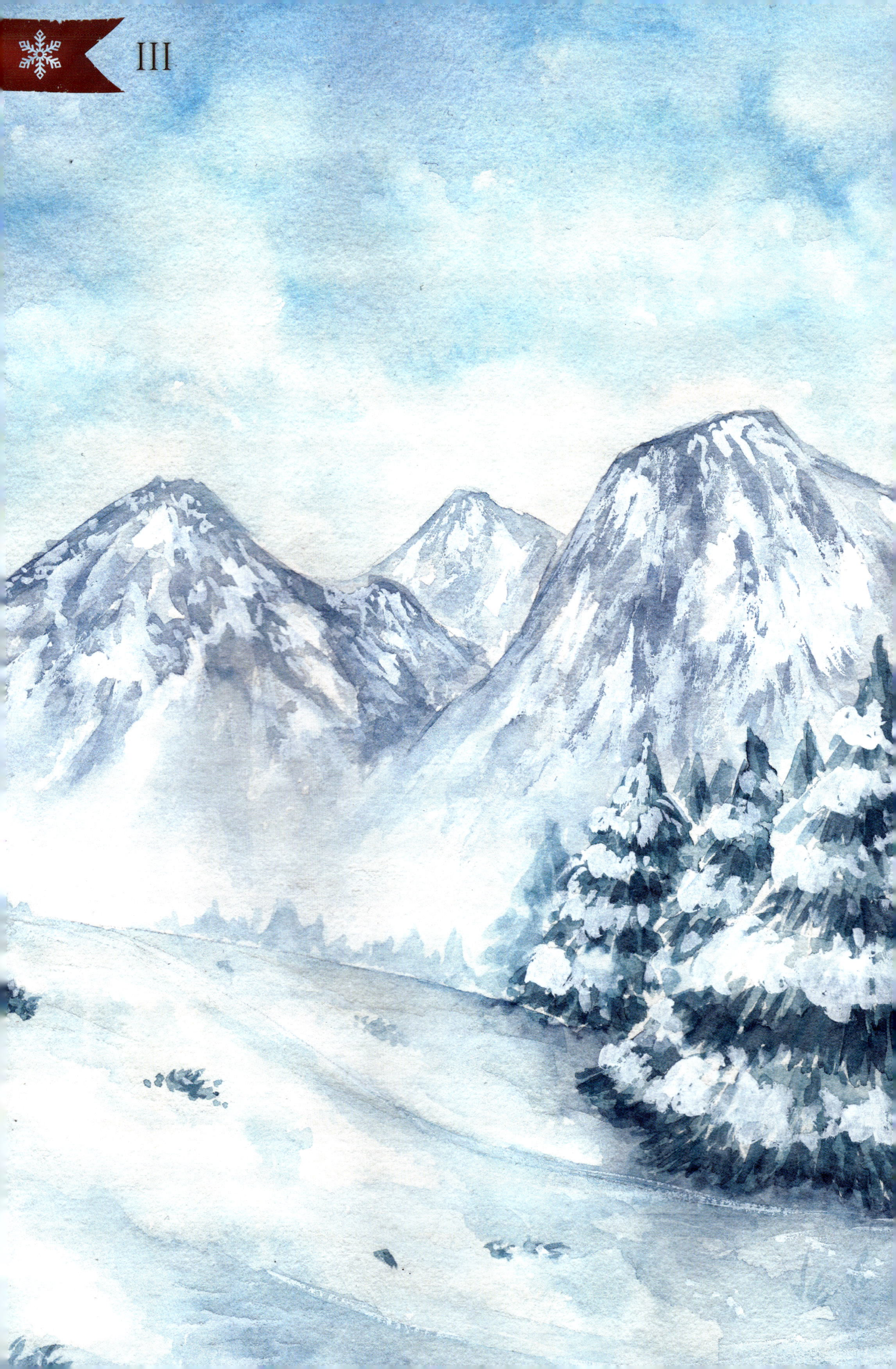

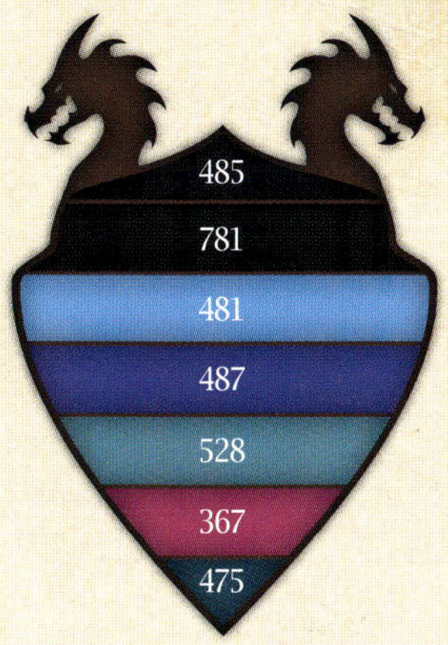

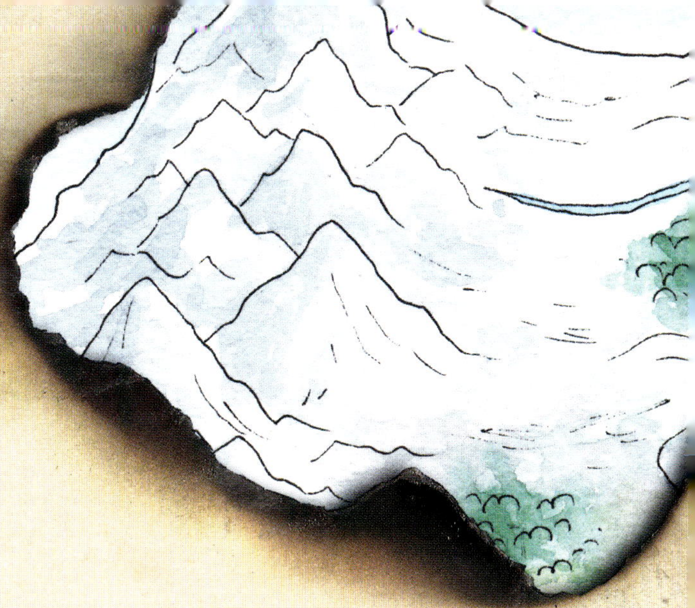

Eis und Tundra

Hoch im Norden des Kontinents wird das Klima deutlich kälter und hohe Berge prägen die Landschaft.

In den meisten Regionen liegt das ganze Jahr über Schnee – einzig in den südlicheren Teilen wird es im Sommer warm genug, sodass der Schnee abtauen und die vielen Flüsse des Landes nähren kann.

In den Tälern gibt es viele dunkle Nadelwälder und schneebedeckte Ebenen. Die Berge sind ein gefährliches Terrain, gezeichnet von tiefen Schluchten, eisigen Gletschern und steilen Klippen. Starke Winde beherrschen die Höhenregionen, lassen Lawinen losbrechen und treiben regelmäßig verheerende Schneestürme über das Gebiet. Diesen Umständen zum Trotz gibt es auch Drachen, die sich diesen unwirtlichen Raum zur Heimat gemacht haben. Hoch oben in den Bergen liegt das Territorium des imposanten Eisdrachen. Der Schneedrache wiederum bevorzugt die Täler mit den weiten Ebenen und den angrenzenden Wäldern. Beide Drachen sind perfekt an das Klima angepasst und mit bloßem Auge nur schwer in dieser Umgebung zu entdecken.

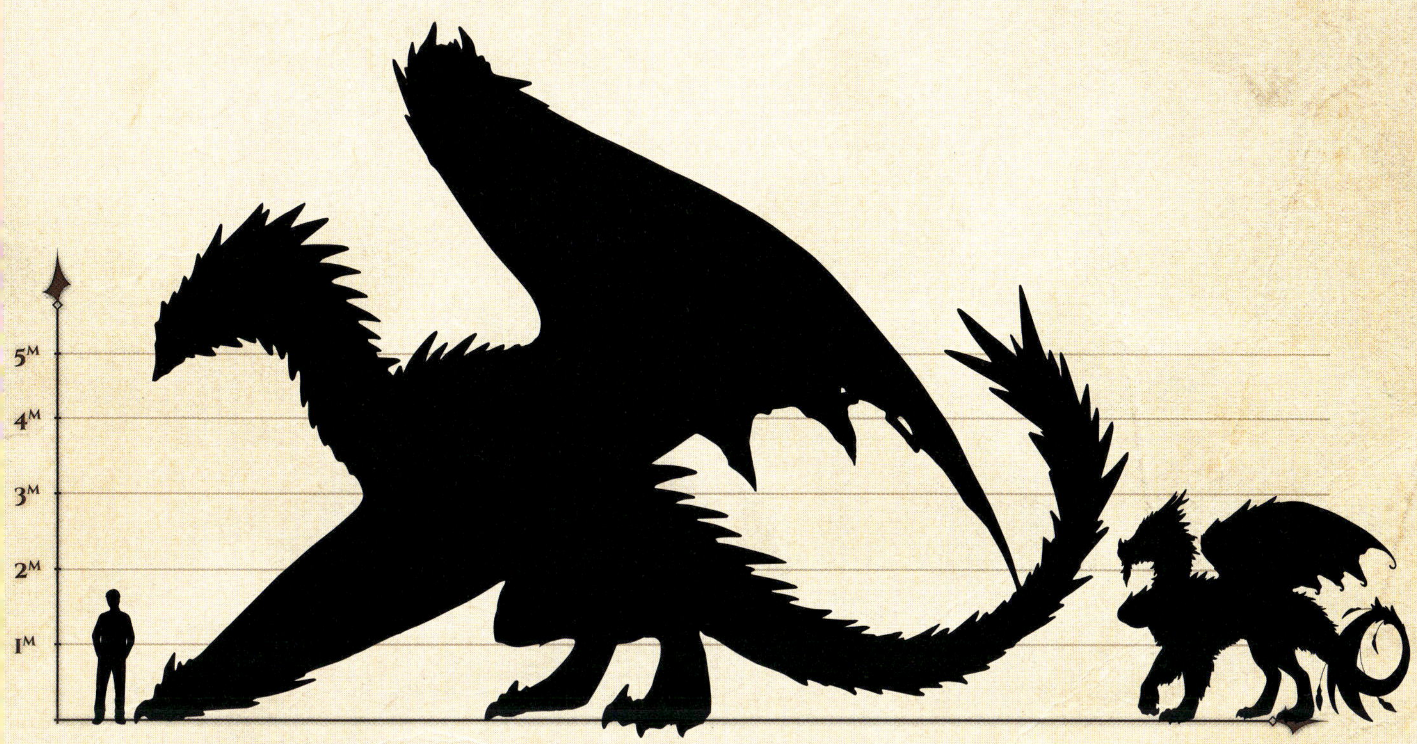

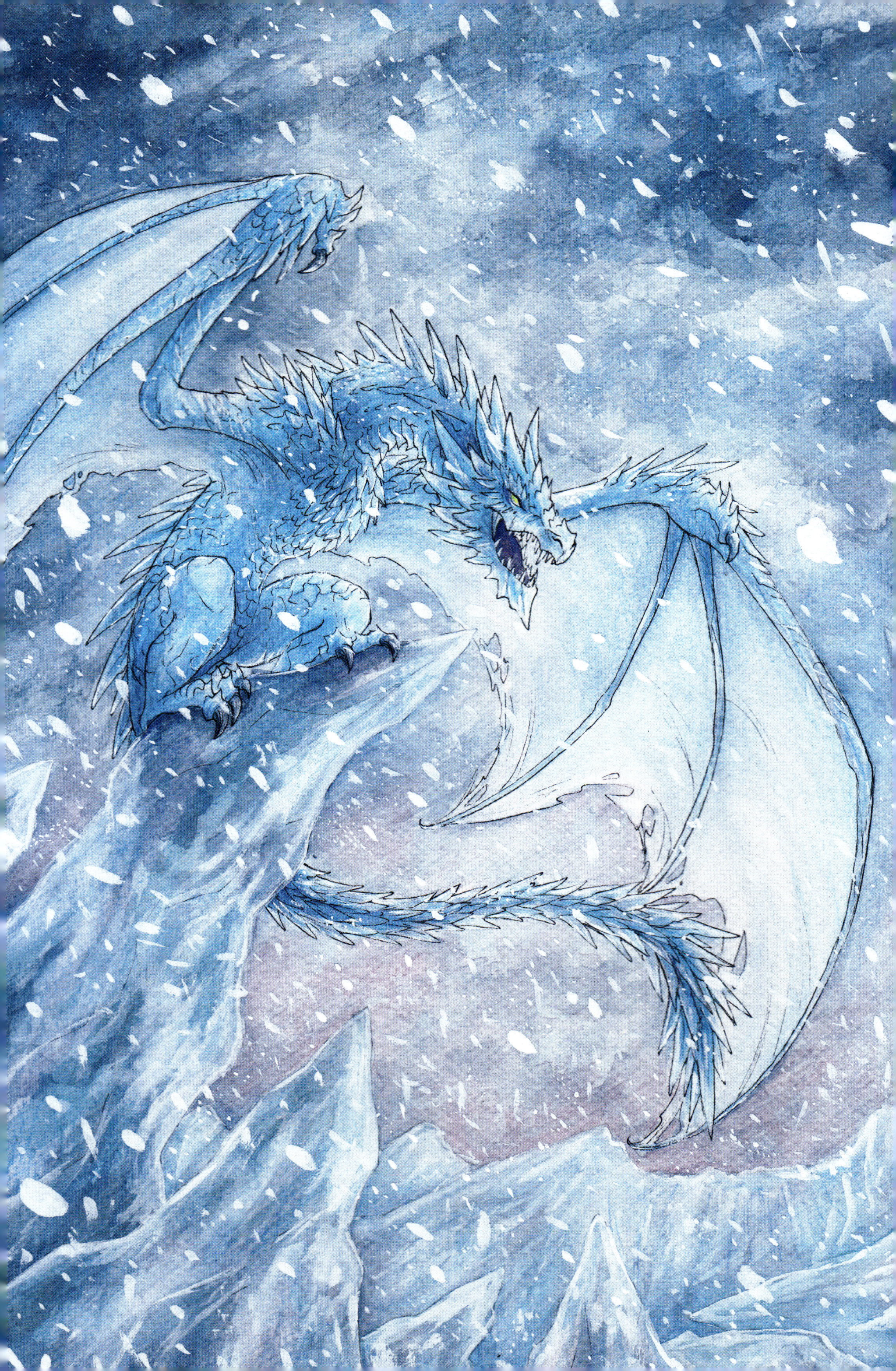

Eisdrache

In den eisigen Gebirgen des Nordens leben gefährliche Einzelgänger, die man zwischen den schroffen Bergklippen und Säulen aus Eis meist erst entdeckt, wenn es schon zu spät ist.

Eisdrachen lieben die Kälte und bevorzugen mächtige, mit Schnee bedeckte Berge und Gletscher. Sie sind äußerst gefährlich und reagieren meist sehr aggressiv, wenn sie in ihrer Ruhe gestört werden. Eisdrachen sind bevorzugt Einzelgänger und verteidigen ihr Revier vehement gegen ihre Artgenossen oder andere Drachen. Oft suchen sie sich ein Territorium aus, in dessen Mittelpunkt ein hoher Berg mit einigen Höhlen zu finden ist, in welche sie sich bei Bedarf zurückziehen können.

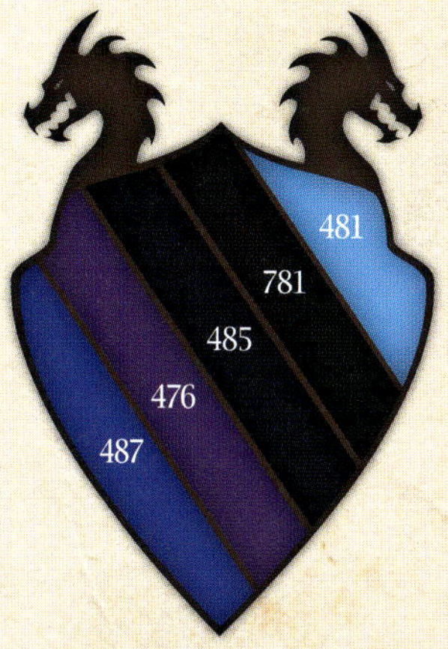

Frost und Kälte können Eisdrachen nichts anhaben. Es ist ihnen möglich, auch bei schlechten Wetterverhältnissen zu fliegen und zu jagen. Doch manchmal kommt selbst ein Eisdrache nicht gegen einen ausgewachsenen Blizzard an – dann verzieht er sich in seine Höhle und wartet das Ende des Sturms ab.

Eisdrachen können kein Feuer speien, besitzen jedoch einen Frostatem, der mögliche Angreifer auf der Stelle einfriert.

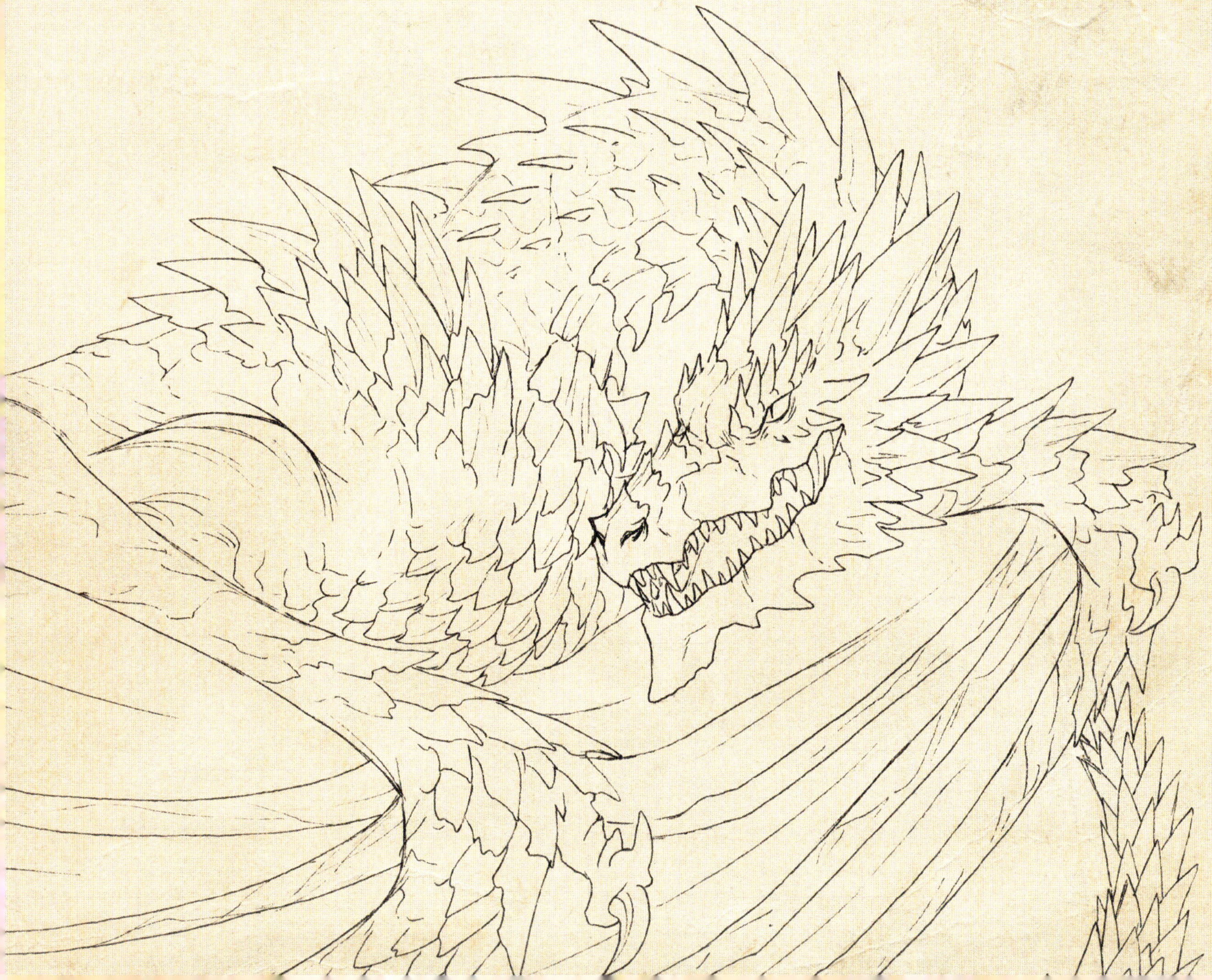

Aussehen

Eisdrachen zählen mit zu den größten Drachen auf dem Festland. Sie besitzen zwei kräftige Hinterbeine und zwei Flügel, mit Klauen an den Gelenken, die sie aufgrund des Fehlens von Vorderbeinen zum Festhalten an Steilwänden oder als Stützen beim Gehen nutzen. Ihre Schuppen sind eisblau bis weiß und schimmern wie die Oberfläche eines gefrorenen Sees im Licht. Kopf, Rücken und Schwanz sind mit langen Stacheln besetzt, die dafür sorgen, dass diese Drachen in den Eiswüsten gut getarnt sind. Die Lederhäute der Flügel sind oftmals am unteren Ende zerfetzt und von der Kälte zerfressen.

Einen durchdringenden Kontrast zum Rest ihres Erscheinungsbildes erzeugen die Augen der Eisdrachen, die intensiv hellgelb leuchten.

AUGEN

Eisdrachen besitzen Augen mit äußerst präziser Sehkraft. Sie können auch bei schlechten Wetterverhältnissen sehr gut sehen und ihre Beute bereits aus weiter Ferne erspähen.

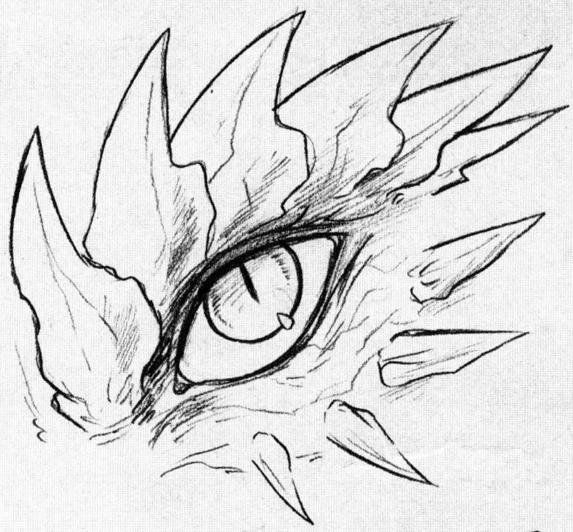

ZÄHNE

Die Zähne sind so scharf wie Rasierklingen. Vor ihnen sollte man sich in Acht nehmen.

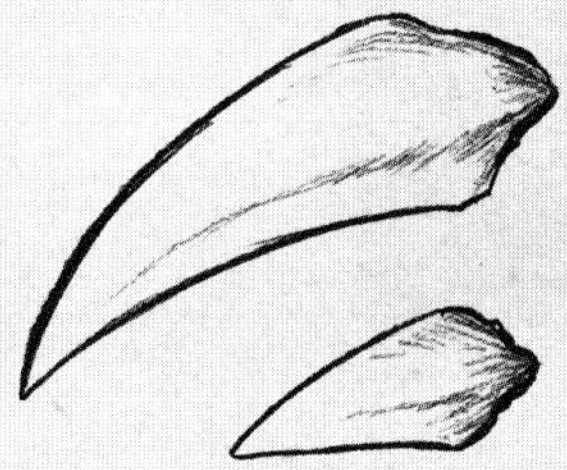

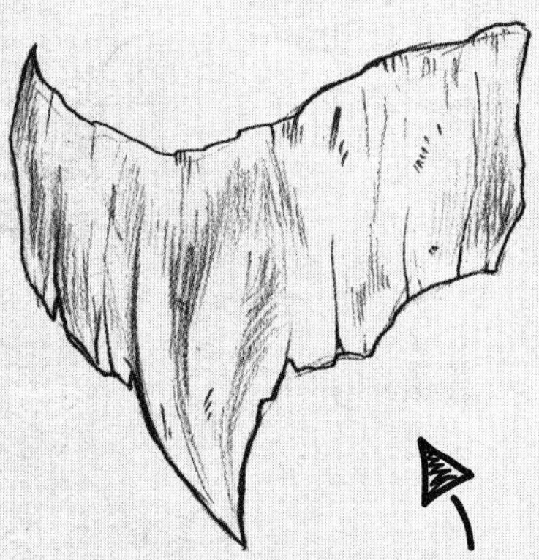

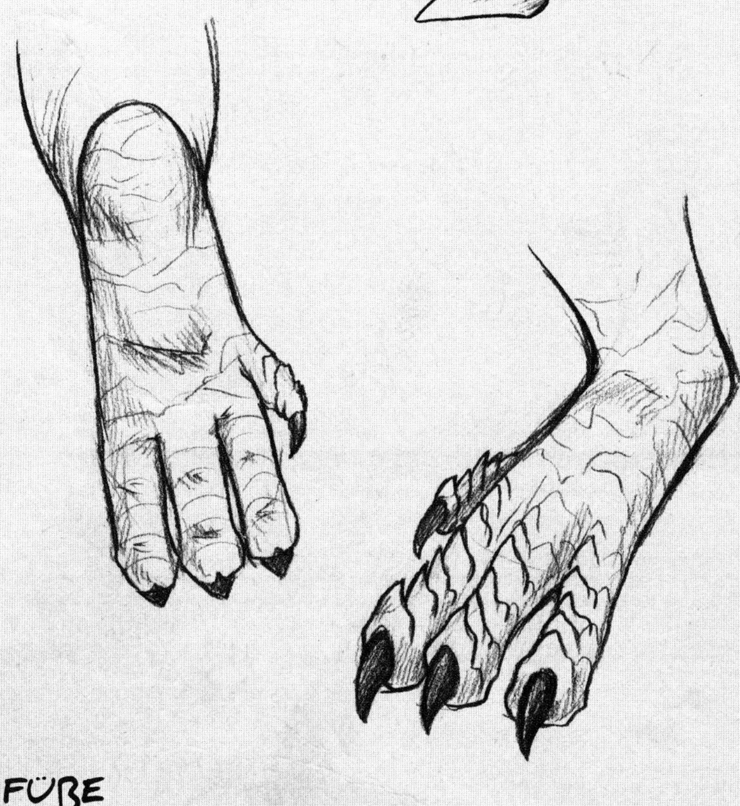

BRUSTSCHUPPEN

Die Brustschuppen des Eisdrachen sind sehr dick und, wie die meisten anderen Schuppen auch, sehr spitz und zackig in ihrer Form.

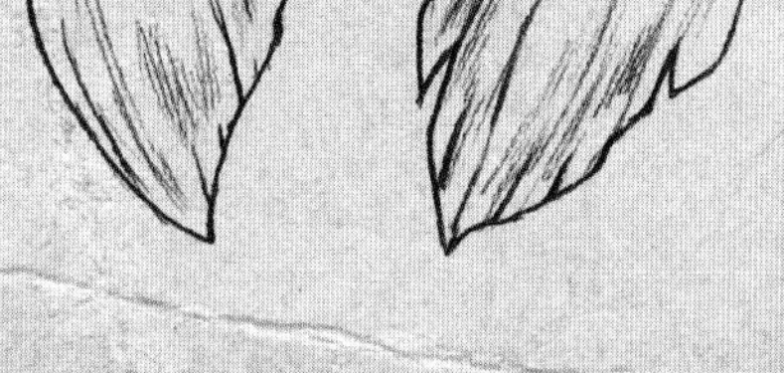

FÜẞE

Die Schuppen auf den Zehen stehen nach oben ab und können als Waffe in Kampf eingesetzt werden.

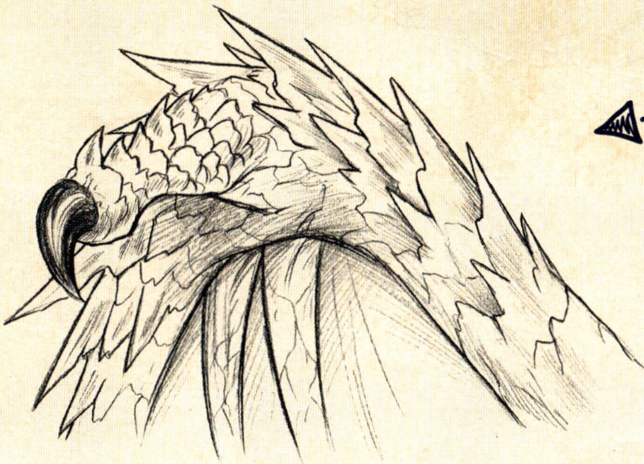

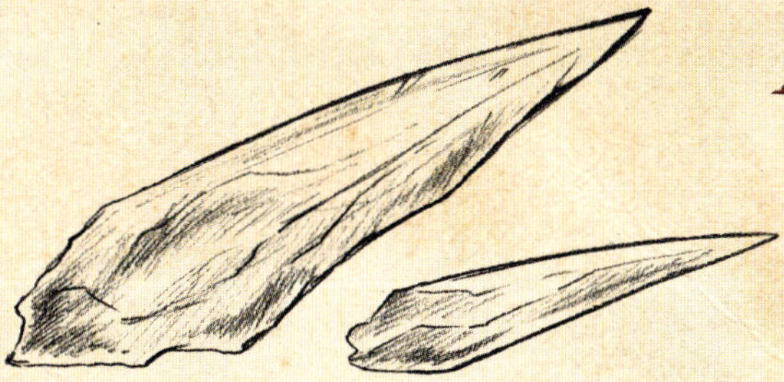

STACHELN

Die Stacheln sehen nicht nur aus wie Eiszapfen, sie sind auch mit einer dünnen Schicht aus Eis bedeckt, weshalb sie frostig schimmern und glänzen.

KRALLE

Die Krallen an den Flügeln verleihen zusätzlichen Halt auf eisigen und rutschigen Untergründen.

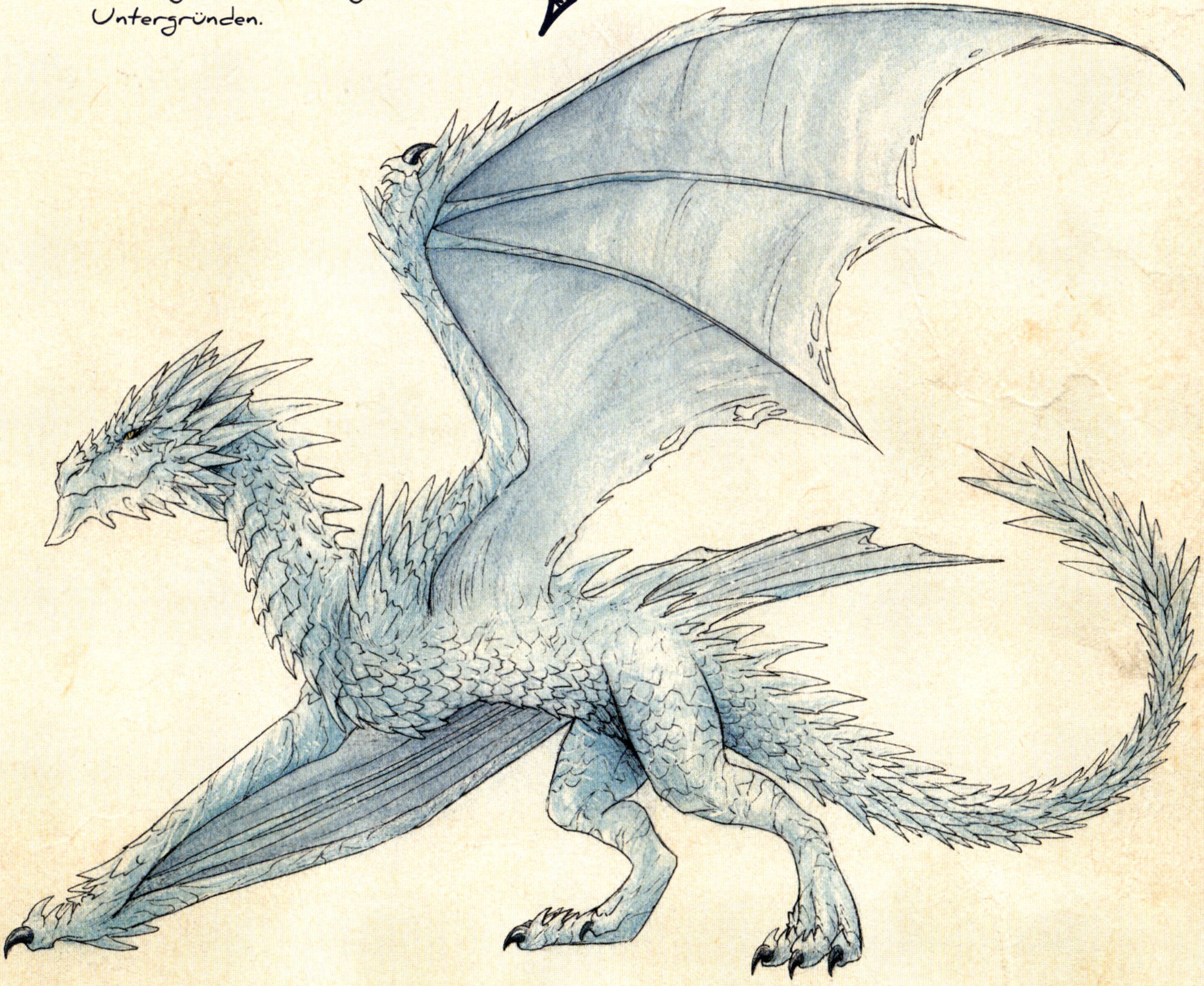

SCHWANZ

Durch das gezackte, stachelige Ende ist der Schwanz eine große Gefahr für jeden, der dem Eisdrachen zu nahe kommt.

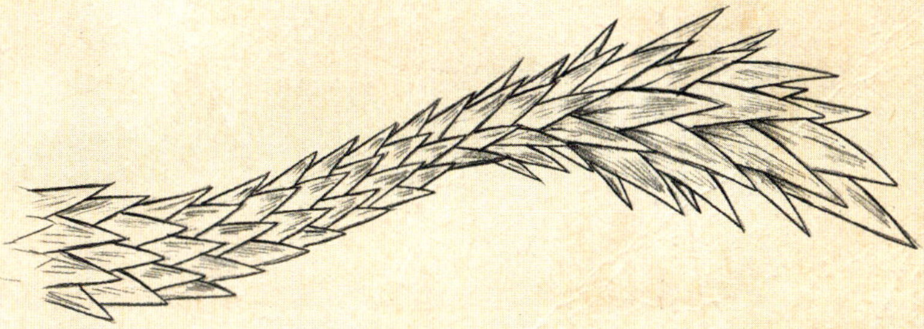

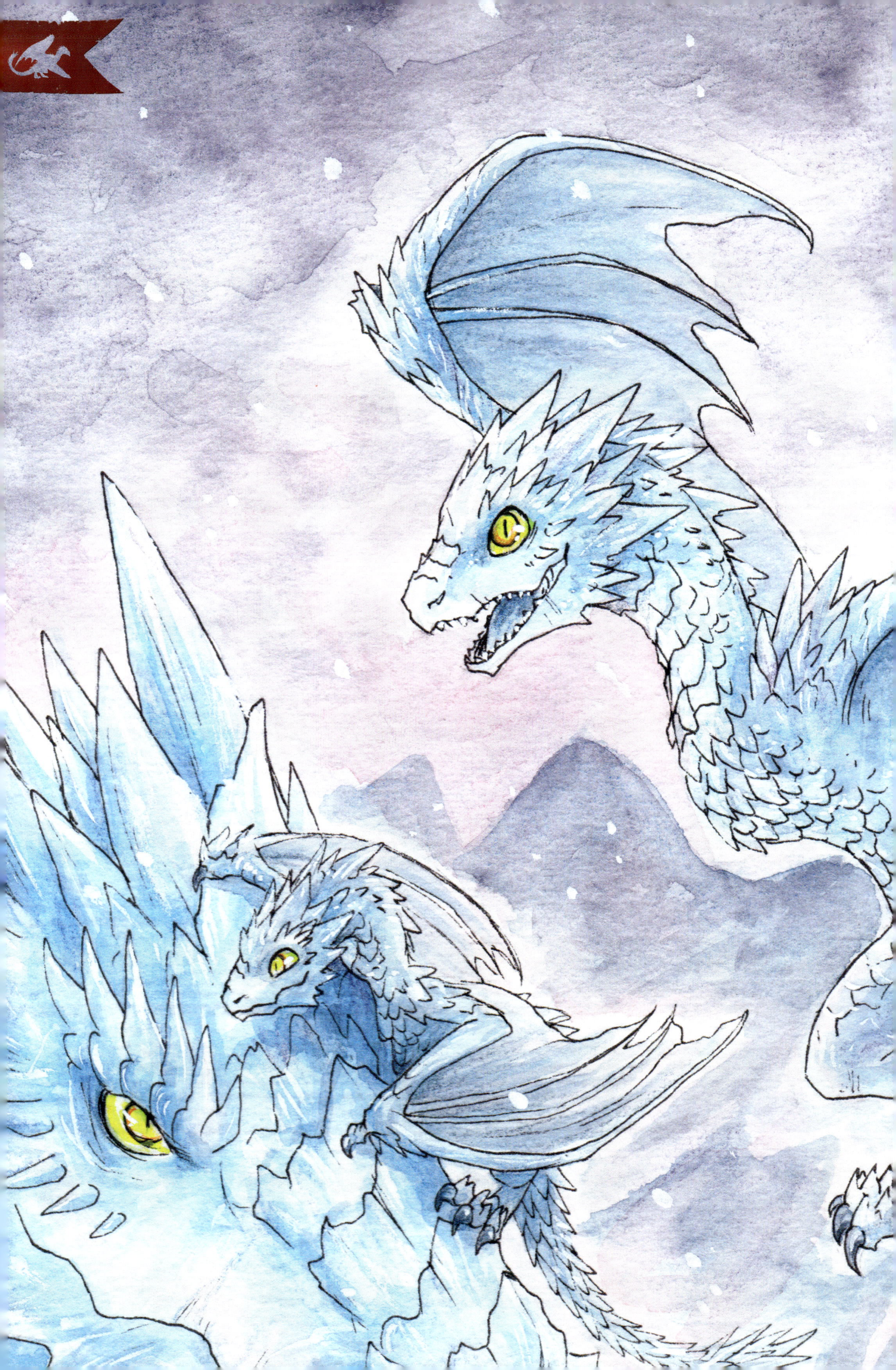

Eier und Babys

Die Eier der Eisdrachen sind relativ rund und haben eine raue Oberfläche, die von Rissen durchzogen ist. Dadurch sind sie gut getarnt und unterscheiden sich kaum vom umliegenden Eis. Ein Gelege besteht im Durchschnitt aus bis zu fünf Eiern, die in einer Kuhle auf einem Gletscher abgelegt werden.

Die jungen Eisdrachen lernen schnell und üben sich schon wenige Tage nach dem Schlüpfen im Fliegen. Die Mütter kümmern sich liebevoll um ihre Kleinen, auch wenn diese Phase nicht lange andauert. Bereits nach wenigen Wochen sind die Jungen groß genug, um ihre eigenen Wege zu gehen. Es kommt selten vor, dass sich Mutter und Junges noch einmal in ihrem Leben begegnen, da junge Eisdrachen weite Strecken fliegen, um neue Territorien einzunehmen.

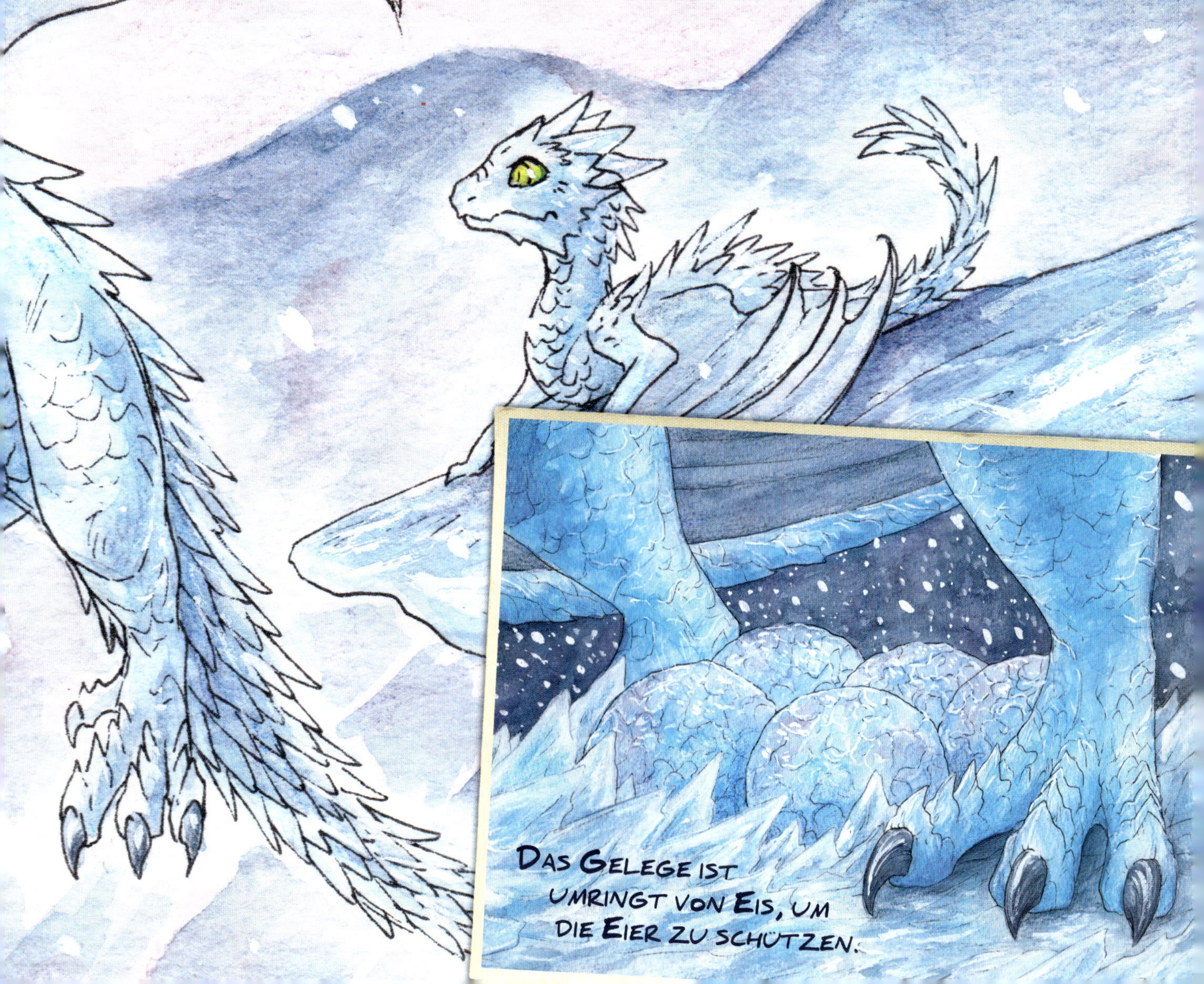

I

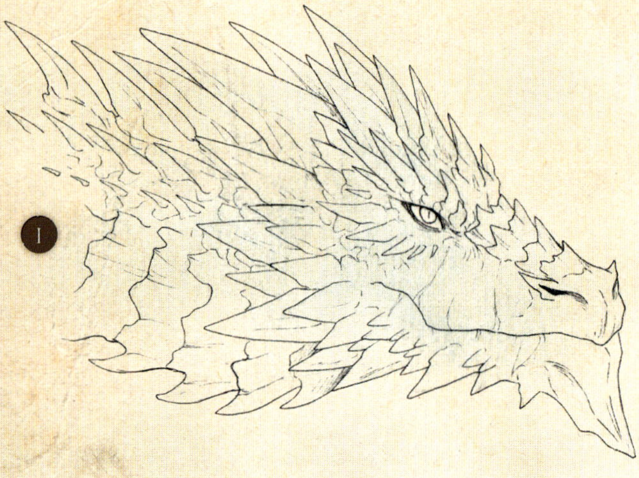

II

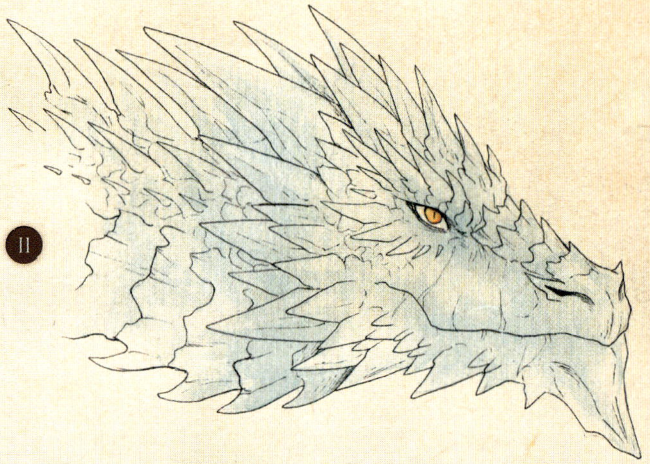

Den Kopf eines Eisdrachen colorieren

I Die gesamte Grundfläche des Drachen wird mit einem hellen Blau coloriert, um den Grundton festzulegen. Dazu ist es je nach Technik von Vorteil, das Blatt vor dem Farbauftrag mithilfe eines Pinsels und ein wenig Wasser anzufeuchten –so kann die Farbe sofort auf der Fläche verlaufen. Falls sich Pigmente sich nicht gleichmäßig verteilen und es an einigen Stellen heller oder dunkler ist, so tut dies der Wirkung der Coloration keinen Abbruch – im Gegenteil: Es unterstützt den „Eis-Effekt" auf dem Schuppenkleid des Drachen.

II Mit einem etwas dunkleren Blauton werden nun die Schatten gesetzt. Dazu wird die Fläche erneut angefeuchtet und die Schatten werden aufgemalt. So entstehen weiche Ränder und erste Verläufe. Das Auge erhält einen stechenden Gelbton.

III Danach werden die Schatten mit einem kräftigeren Blau vertieft. Hierfür wird weniger Wasser verwendet, um einigen Schatten deutlichere Kanten zu verleihen.

IV Zu guter Letzt werden Highlights mit weißer Tusche ergänzt, sodass der Drache einen eisigen Glanz bekommt.

III

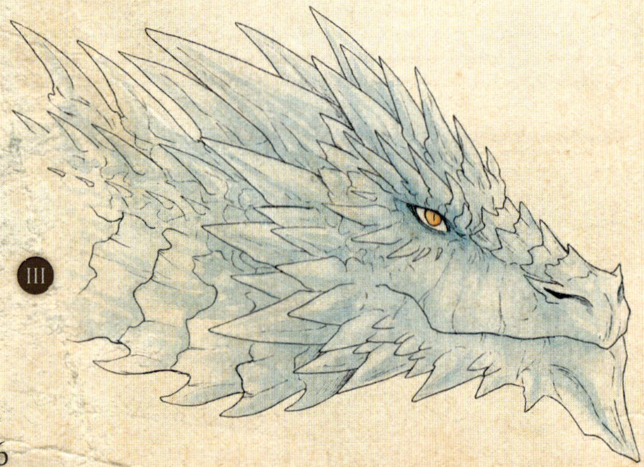

IV

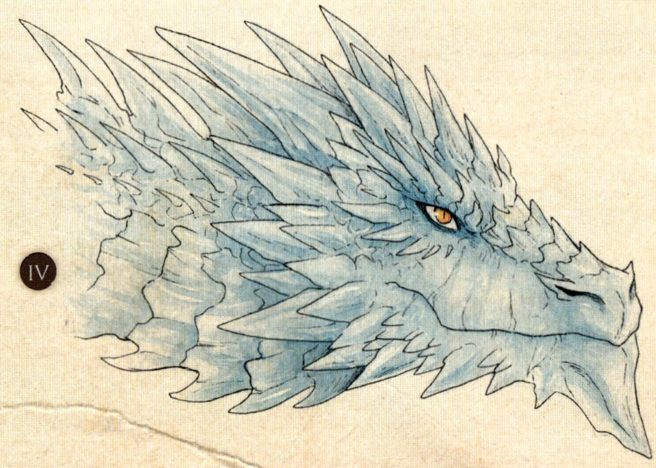

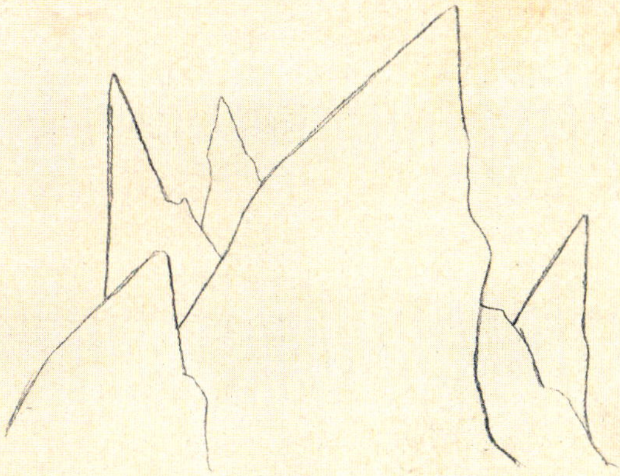

I

II

Eine Eisformation zeichnen

In diesem Tutorial werden spitze Eisformationen vor einem hellen Hintergrund coloriert. Je nach Umgebung ändern sich die Reflektionen und die Schattensetzungen auf dem Eis.

I Die Grundform wird zart mit Bleistift vorgezeichnet, damit man sie am Ende kaum bis gar nicht mehr sieht.

II Die Eisformation wird mit einem hellen Blauton grundiert. Dabei ist es nicht schlimm, wenn die Farbe ungleichmäßig aufgetragen wird. Wichtig ist, dass außen keine sichtbaren Ränder entstehen.

III Mit einem etwas dunkleren Blauton werden nun erste Schatten aufgemalt. An einigen Stellen können die Farbränder ruhig etwas deutlicher zu sehen sein. Dadurch wirkt der Eisberg kantiger.

IV In diesem Schritt werden die Strukturen weiter mit einem dunkleren Blau vertieft. Wenn das Objekt freisteht, sollten die Schatten den Rand nicht berühren, damit die Lichtspiegelung von außen realistisch wirkt.

V Abschließend werden noch einige Highlights mit weißer Tusche gesetzt, die das Eis zum Glänzen bringen.

III

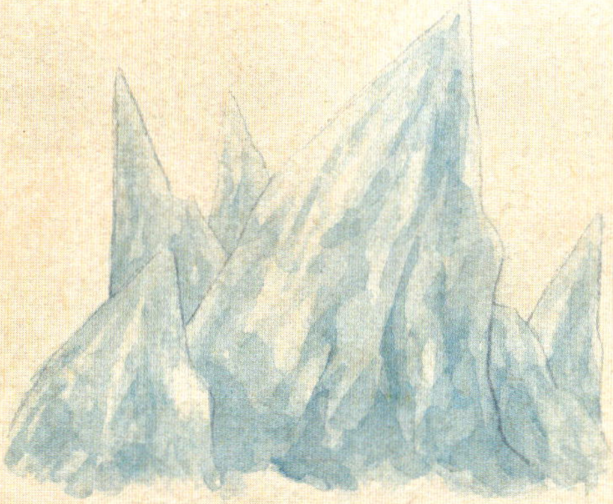

IV

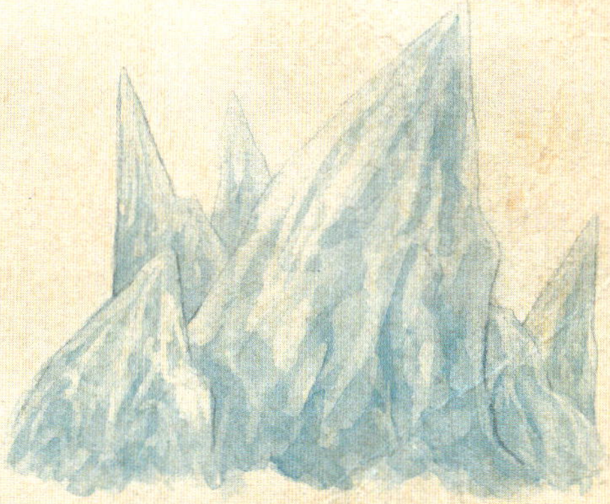

V

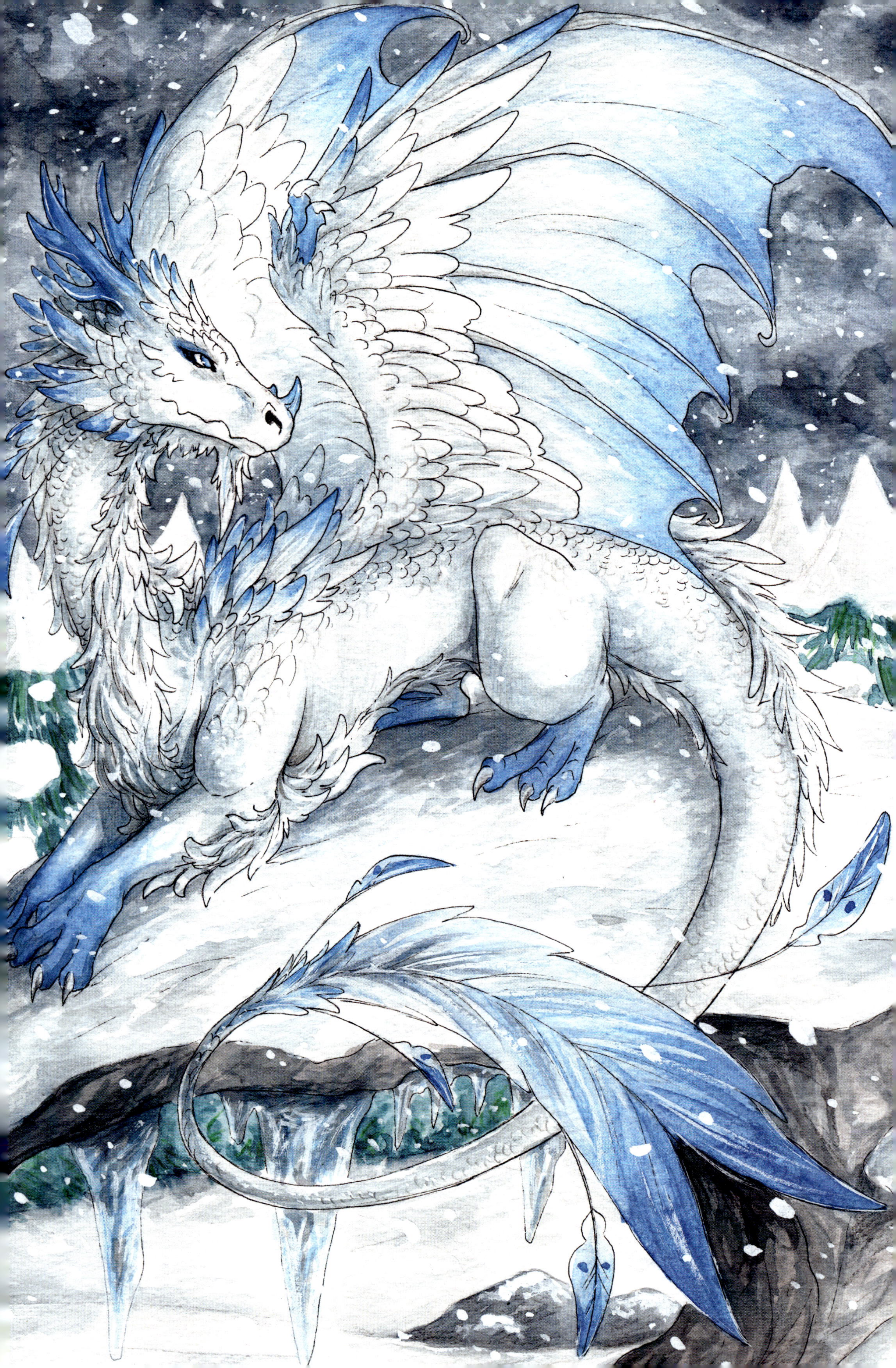

Schneedrache

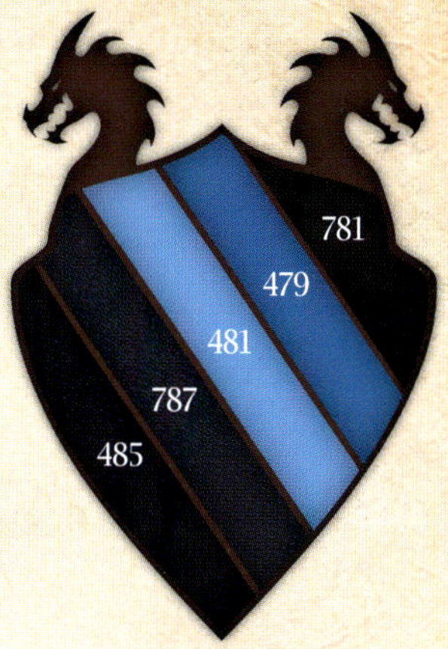

Schneedrachen sind stolze und anmutige Wesen, die die endlosen Weiten der nördlichen Schneelandschaften als Lebensraum bevorzugen. Sie sind oft in kleinen Gruppen bestehend aus bis zu fünf Drachen anzutreffen.

Diese meist friedlichen Drachen leben in einem sehr großen Areal, das sie ständig durchwandern. Obwohl sie die weiten Schneelandschaften für die Jagd auf kleine Tiere bevorzugen, bleiben sie auch gerne in der Nähe von Baumgruppen oder kleinen Wäldern, um sich im Falle eines aufziehenden Schneesturms zurückzuziehen. Sollten sie einmal keinen geeigneten Schutz vor einem Blizzard finden, graben sie eine tiefe Kuhle in den Schnee und breiten die Flügel über sich und ihre Artgenossen aus, sodass sie eingeschneit werden und vor den eisigen Winden geschützt sind. Durch die Nähe zueinander frieren sie nicht und können in Ruhe abwarten, bis der Sturm vorbeigezogen ist.

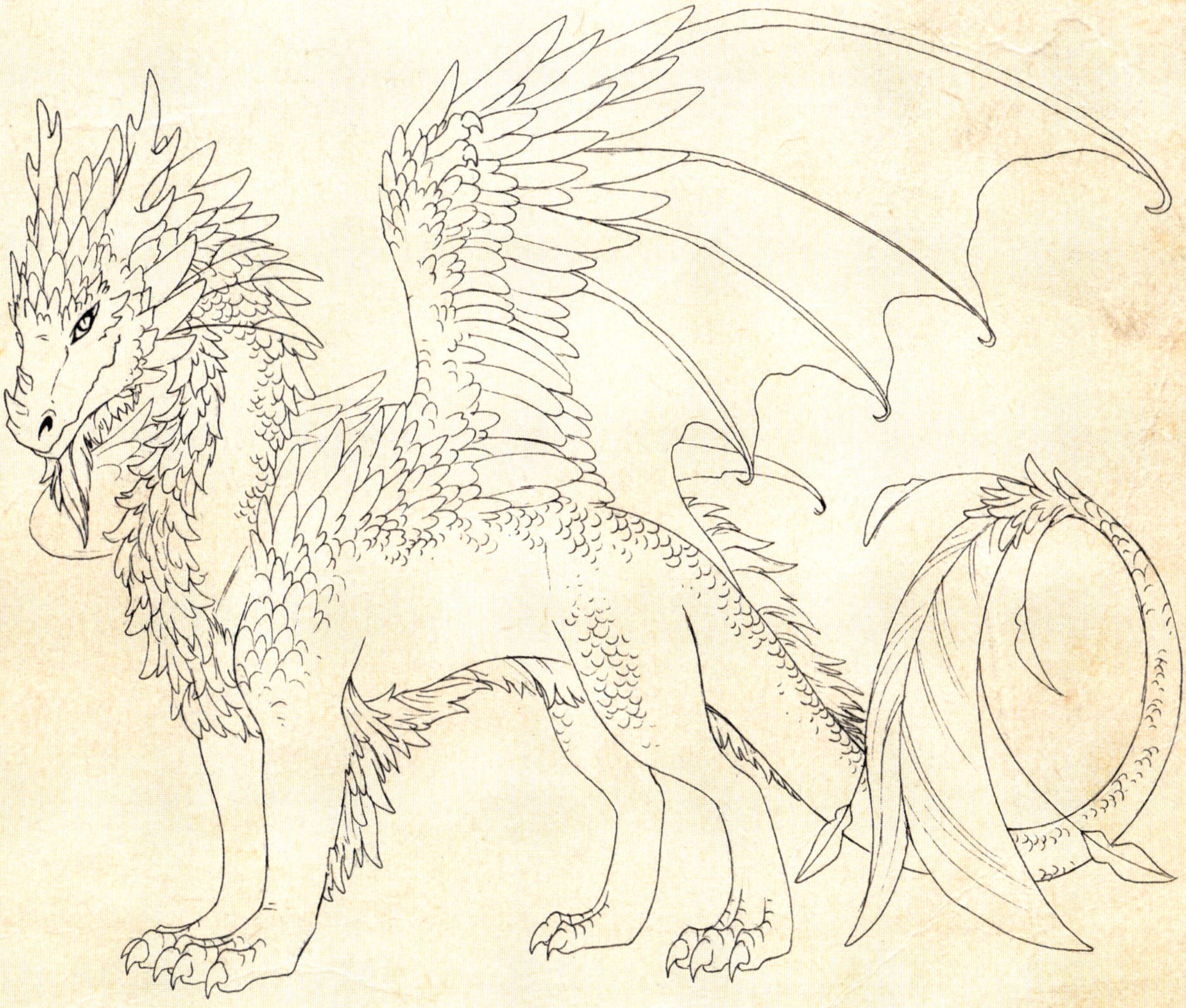

Aussehen

Aufgrund ihrer weißen bis grauen Färbung sind die Schneedrachen in ihrer Umgebung perfekt getarnt und schwer zu entdecken. Bei klarem Wetter und mit etwas Glück kann man jedoch das ein oder andere Exemplar zu Gesicht bekommen, da die blau gefärbten Zierfedern im Sonnenlicht besonders gut zur Geltung kommen. Der Körper der Schneedrachen ist mit Schuppen und Federn bedeckt, wobei letztere sowohl zum Schutz vor der Kälte als auch der Zierde dienen.

Diese Drachen sind sehr eitel und stolz, sodass sie es sich oft nicht nehmen lassen, sich vor freundlich gesinnten Besuchern in ihrer ganzen Pracht zu zeigen.

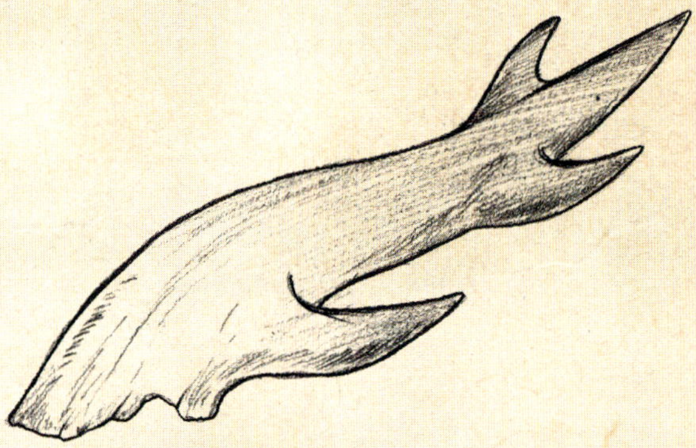

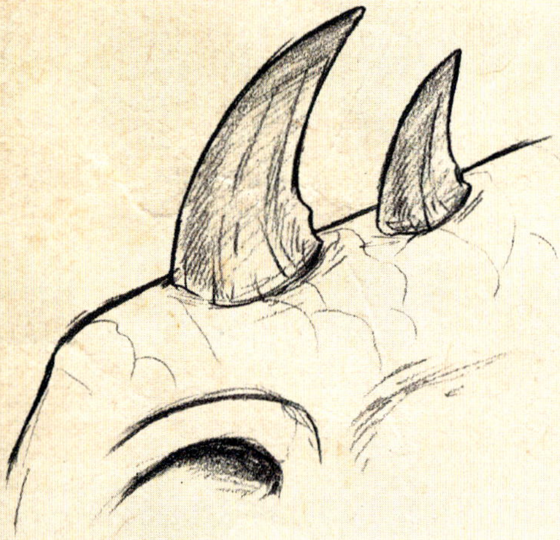

HÖRNER

Die Farbe der Hörner verläuft von einem sehr hellen zu einem dunkleren Blau. Während die Hörner auf dem Kopf das ganze Leben lang wachsen, verändern die Nasenhörner ab einem bestimmten Alter ihre Größe nicht mehr.

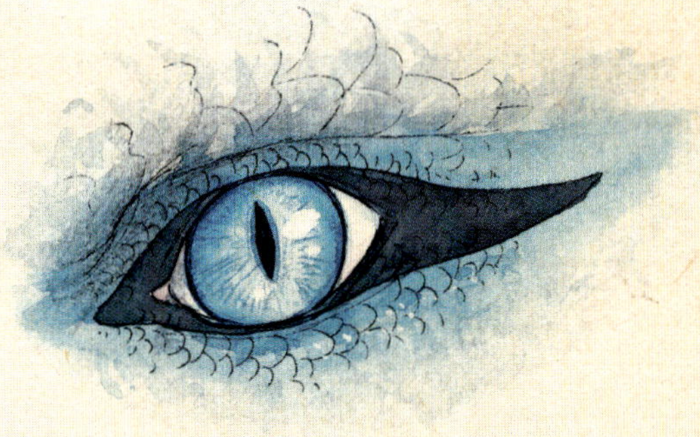

AUGEN

Die dunkle Musterung um die Augen herum sorgt dafür, dass ein besonders deutlicher Kontrast zu der eisblauen Iris entsteht.

SCHUPPEN

Die Schuppen sind sehr fein und aufgrund ihres Glanzes bei Sammlern sehr beliebt.

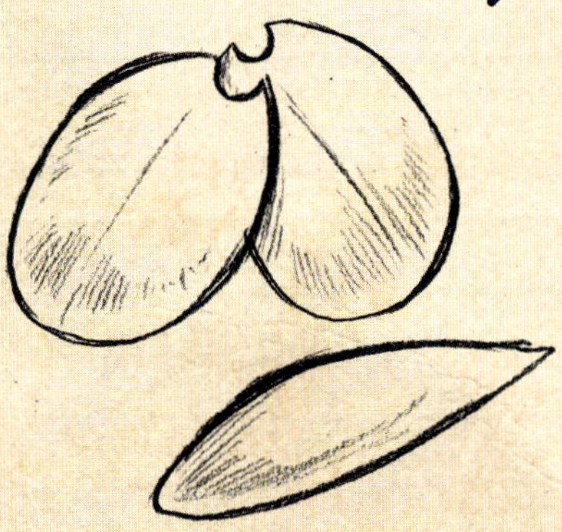

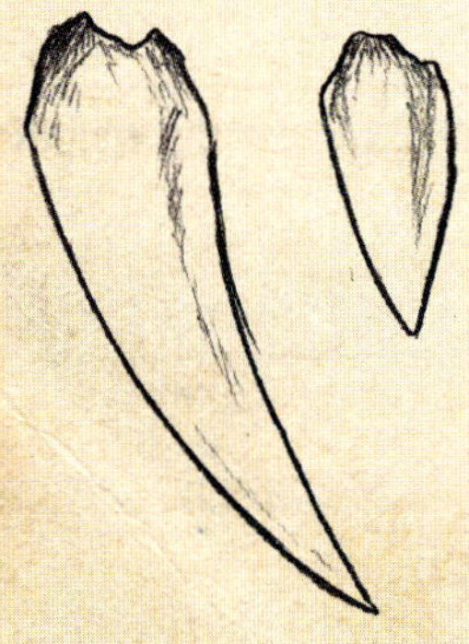

ZÄHNE

Die Zähne sind zwar nicht besonders breit, dafür aber lang und spitz. Der Biss eines Schneedrachen ist sehr gefährlich.

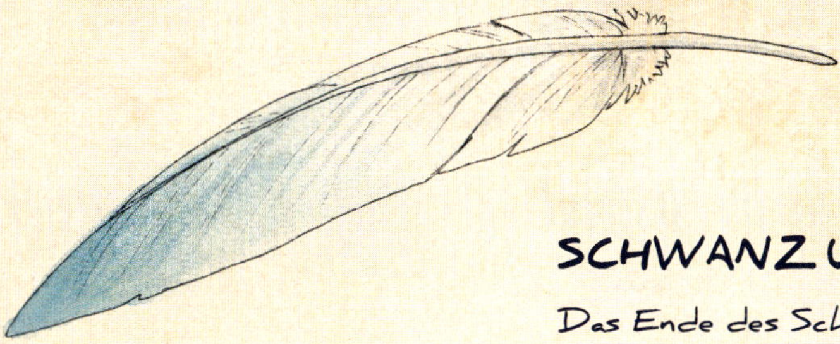

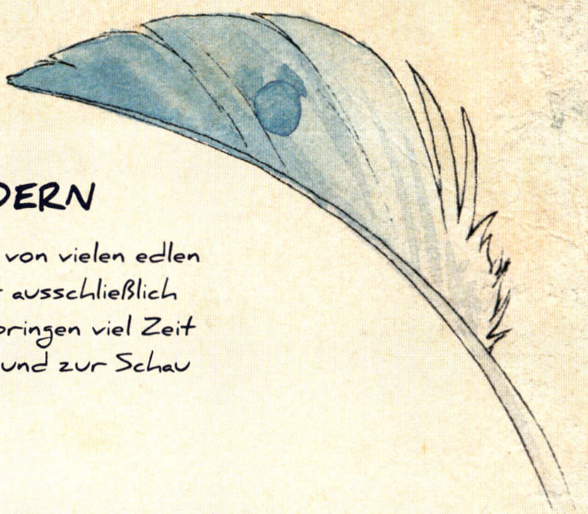

SCHWANZ UND FEDERN

Das Ende des Schweifs wird von vielen edlen Federn geschmückt und dient ausschließlich der Zierde. Die Drachen verbringen viel Zeit damit, die Federn zu pflegen und zur Schau zu stellen.

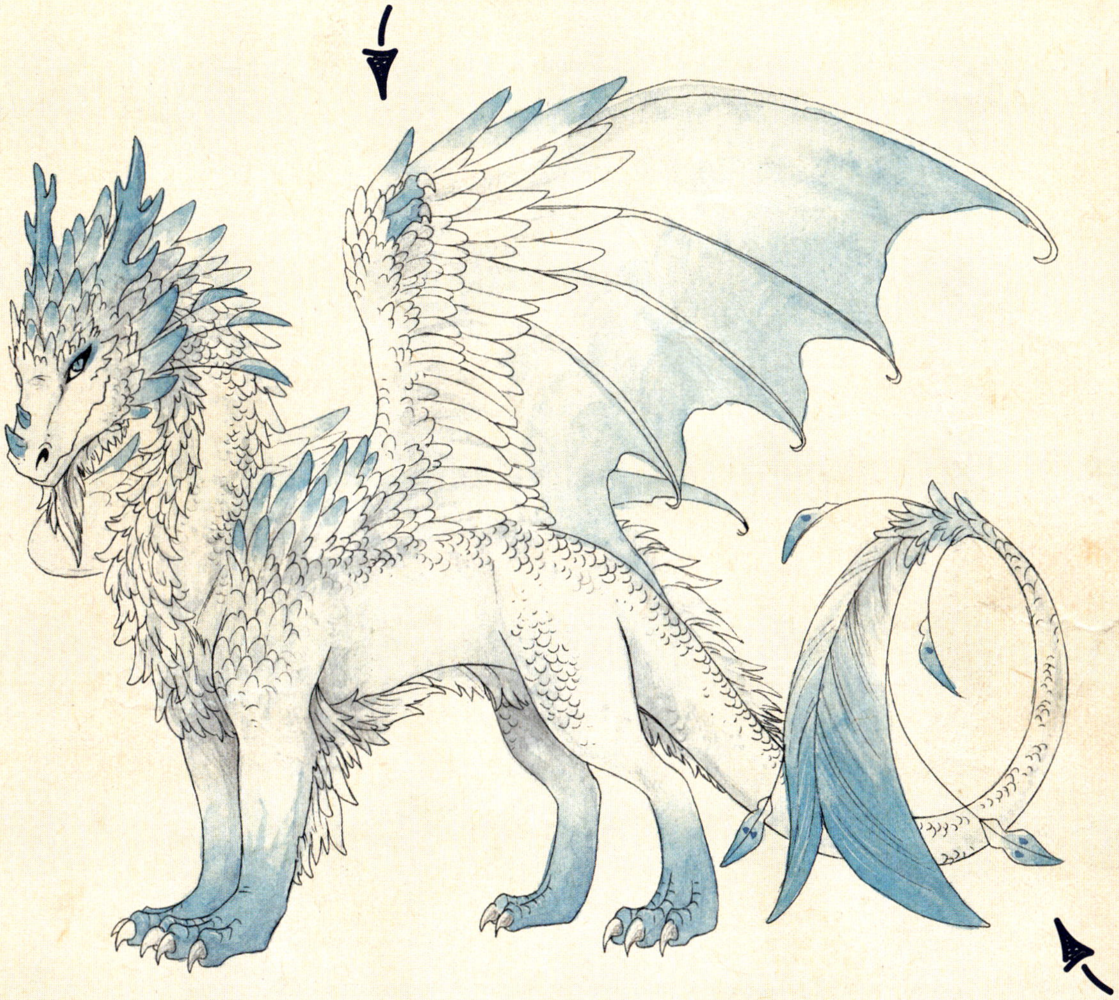

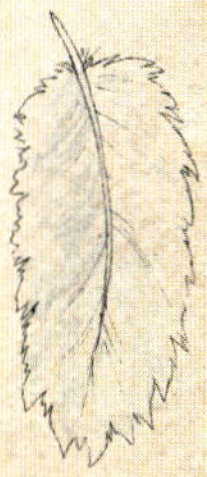

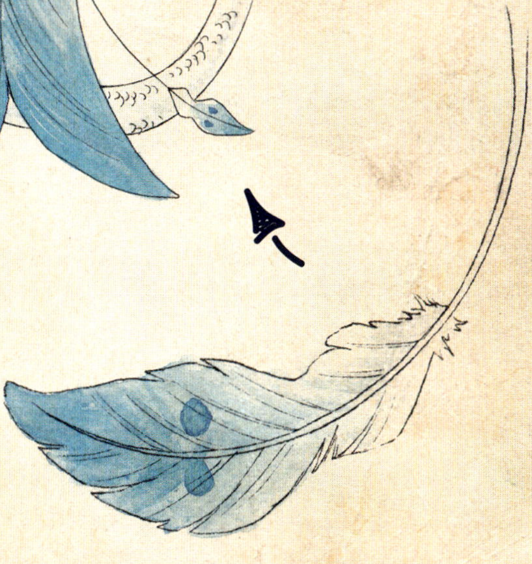

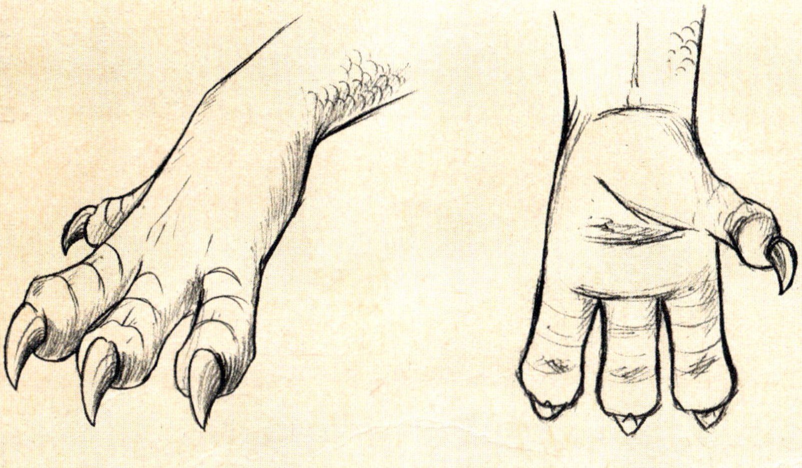

PFOTEN

Die Pfoten des Schneedrachen sind besonders kälteresistent und breit, sodass sie gut zum Graben im Schnee geeignet sind.

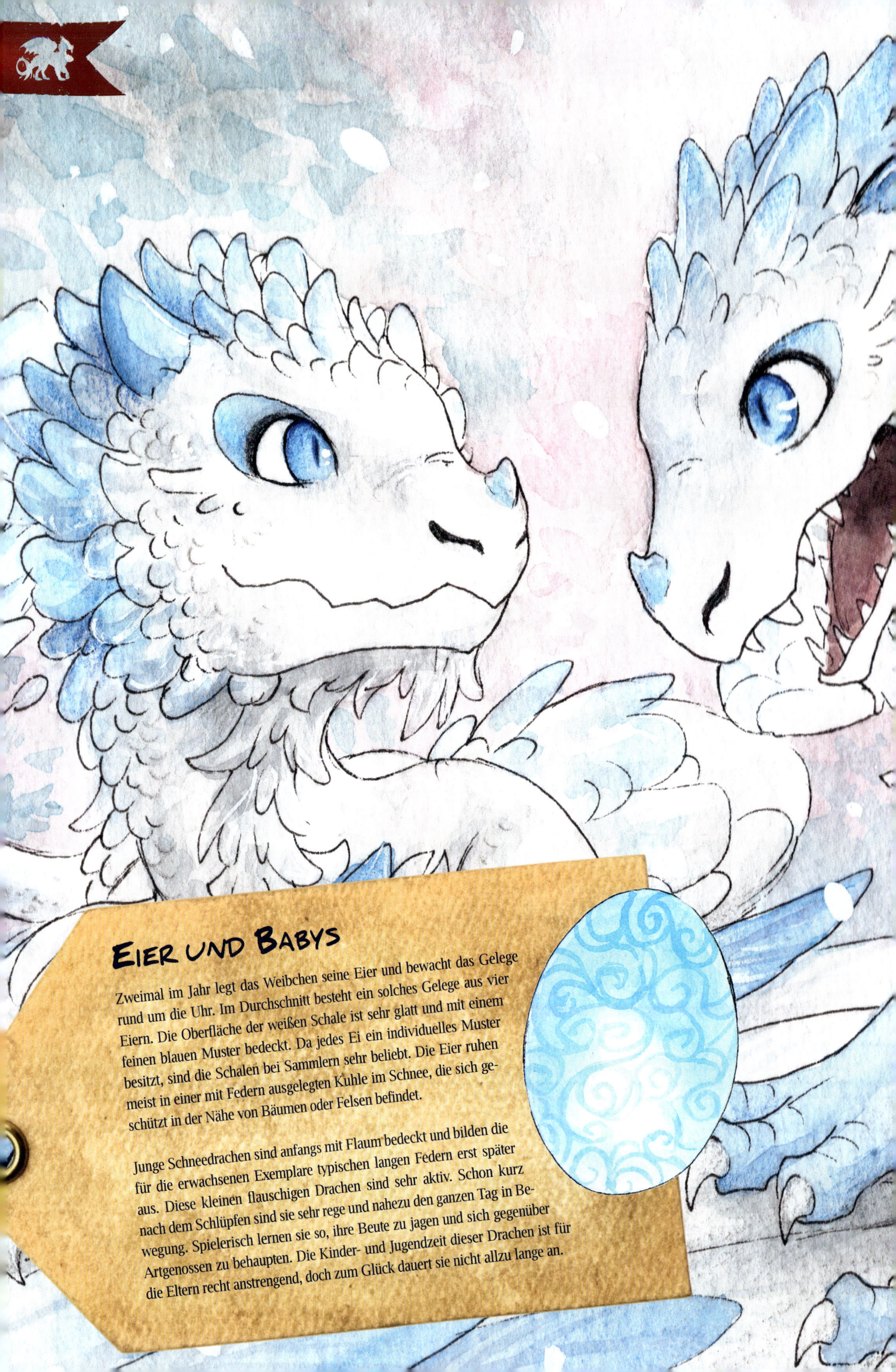

Eier und Babys

Zweimal im Jahr legt das Weibchen seine Eier und bewacht das Gelege rund um die Uhr. Im Durchschnitt besteht ein solches Gelege aus vier Eiern. Die Oberfläche der weißen Schale ist sehr glatt und mit einem feinen blauen Muster bedeckt. Da jedes Ei ein individuelles Muster besitzt, sind die Schalen bei Sammlern sehr beliebt. Die Eier ruhen meist in einer mit Federn ausgelegten Kuhle im Schnee, die sich geschützt in der Nähe von Bäumen oder Felsen befindet.

Junge Schneedrachen sind anfangs mit Flaum bedeckt und bilden die für die erwachsenen Exemplare typischen langen Federn erst später aus. Diese kleinen flauschigen Drachen sind sehr aktiv. Schon kurz nach dem Schlüpfen sind sie sehr rege und nahezu den ganzen Tag in Bewegung. Spielerisch lernen sie so, ihre Beute zu jagen und sich gegenüber Artgenossen zu behaupten. Die Kinder- und Jugendzeit dieser Drachen ist für die Eltern recht anstrengend, doch zum Glück dauert sie nicht allzu lange an.

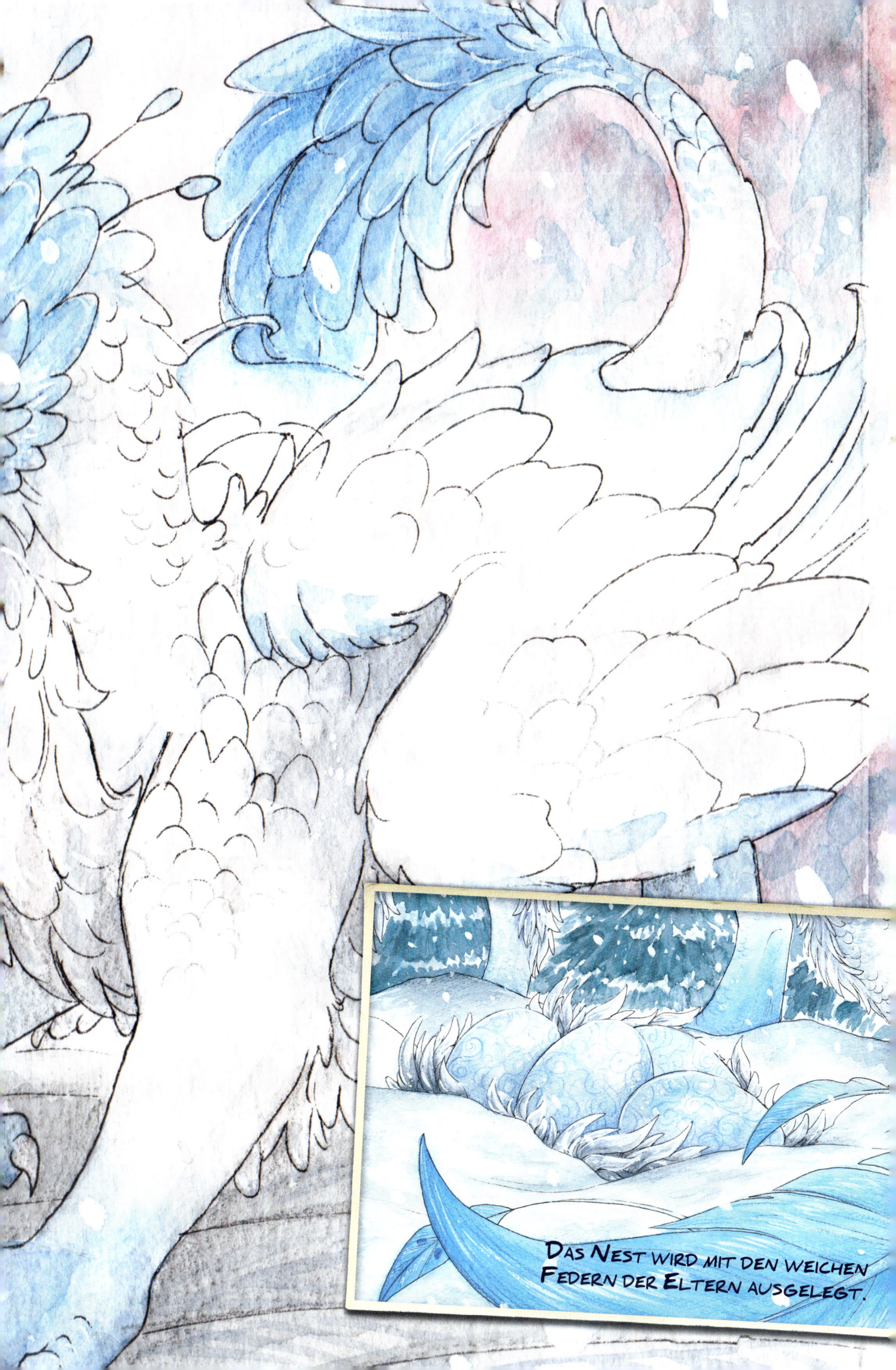
Das Nest wird mit den weichen Federn der Eltern ausgelegt.

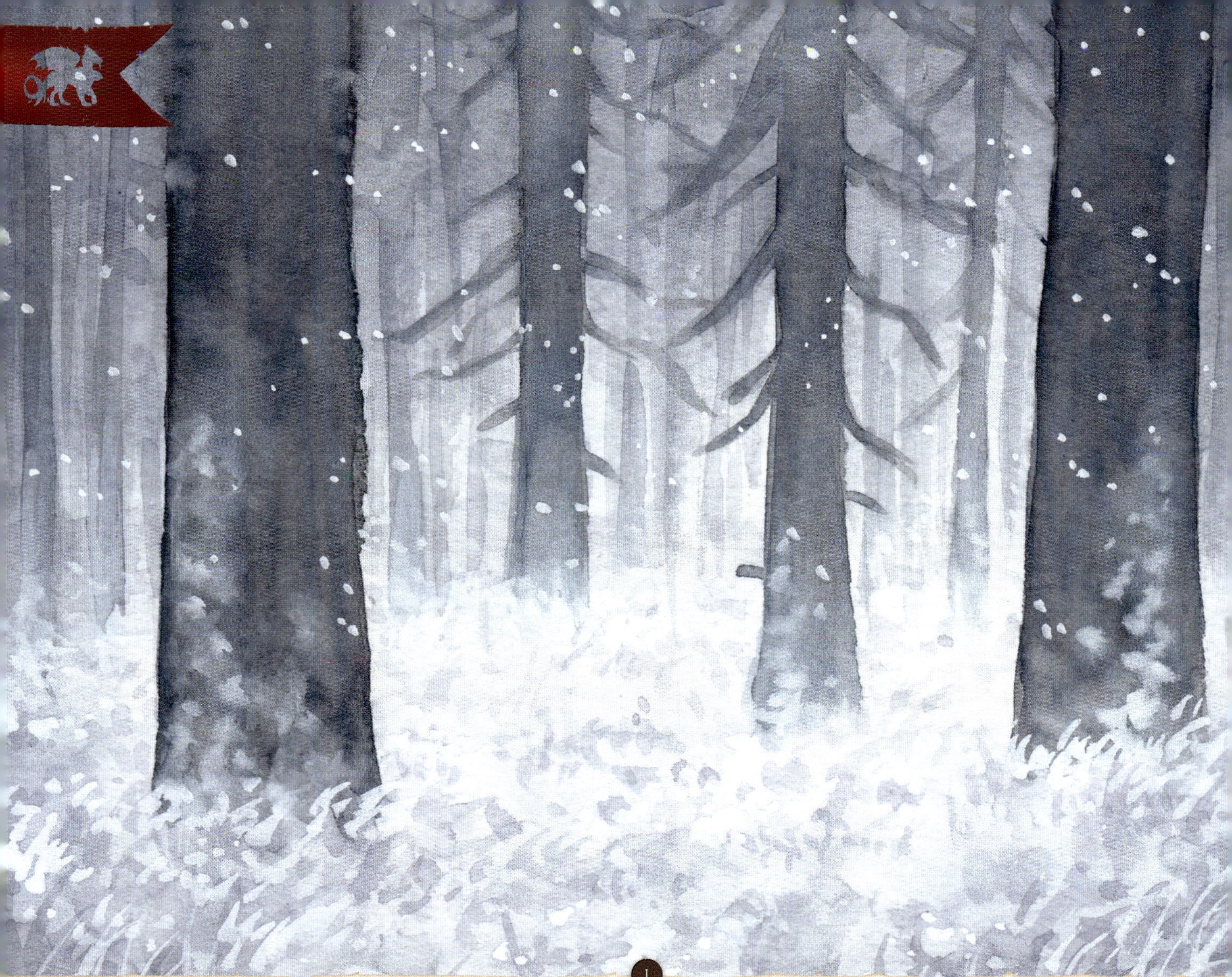

1

Fallenden Schnee malen

Durch fallenden Schnee kann man einem winterlichen Bild zusätzlich Atmosphäre verleihen. Sanft rieselnder Schnee wird zum einen oft bei der Darstellung friedlicher und romantischer Szenen verwendet, zum anderen auch bei Szenen, die Trauer, Stille oder Einsamkeit vermitteln sollen. Einen Gegensatz dazu bilden die Blizzards, unheilvolle und heftige eisige Stürme.

In diesem Beispiel soll ein mittelstarker Schneefall umgesetzt wer-
1 den. Zuerst wird die Landschaft fertiggestellt, in der es schneien soll – hier bildet die Basis dafür ein kahler Nadelwald. Gut deckende weiße Tusche und ein Rundpinsel eignen sich am besten für die Darstellung von Schnee.

Hat man die Richtung festgelegt, aus welcher der Wind wehen soll, wird mit den ersten kleinen Schneeflocken begonnen, die über das gesamte Bild verteilt werden. Wenn man den Pinsel ein wenig schräg entsprechend der festgelegten Windrichtung neigt, entstehen in die Länge gezogene Punkte: Es sieht so aus, als würde der Wind die Schneeflocken davonwehen. Je stärker der Neigungswinkel und je mehr die Flocken in die Länge gezogen werden, desto heftiger weht der Wind.

Diese Technik wird nun auf das gesamte Bild angewendet. Um der Szene noch mehr Tiefe zu verleihen, sollten die Flocken im Hintergrund kleiner werden, wohingegen sie im Vordergrund ruhig sehr
groß werden dürfen. Wichtig ist, die Größe der Schneeflocken ständig zu variieren, damit der Schneefall natürlich wirkt. An einigen Stellen können auch ein paar Flocken enger zusammenliegen, als würden sie von derselben Bö davongeweht werden.

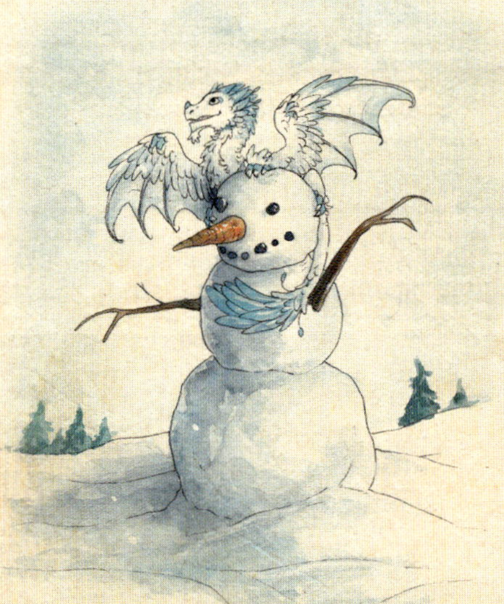

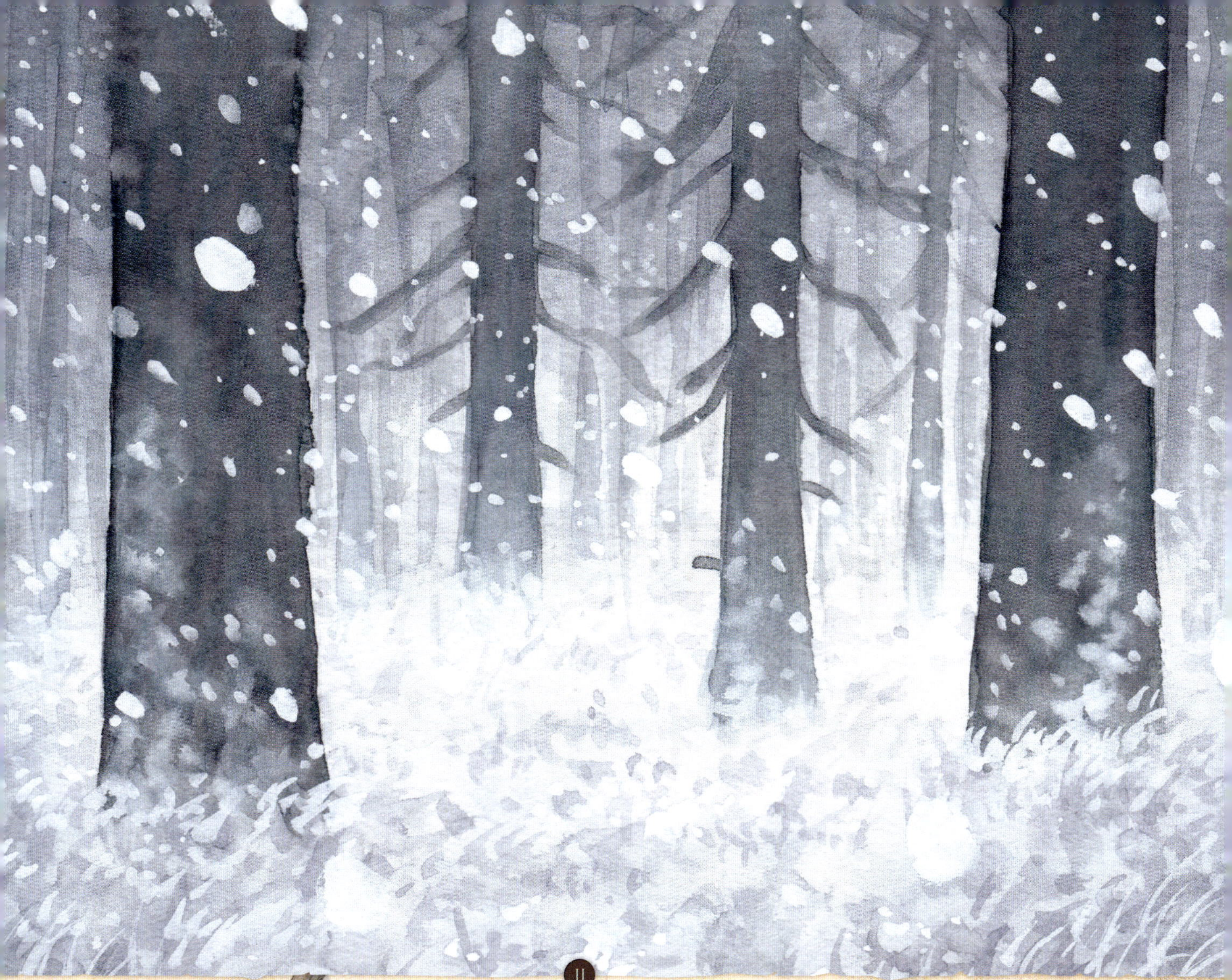

11

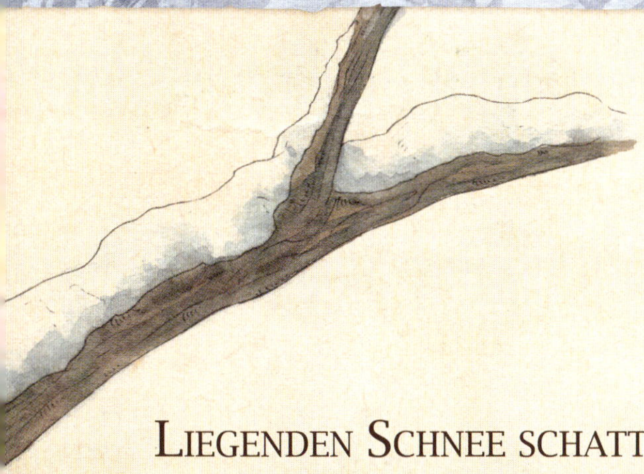

Liegenden Schnee schattieren

Je nachdem wie der Schnee fällt, häuft er sich in der Landschaft an verschiedenen Stellen und auf unterschiedliche Arten und Weisen an. Einige Elemente verändern unter der Last des Schnees sogar ihre Form: Im Beispiel der Tanne bilden die Schneeschichten auf den Ästen eine dicke Einheit, die so schwer ist, dass sich die Äste nach unten biegen.

Da der Schnee an sich keine Farbe hat, ist die Coloration etwas komplizierter und von der allgemeinen Lichtsituation im Bild abhängig. Für neutrale Schatten eignen sich am besten kalte Grautöne, aber auch Blau und Lila. Je nach Atmosphäre und Tageszeit, lassen sich auch Rot-, Orange- und Gelbtöne einsetzen.

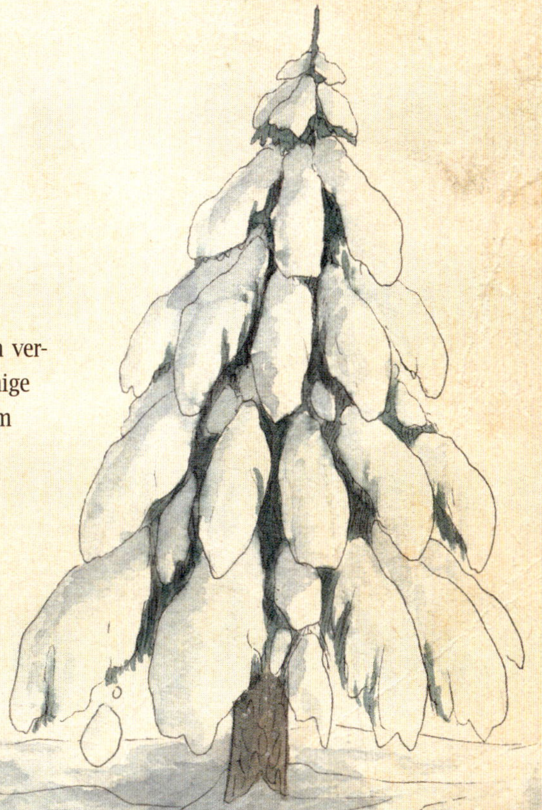

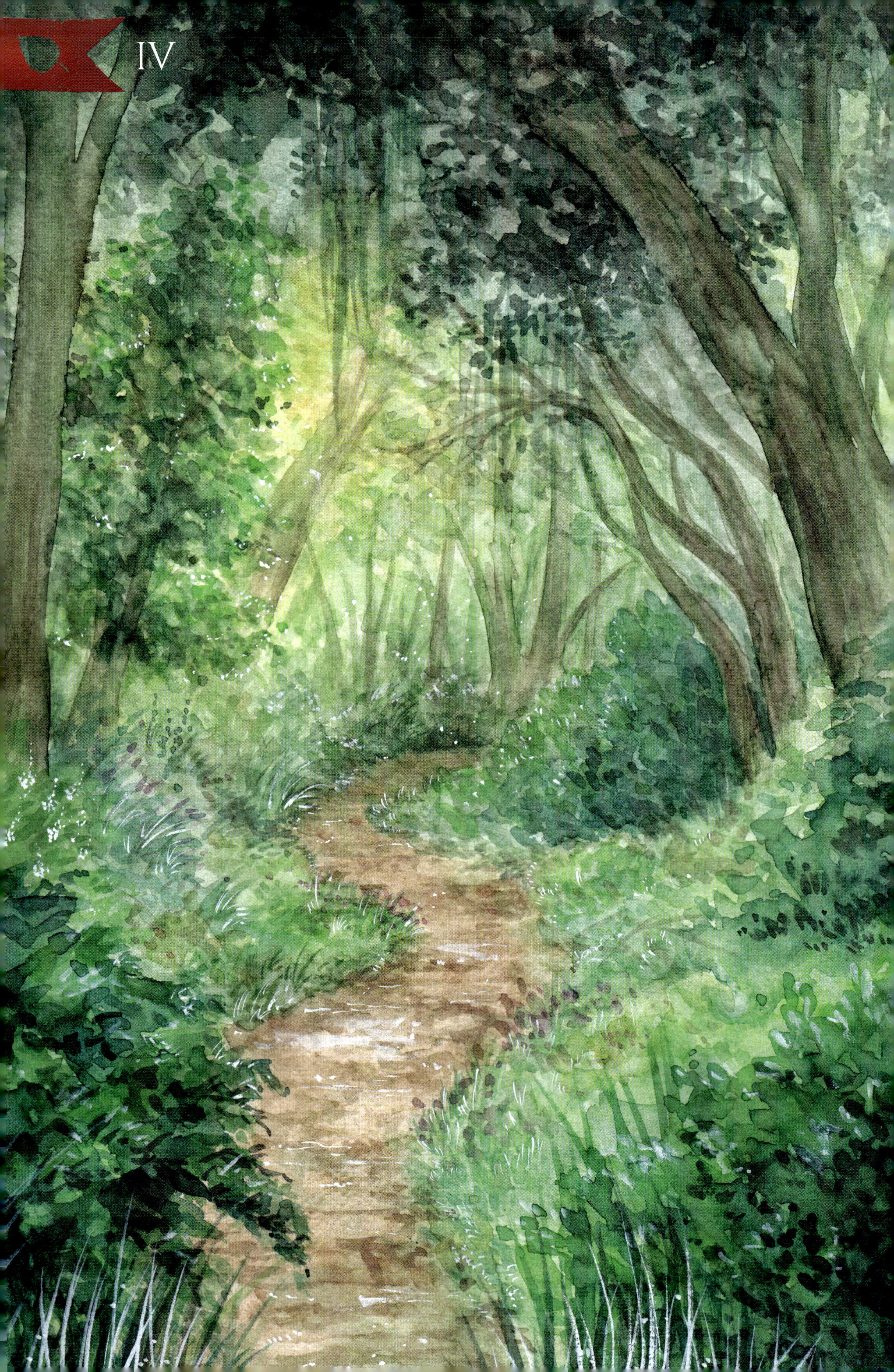
IV

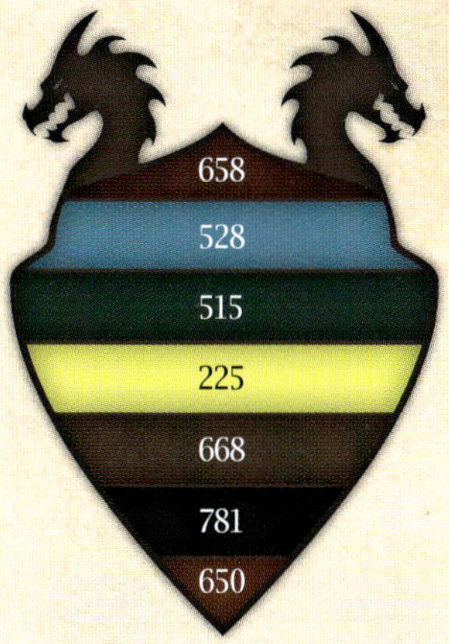

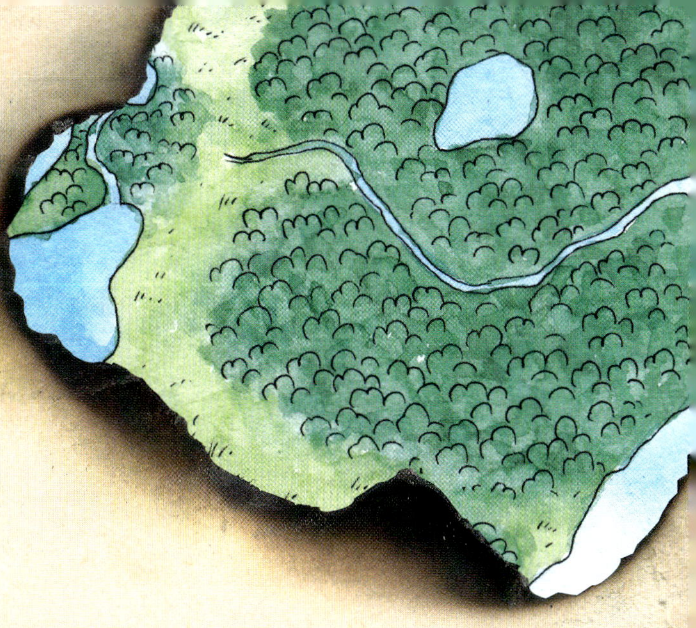

Wald und Wiese

Der Osten des Kontinents ist das Reich zahlreicher, dichter Wälder, die älter sind als die meisten Drachen selbst.

Nur wenige Teile des grünen Dickichts sind erkundet und gefahrlos durchquerbar. Es gibt viele unterschiedliche Pflanzenarten, die dort wachsen und gedeihen – vom kleinen Kraut bis hin zum riesigen, knorrigen Baum.

In einigen Abschnitten des Waldes ist die Blätterkrone der Bäume so dicht, dass kaum Licht hindurchkommt und es dort selbst im Sommer angenehm kühl ist. Andernorts stehen Bäume, deren Stämme so dick sind, dass ein ausgewachsener Flussdrache sich einmal ganz um sie herum legen könnte.

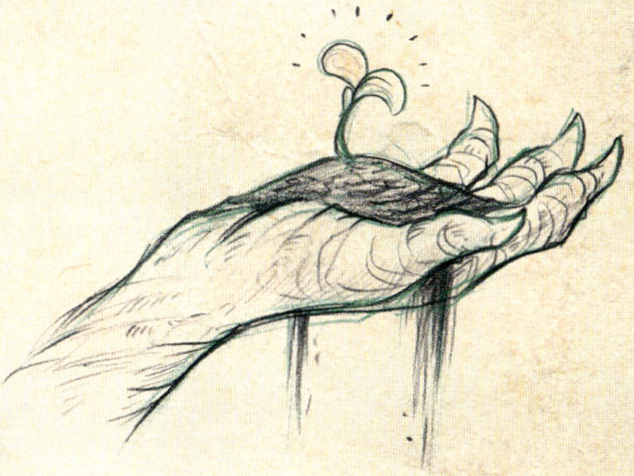

In diesem abwechslungsreichen Lebensraum gibt es viele Drachenarten, die sich hier heimisch fühlen. Der Walddrache schätzt die Ruhe der Umgebung sehr, während der Feendrache sich gerne in den belebten Baumkronen einnistet und arglose Wanderer ärgert. Der Baumgeist ist ein besonderer Beschützer des Waldes und zeigt sich nur sehr selten. Wenn er zu sehen ist, ist seine Anwesenheit ein Zeichen dafür, dass der Wald von äußeren Einflüssen bedroht wird.

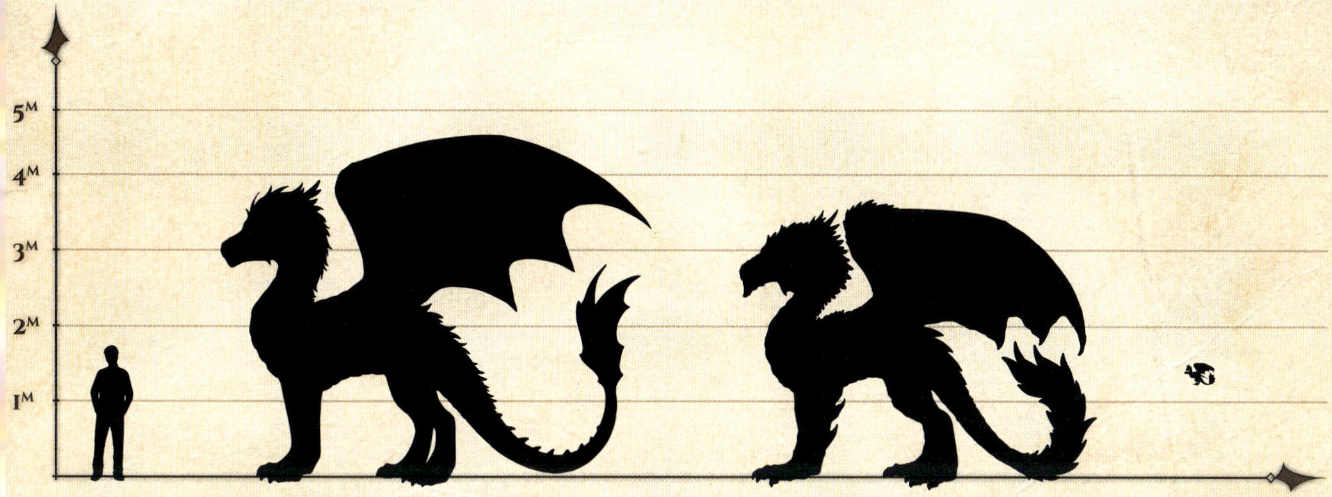

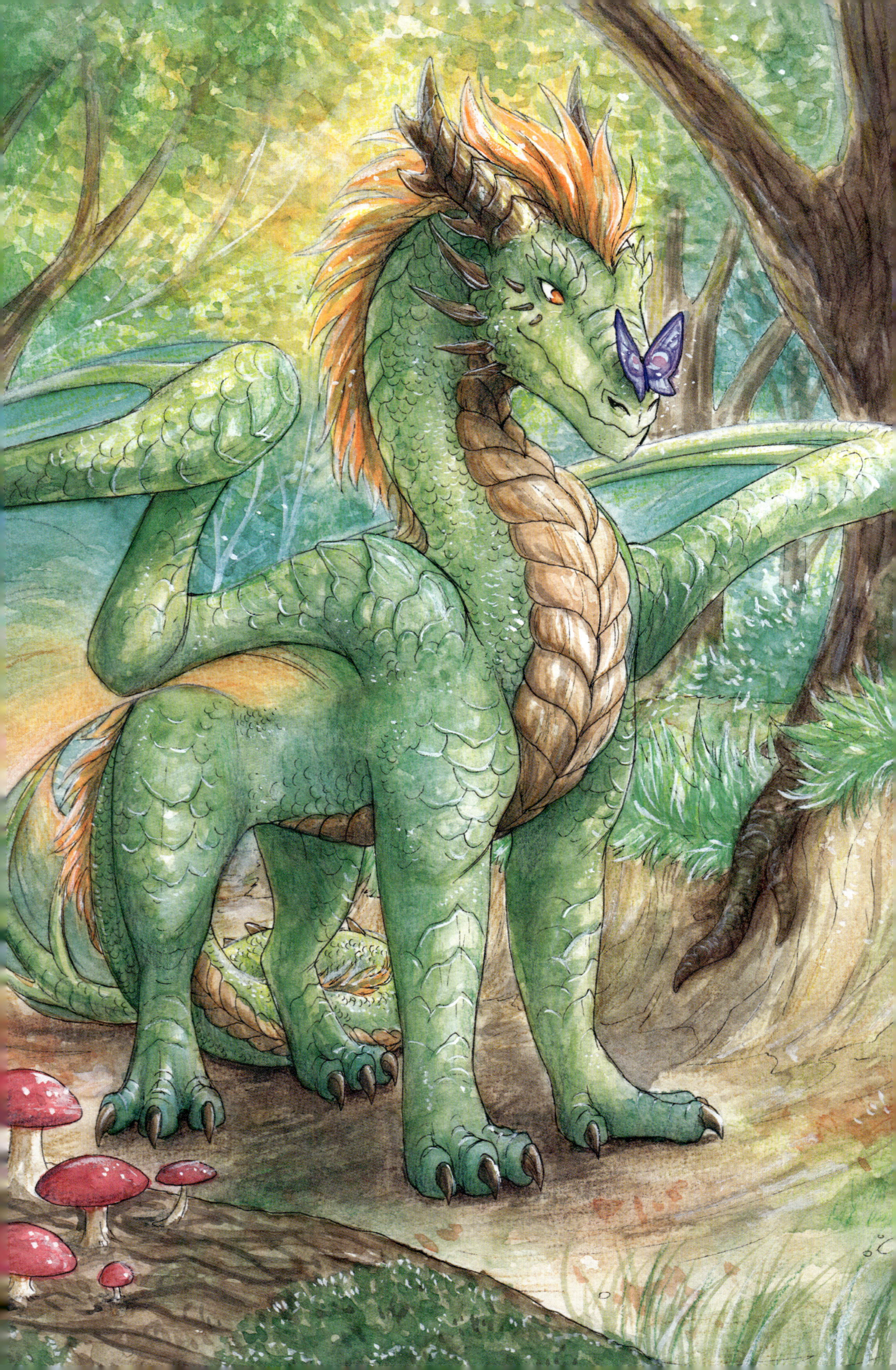

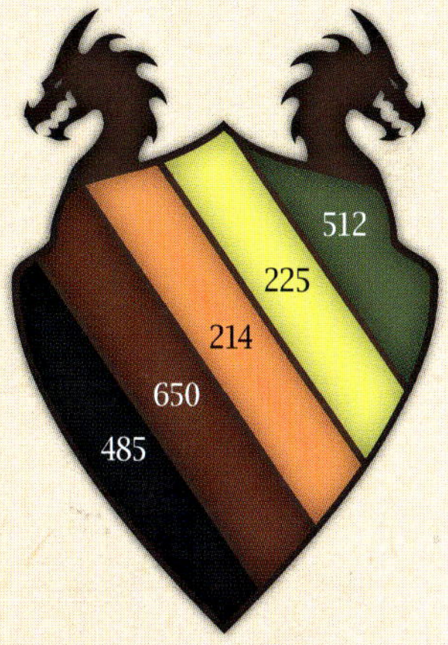

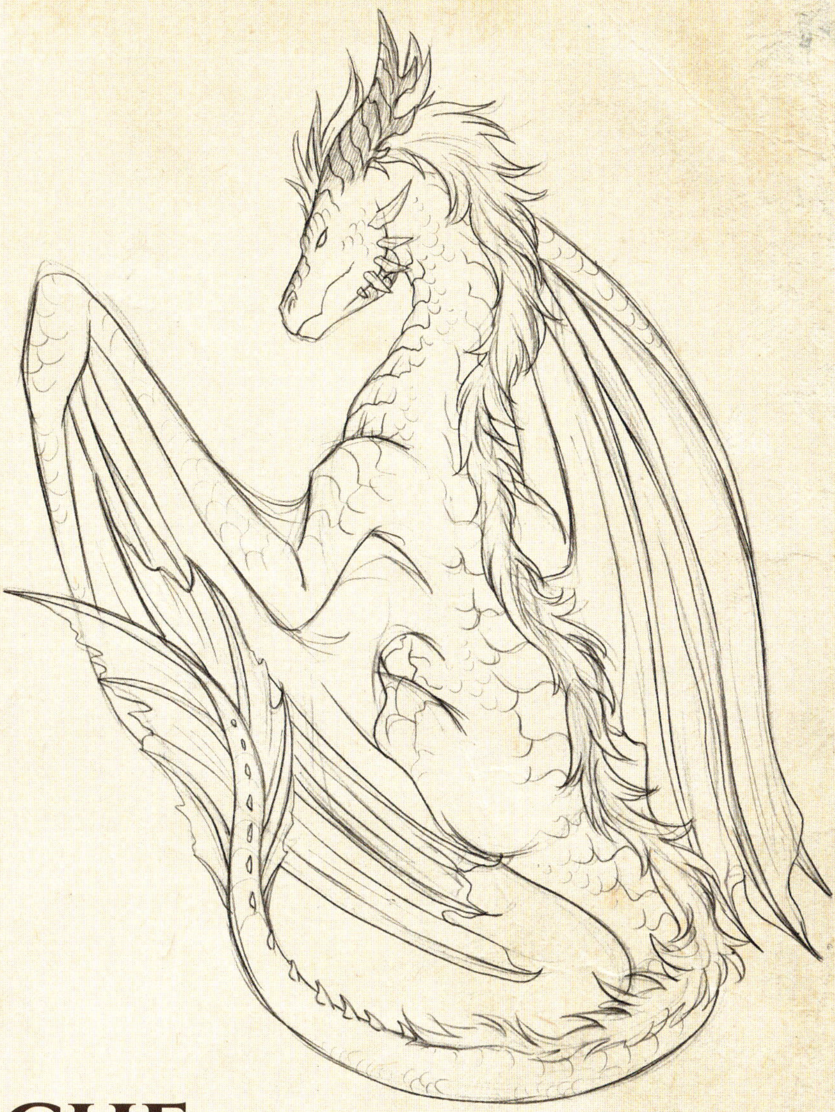

Walddrache

Tief verborgen im Schutz der Wälder leben die Walddrachen. Sie sind Einzelgänger, die die Ruhe und den Frieden ihres Lebensraums schätzen und andere Drachen bewusst meiden.

Walddrachen sind tief mit dem Wald und der Natur verbunden. Meist suchen sie sich eine große Höhle, in die sie sich bei Bedarf zurückziehen können und kümmern sich um das Wohlergehen der Bäume und Pflanzen in ihrer Umgebung. Im Winter verbringen sie viel Zeit in ihrer Höhle und halten eine Art Winterruhe, in der sie kaum nach draußen gehen und nur nach Nahrung suchen, wenn ihre Reserven zur Neige gehen. Daher sieht man diese Drachen in der Zeit von Ende Herbst bis Anfang Frühling nur selten.

Walddrachen sind friedfertig und ziehen die Flucht meist dem Kampf vor. Wenn man sie allerdings wiederholt provoziert, können sie in eine Rage verfallen, in der sie Artgenossen, Waldbewohner und Besucher des Waldes angreifen und mit Feuer um sich speien. Es dauert dann einige Zeit, bis sie sich wieder beruhigen. Anschließend verbringen sie viel Zeit damit, die Schäden zu beheben und dafür zu sorgen, dass der Wald sich wieder erholen kann.

Aussehen

Walddrachen sind gut an ihren Lebensraum angepasst. Sie sind grasgrün oder dunkelgrün gefärbt und haben eine goldbraune bis rötliche Mähne, die sich über den gesamten Rückenkamm zieht. Obwohl sie große, kräftige Flügel besitzen, fliegen sie verhältnismäßig selten und bevorzugen den Schutz der dichten Baumkronen. Die Lederhaut ihrer Flügel ist sehr lichtdurchlässig und leuchtet je nach Lichtverhältnissen in verschiedenen Farben. Meist ist ein Verlauf von einem dunklen Grün zu einem Goldbraun oder Orangerot, ähnlich der Färbung ihrer Mähne, zu beobachten.

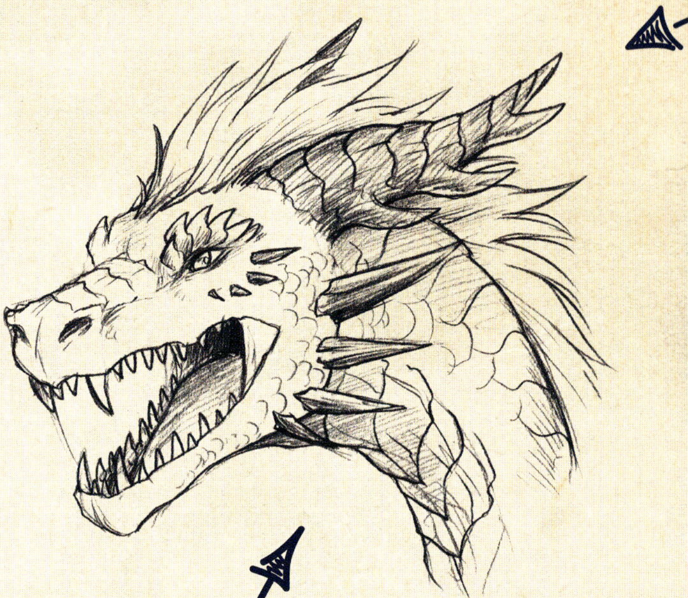

STACHELN

Die Stacheln sind nicht nur spitz, sondern haben auch scharfe Kanten, vor denen man sich hüten sollte.

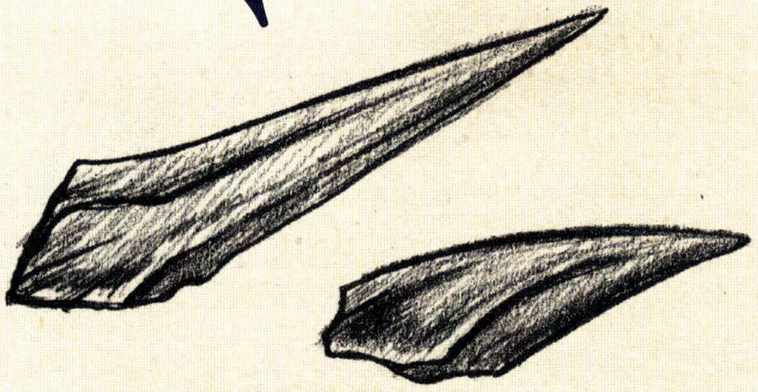

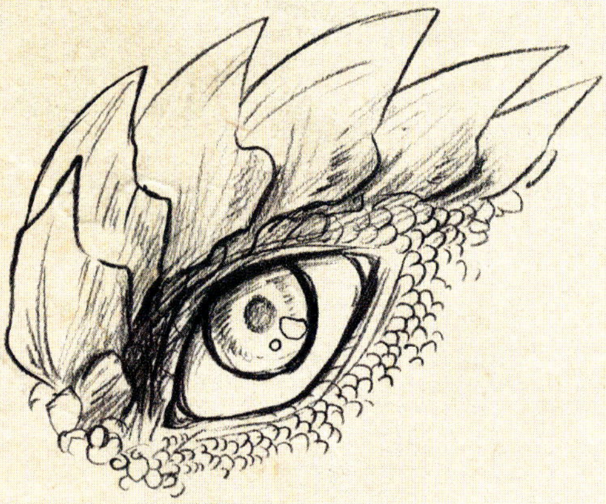

AUGEN

Die Pupillen sind von weitem kaum erkennbar, sodass die Iris vollständig golden erscheint.

ZÄHNE

Manch einer behauptet, die Zähne des Walddrachen würden ein lähmendes Gift absondern. Ob das stimmt, ist allerdings nicht bekannt.

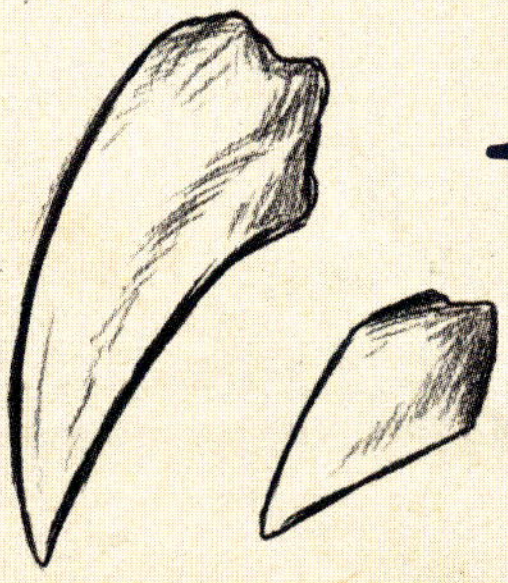

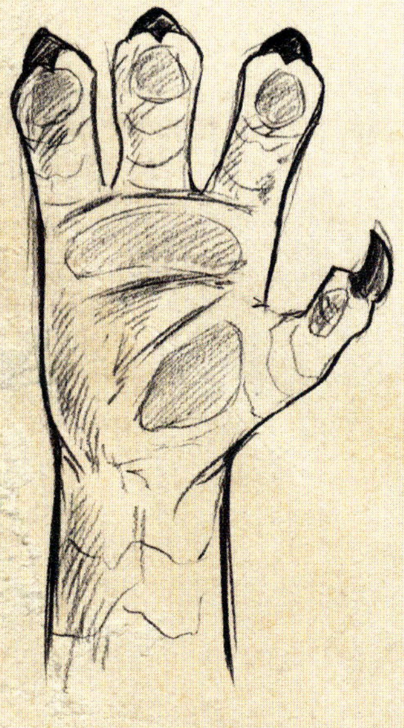

KRALLEN

Die Krallen bieten auch auf unwegsamem Gelände Halt und sind ein wichtiges Werkzeug bei der Jagd.

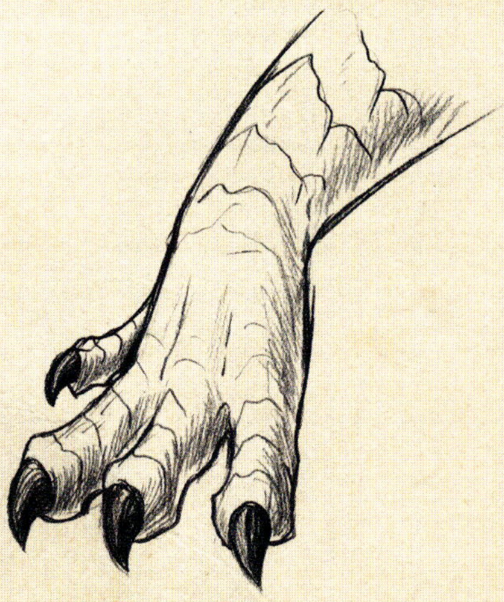

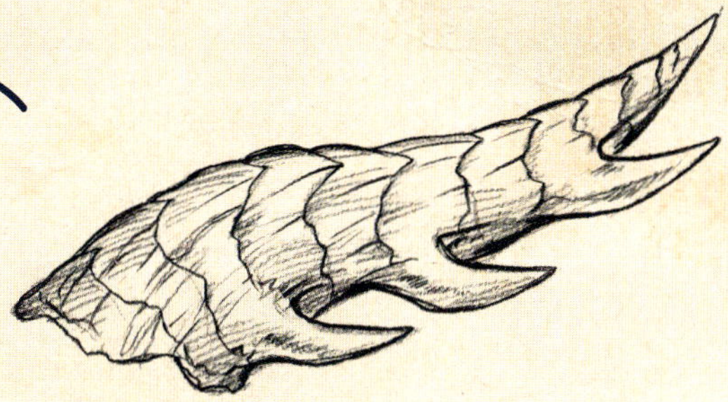

HORN

Ausgewachsene Drachen haben meist drei Zacken am Horn.

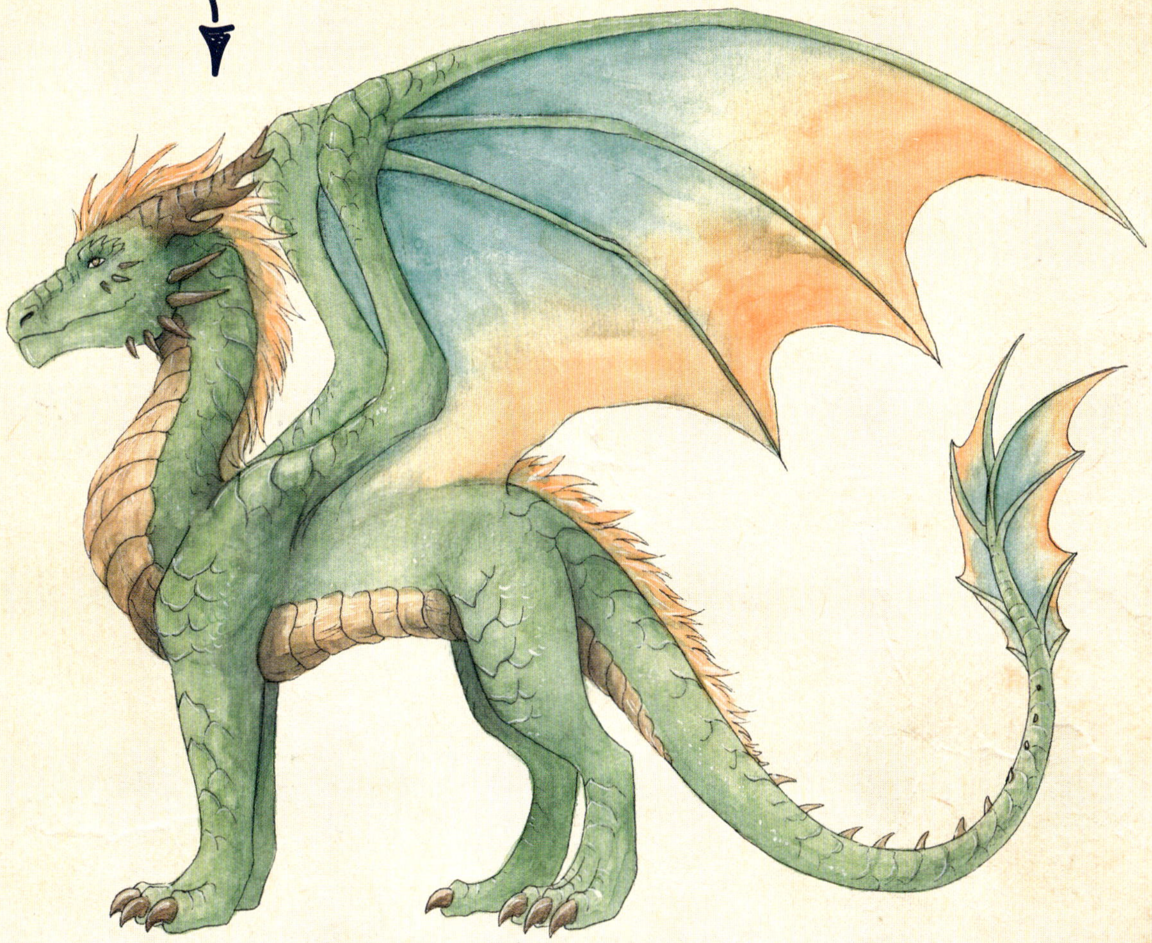

SCHWANZ

Ähnlich wie beim Feuersegler ist der Schwanz am Ende wie ein Fächer aufgebaut. Er dient im Flug als Ruder, doch Walddrachen fliegen relativ selten und genießen lieber das ruhige Leben am Boden.

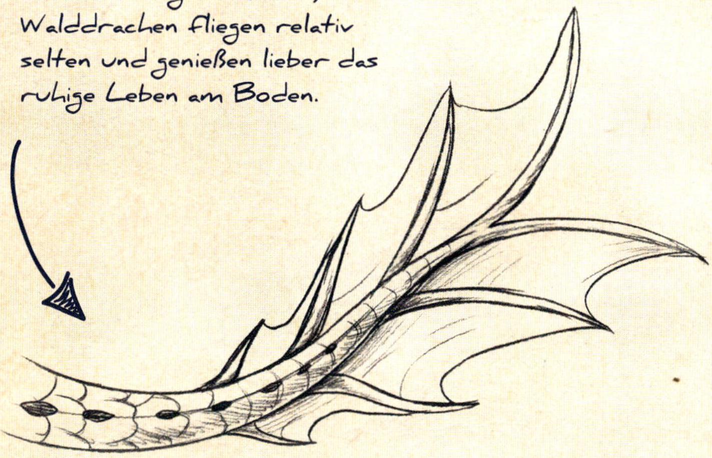

WUSSTET IHR?

Es gibt das Gerücht, dass Walddrachen nie aufhören zu wachsen. In den verworrensten Ecken des Waldes soll es Exemplare geben, die sich vor Jahrzehnten unter den Bäumen niedergelassen haben und seitdem dort schlafen. Sie sollen nun riesig und mit allerlei Pflanzen bedeckt sein, sodass man sie leicht mit einem Hügel verwechseln könnte. Ob das stimmt, ist allerdings nicht bekannt.

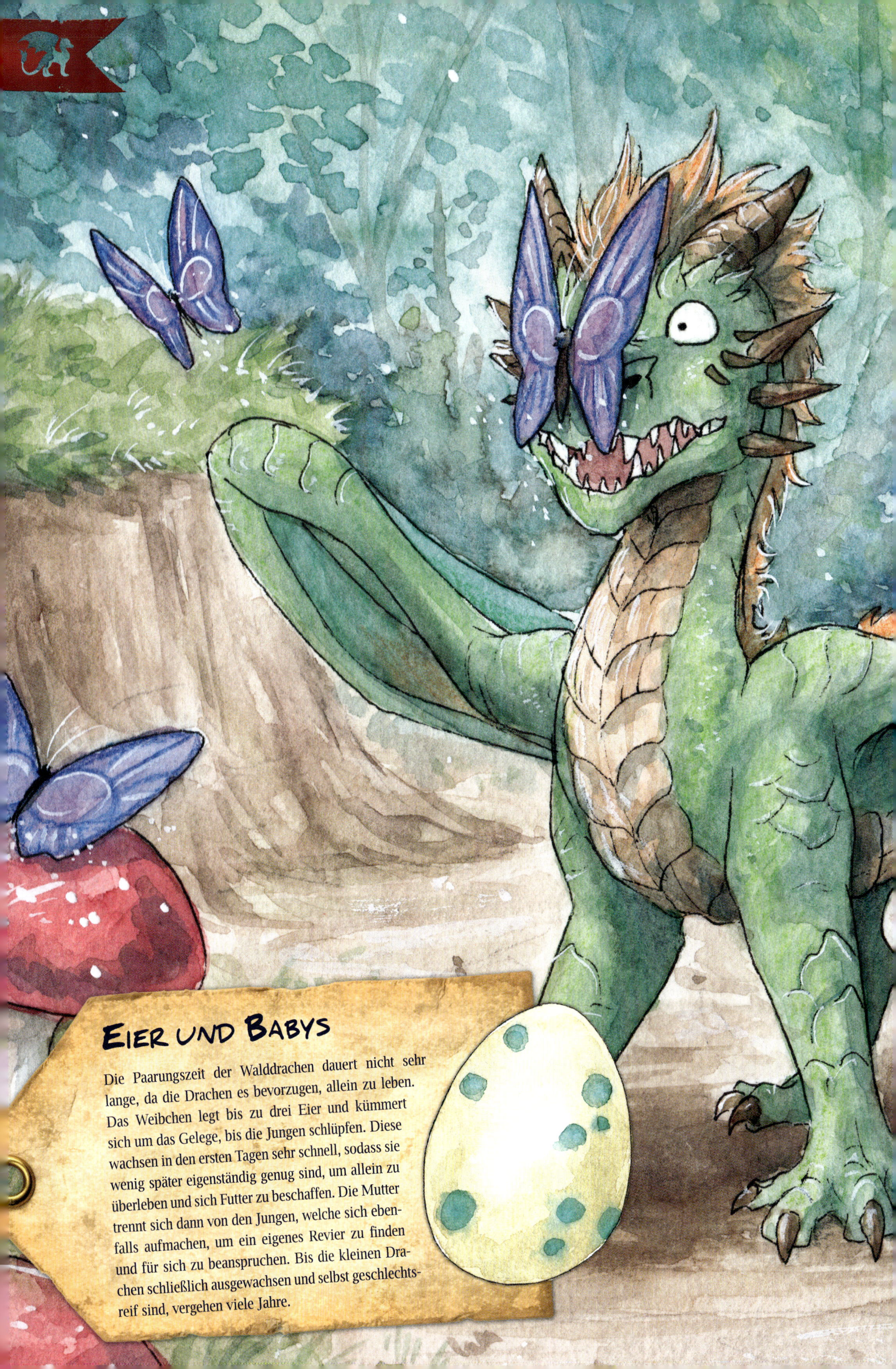

Eier und Babys

Die Paarungszeit der Walddrachen dauert nicht sehr lange, da die Drachen es bevorzugen, allein zu leben. Das Weibchen legt bis zu drei Eier und kümmert sich um das Gelege, bis die Jungen schlüpfen. Diese wachsen in den ersten Tagen sehr schnell, sodass sie wenig später eigenständig genug sind, um allein zu überleben und sich Futter zu beschaffen. Die Mutter trennt sich dann von den Jungen, welche sich ebenfalls aufmachen, um ein eigenes Revier zu finden und für sich zu beanspruchen. Bis die kleinen Drachen schließlich ausgewachsen und selbst geschlechtsreif sind, vergehen viele Jahre.

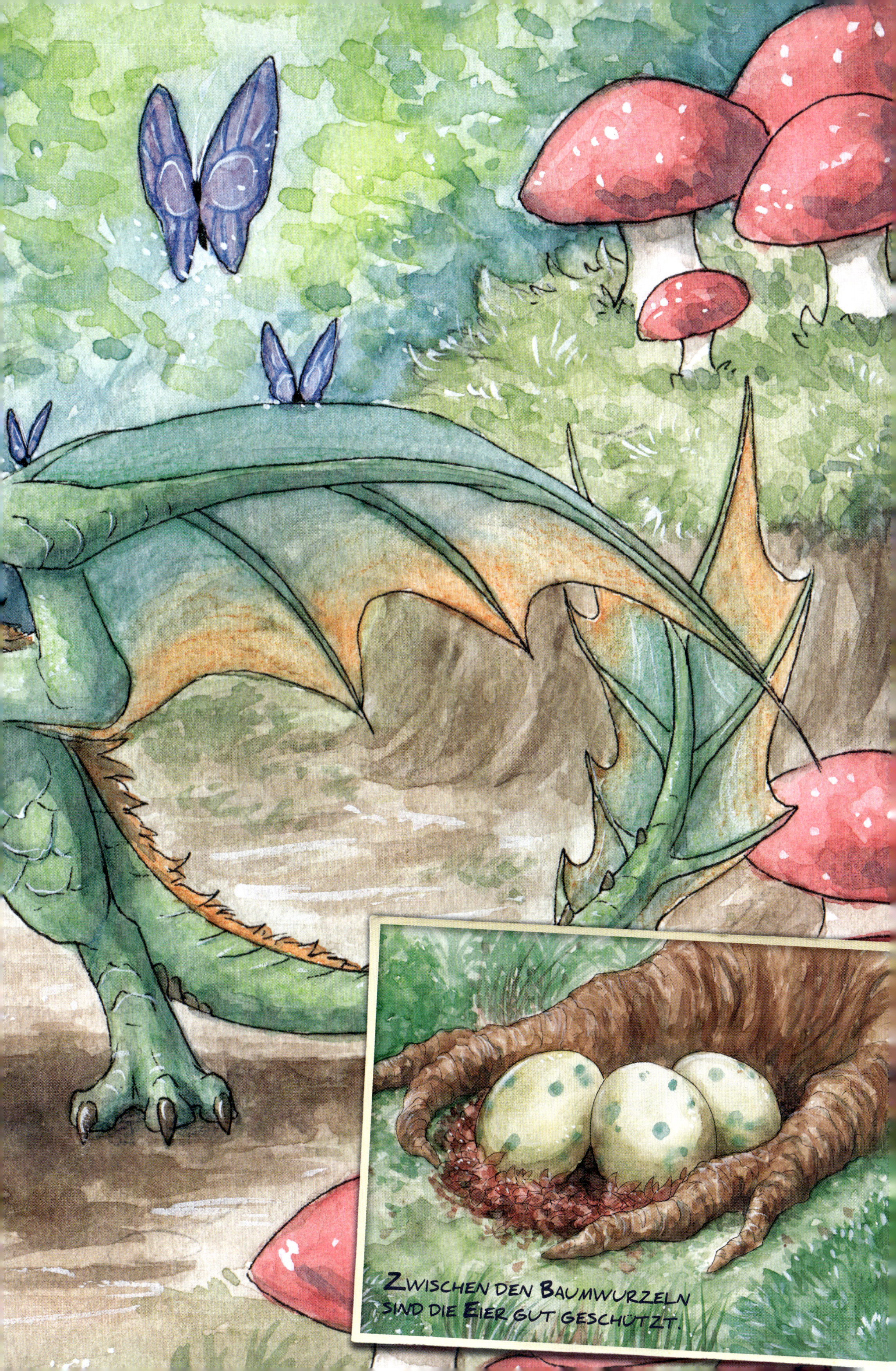
Zwischen den Baumwurzeln
sind die Eier gut geschützt.

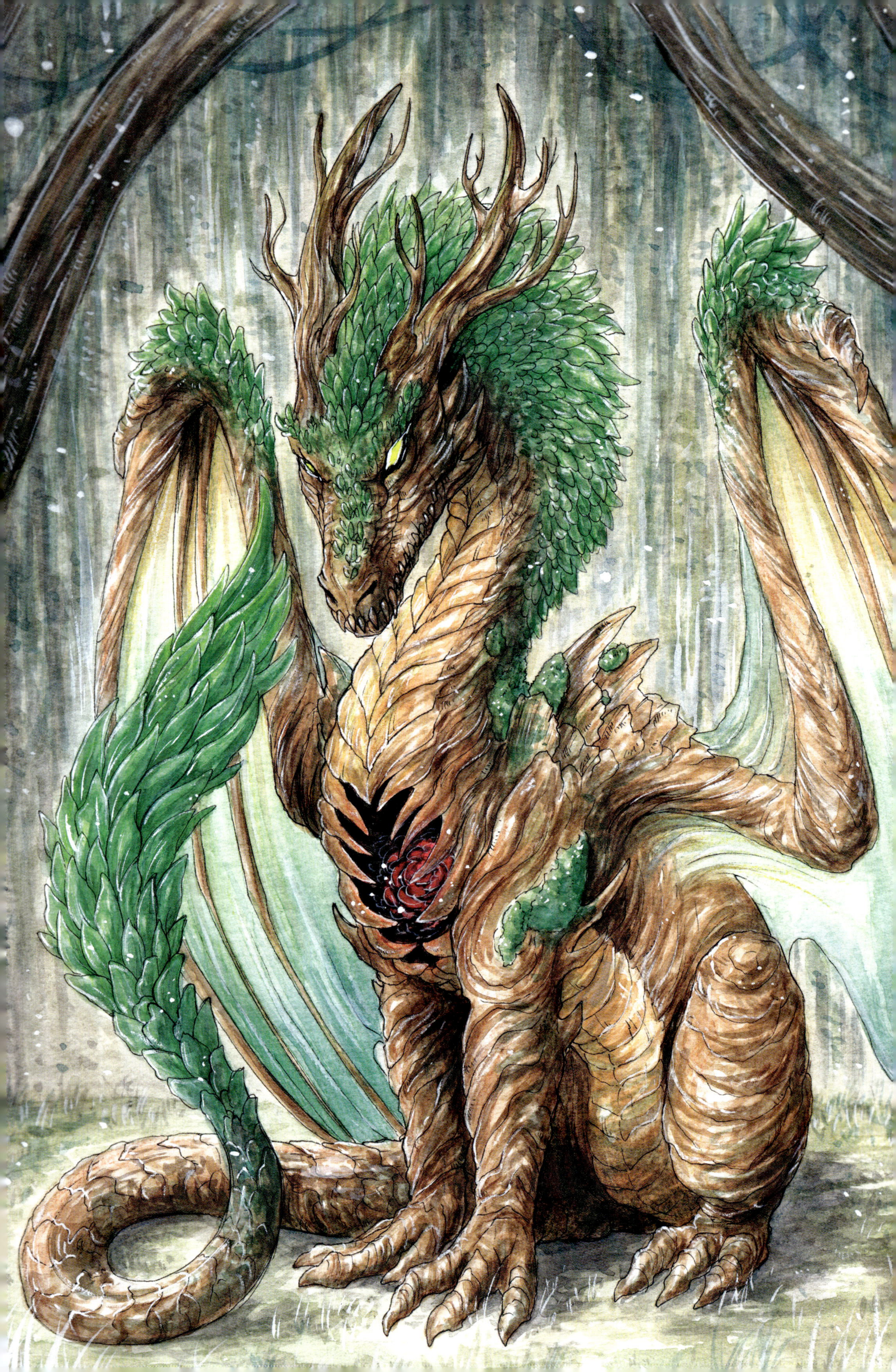

BAUMGEIST

DER BAUMGEIST IST STRENG GENOMMEN KEIN RICHTIGER DRACHE, BEDIENT SICH ABER DER GESTALT UND FÄHIGKEITEN ANDERER DRACHEN.

Viele Mythen und Legenden ranken sich um diese Kreatur. Der Baumgeist ist auf eine ganz besondere Weise tief mit dem Wald und allen darin lebenden Geschöpfen und Pflanzen verbunden. Er sieht seine Lebensaufgabe darin, die Natur mit allen Mitteln zu schützen.

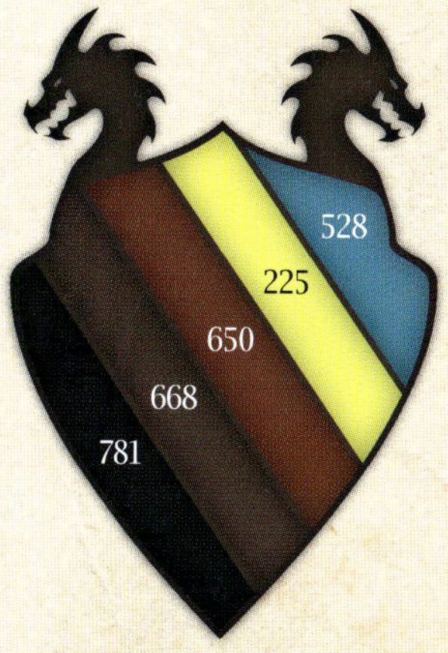

Die Anwesenheit von Baumgeistern in einem bestimmten Gebiet bedeutet immer, dass die Natur dort von äußeren Einflüssen bedroht ist – sei es von Krankheiten, Bränden oder Menschen, die die Bäume fällen und das Land bebauen wollen.

Obwohl ihre Gestalt diese Annahme vermuten lässt, wissen nur wenige, dass es sich bei den Baumgeistern gar nicht um echte Drachen, sondern um ein Geisterwesen handelt, welches sich des Körpers eines Drachen bemächtigt. Baumgeister vermeiden es, von anderen Wesen gesehen zu werden und agieren meist im Hintergrund. Nur wenn die Bedrohung äußerst gefährlich und unmittelbar ist, greifen sie direkt ein und nutzen ihre Drachenkräfte, um den Wald zu beschützen und Schädlinge in die Flucht zu schlagen.

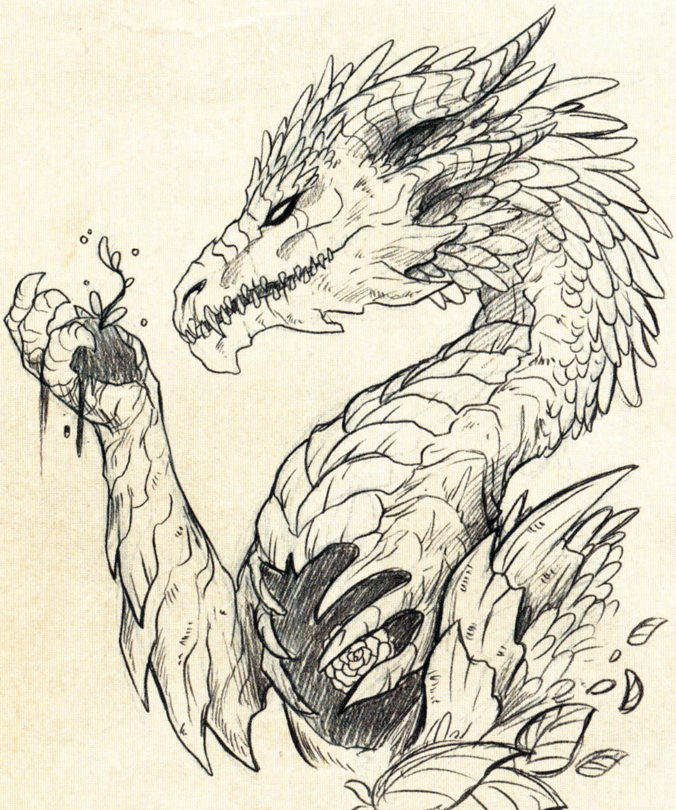

WUSSTET IHR?

Baumgeister können durch Magie Pflanzen sprießen oder blühen lassen und benutzen ihre Fähigkeiten häufig, um beschädigte Teile des Waldes zu heilen.

Aussehen

Die Haut des Baumgeistes ist dick und knorrig wie Rinde. Blätter und Gräser sprießen auf seinem Kopf und Rücken und durch die wurzelartigen Rippen kann man eine leuchtende Blume im leeren Brustkorb des Drachen erkennen. Die Flügelhaut weist einen Verlauf von hell- zu dunkelgrün auf. Je älter der Drache ist, desto mehr wird er Teil der ihn umgebenden Natur: Die Blätter bedecken größere Stellen seines Körpers, Moos setzt an verschiedenen Stellen an und die rindenartige Haut wird gröber und knorriger. Auch die Hörner sehen bei älteren Exemplaren eher wie Äste aus.

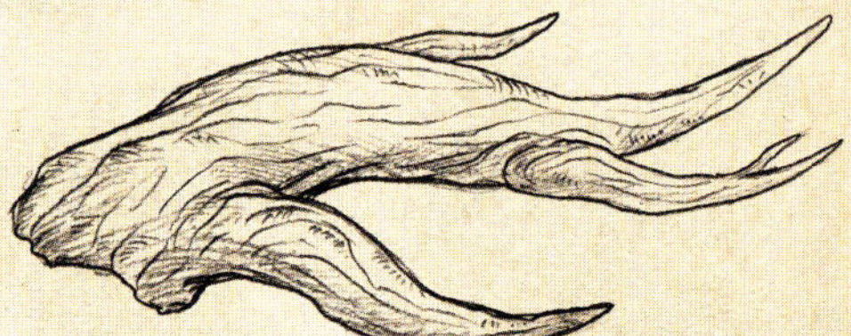

HORN

Je mehr das Horn einem Ast ähnelt, desto länger steht der Drache unter dem Einfluss des Baumgeistes. Gleicht es mehr dem Horn eines Drachen, so wurde dieser gerade erst verwandelt.

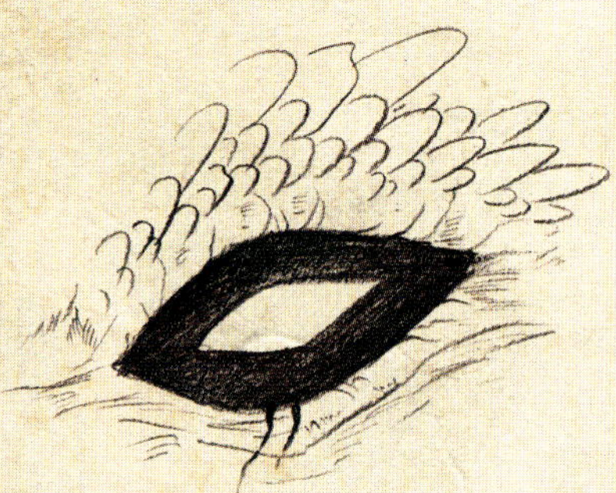

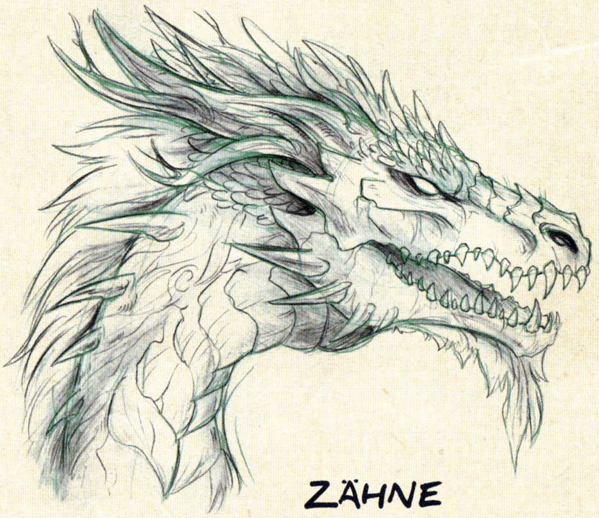

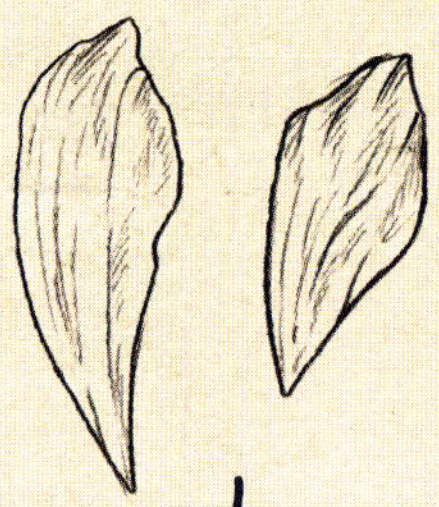

AUGEN

Das Auge ist meist nur als glühendes Licht in der dunklen Augenhöhle erkennbar. Es leuchtet goldgelb.

ZÄHNE

Die Zähne liegen, anders als bei gewöhnlichen Drachen, außen am Kiefer und sind sehr spitz und rissig.

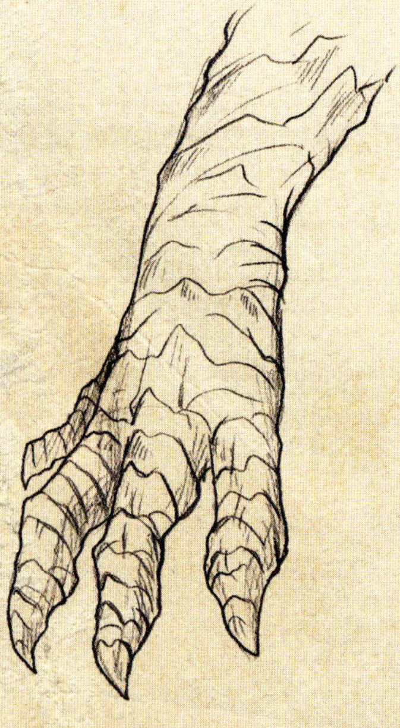

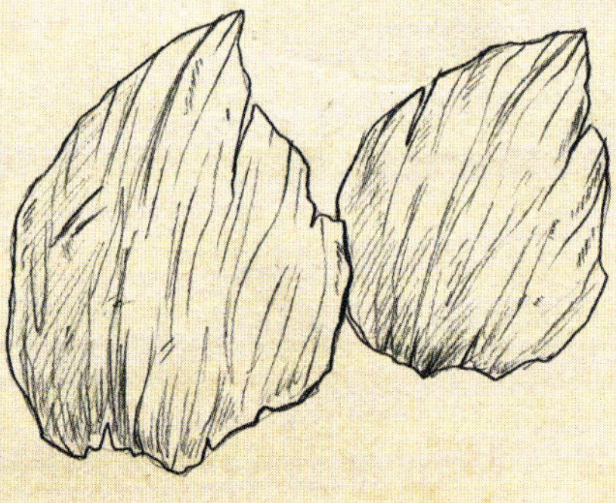

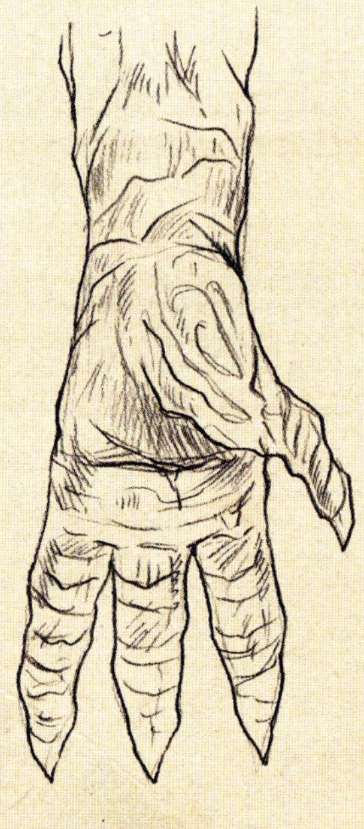

KRALLEN & SCHUPPEN

Der gesamte Körper ist mit dicker Rinde überzogen und die Krallen erinnern an spitze Baumwurzeln.

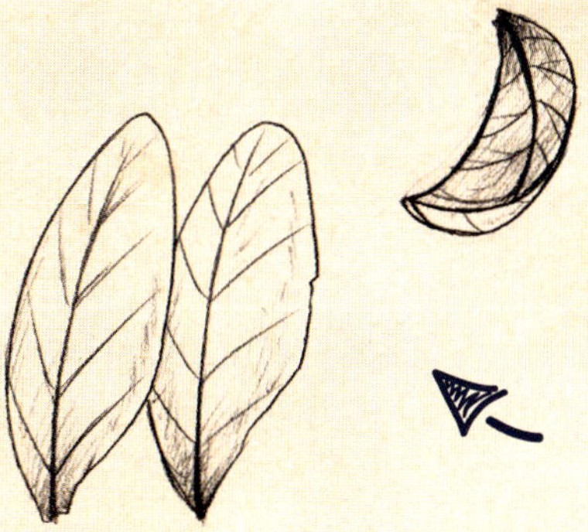

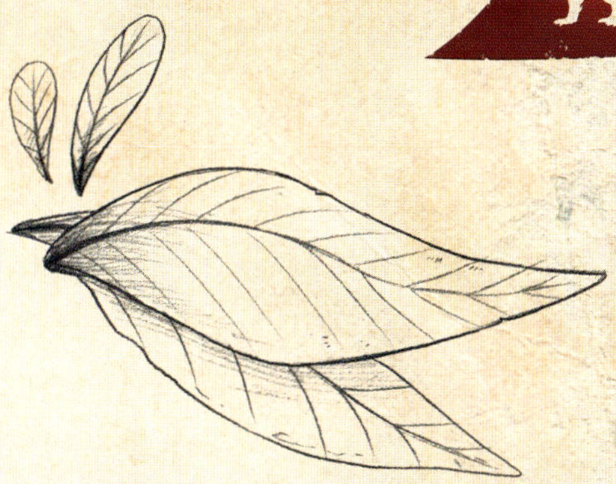

BLÄTTER

Ein ausführliches Tutorial und Anregungen zum Thema Blätter zeichnen befinden sich auf Seite 86.

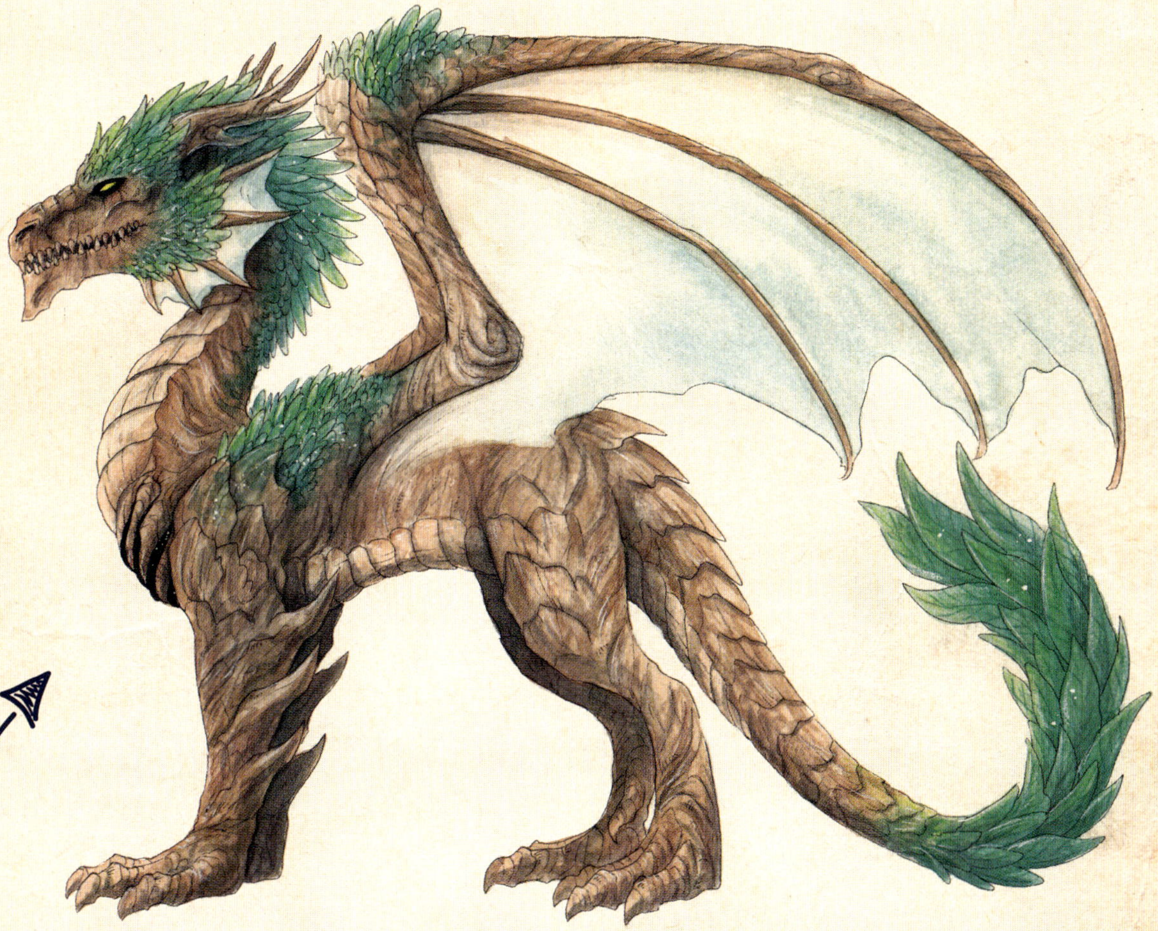

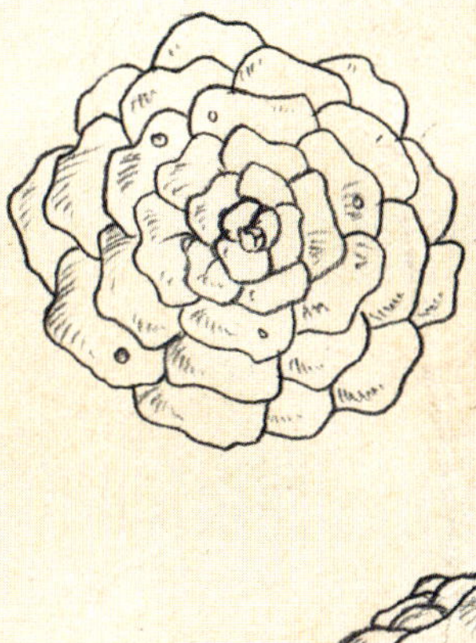

ROSE

Das „Herz" des Baumgeistes ist eine schwebende Rose, die im Brustkorb des Drachen platziert ist. Sie ist die einzige Schwachstelle des Drachen – wird die Rose zerstört, so verendet der Drache und der Baumgeist, der seinen Körper übernommen hat, wird vernichtet.

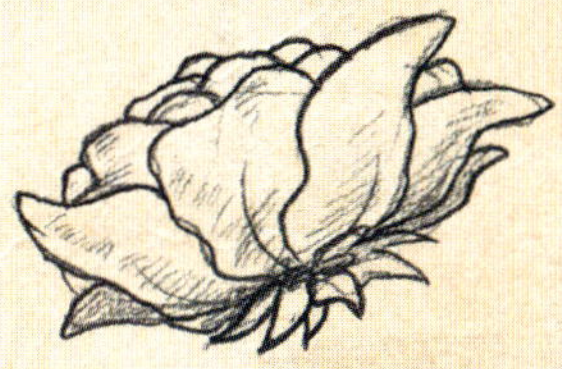

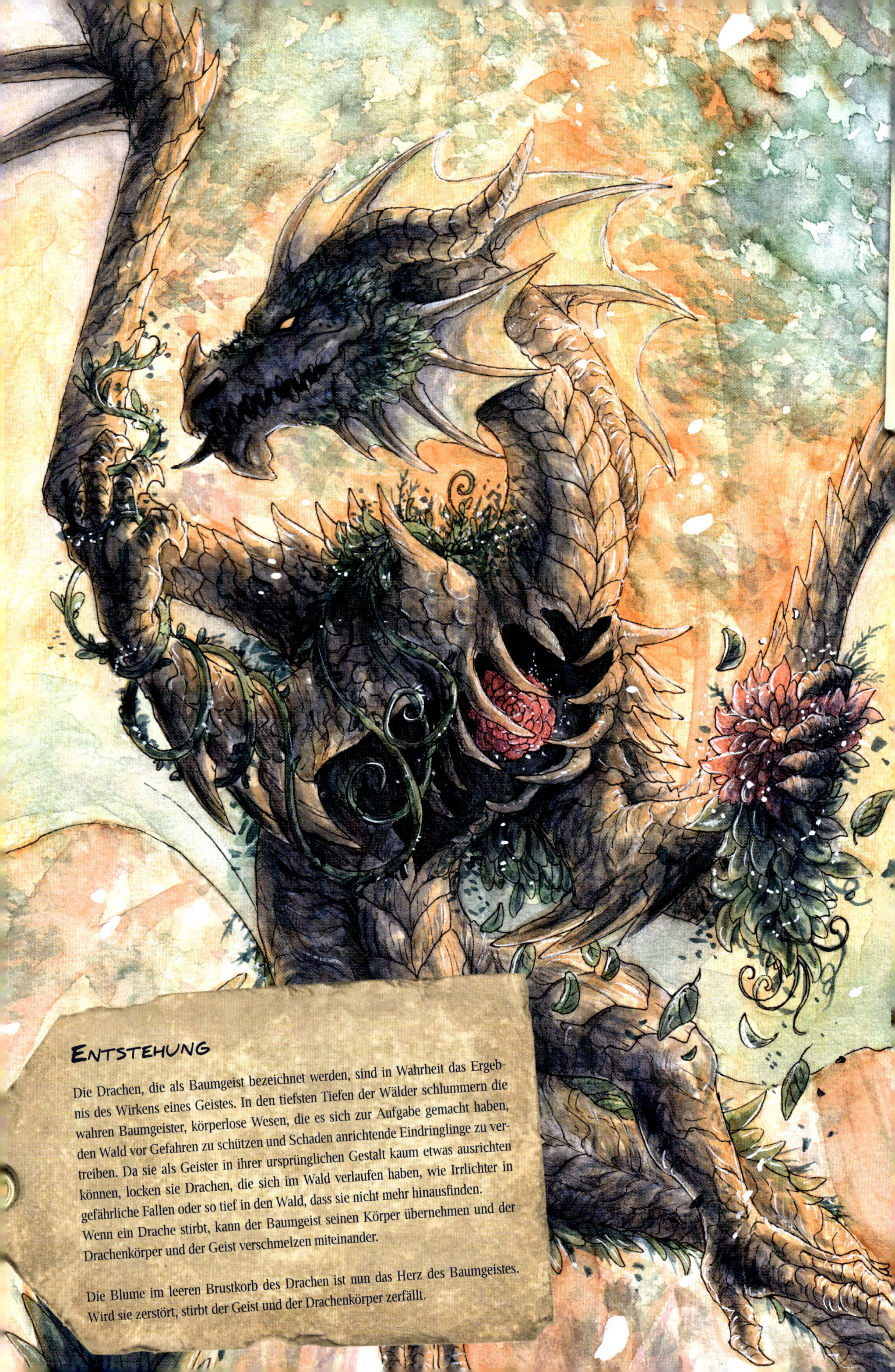

Entstehung

Die Drachen, die als Baumgeist bezeichnet werden, sind in Wahrheit das Ergebnis des Wirkens eines Geistes. In den tiefsten Tiefen der Wälder schlummern die wahren Baumgeister, körperlose Wesen, die es sich zur Aufgabe gemacht haben, den Wald vor Gefahren zu schützen und Schaden anrichtende Eindringlinge zu vertreiben. Da sie als Geister in ihrer ursprünglichen Gestalt kaum etwas ausrichten können, locken sie Drachen, die sich im Wald verlaufen haben, wie Irrlichter in gefährliche Fallen oder so tief in den Wald, dass sie nicht mehr hinausfinden. Wenn ein Drache stirbt, kann der Baumgeist seinen Körper übernehmen und der Drachenkörper und der Geist verschmelzen miteinander.

Die Blume im leeren Brustkorb des Drachen ist nun das Herz des Baumgeistes. Wird sie zerstört, stirbt der Geist und der Drachenkörper zerfällt.

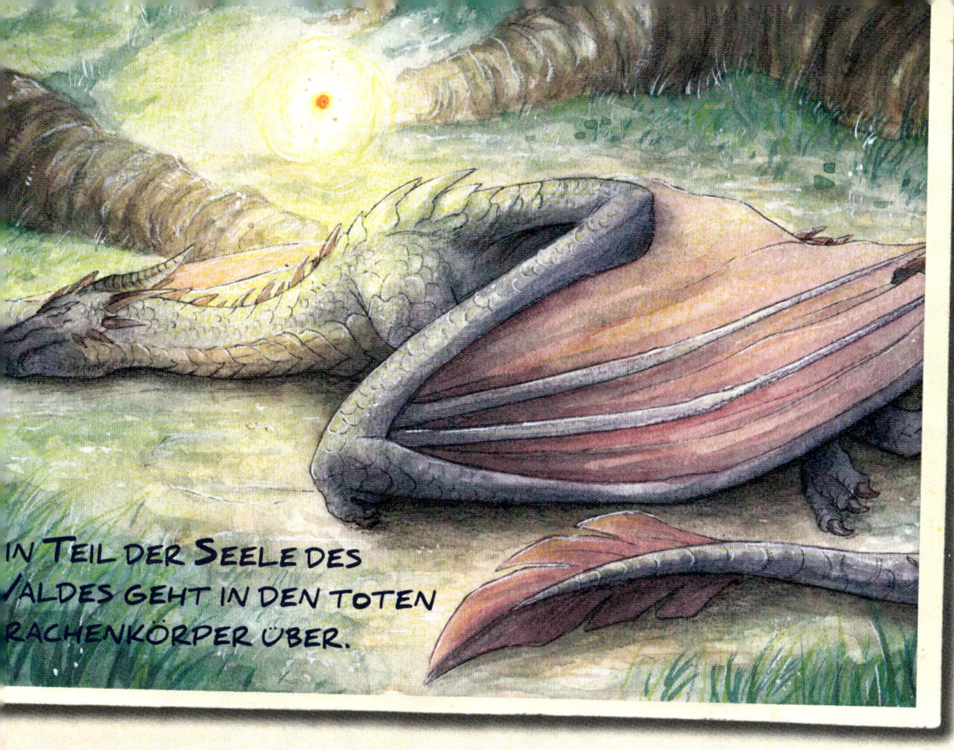

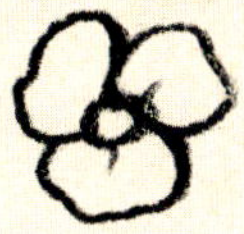

I

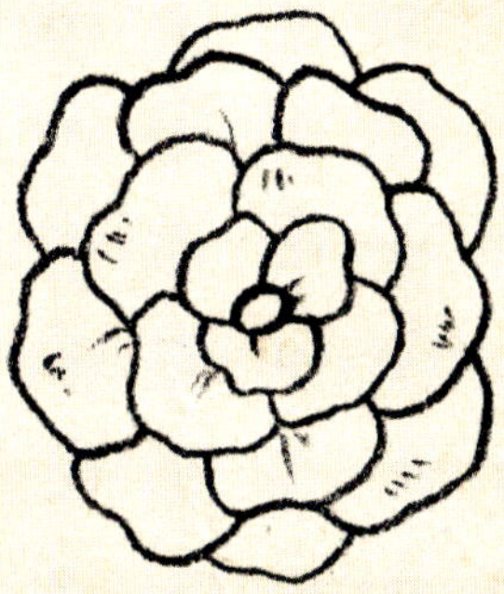

II

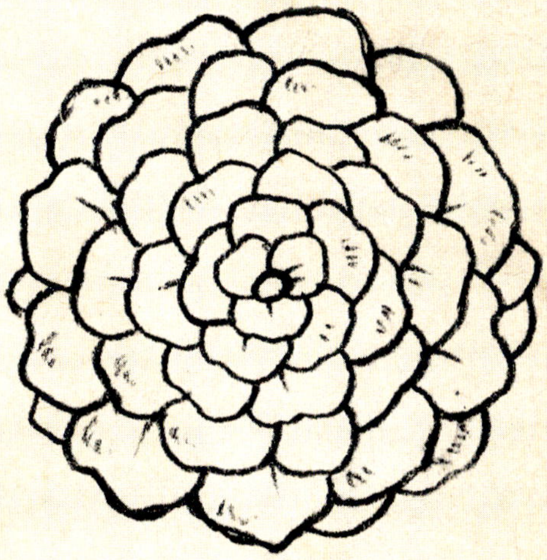

III

Das Herz des Baumgeistes

I Das Herz und die Seele des Baumgeistes leben in Gestalt einer magischen Rose in dessen Brustkorb.
Um diese zu zeichnen, wird mit einem kleinen Kreis begonnen. An diesen werden dann reihum die ersten Blütenblätter gezeichnet. Diese können in ihrer Form ruhig variieren.

II Rund um die erste Reihe der Blätter wird nun eine zweite angelegt. Hierbei wirkt es besonders natürlich, wenn die einzelnen Blütenblätter etwas versetzt zu den darunterliegenden gezeichnet werden.

III Diese Vorgehensweise wird so lange weitergeführt, bis die Rose die gewünschte Größe erreicht hat. Die Blätter am äußeren Rand der Rose können etwas üppiger ausfallen und weiter abstehen. Als Referenz eignen sich auch Fotografien oder echte Exemplare verschiedener Rosenarten, um ein besonderes, individuelles Herz für den eigenen Baumgeist zu kreieren.

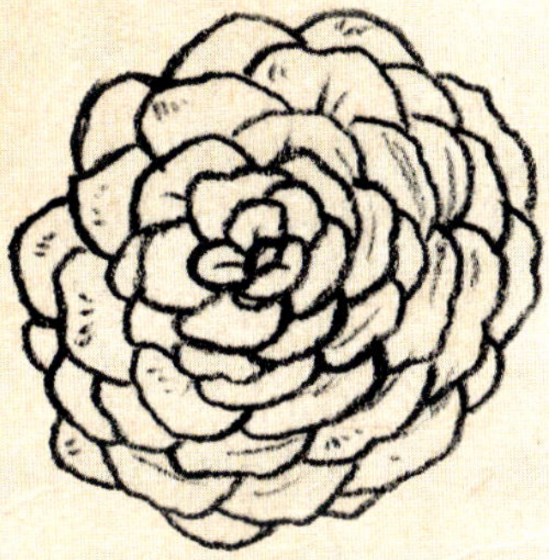

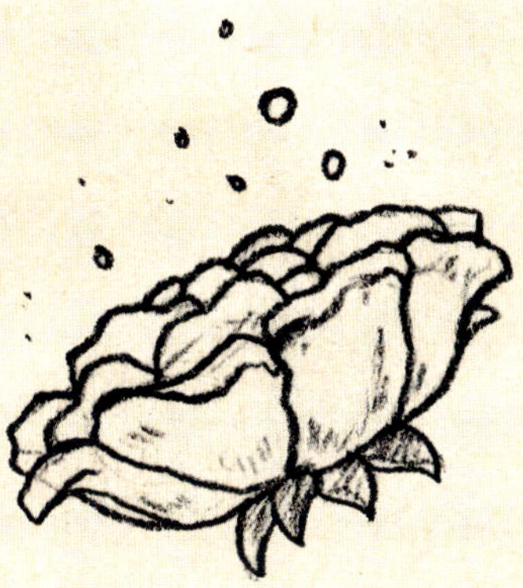

Je nach Perspektive und Blickwinkel ist es wichtig, die Form der Blütenblätter anzupassen. Bei einer Ansicht von schräg oben wirken die hinteren Blätter etwas gedrungener, die vorderen hingegen etwas ausladender. Auch hier kann es gewinnbringend sein, sich realistische Ansichten von Rosen als Referenz hinzuzunehmen.

Einen Baumgeist zeichnen

Baumgeister gleichen in ihrer Erscheinung der Natur – nichts muss absolut perfekt oder gerade sein. Die Hörner können schief wachsen und auch die Rindenschuppen können ungleich groß sein. Je asymmetrischer und wilder der Drache aussieht, desto besser erkennt man seine tiefe Verbundenheit zum Wald. Dem Körper des Baumgeistes liegt der Grundaufbau des klassischen westlichen Drachen zugrunde*. In der einfachen Seitenansicht genügt es, zunächst nur die zugewandten Gliedmaßen zu zeichnen, also ein Vorder- und ein Hinterbein, sowie einen Flügel.

I

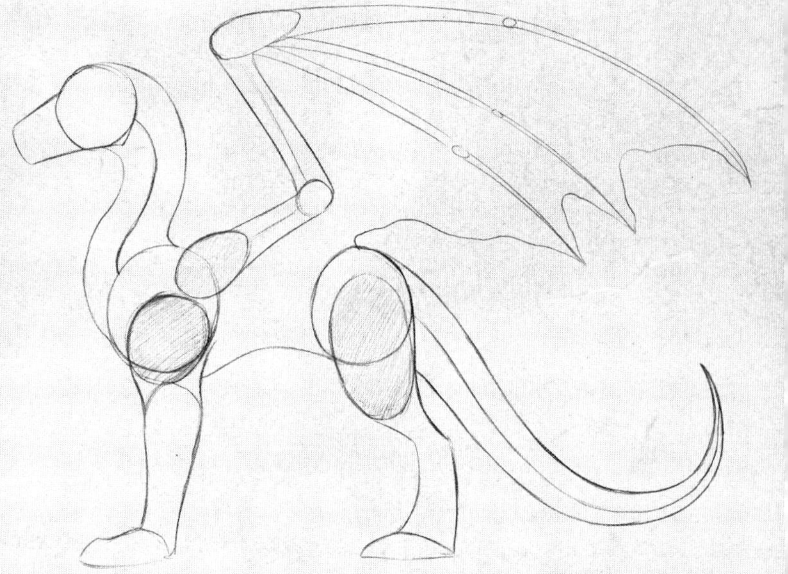

Wenn das Grundgerüst steht, kann man die ersten Hilfslinien wegradieren und Details, wie zum Beispiel das Gesicht einzeichnen. Die Hörner sollen an Äste erinnern und können viele kleine Zweige haben, die in alle Richtungen abstehen. Die Pfoten bekommen Zehen und Krallen und am Vorderbein wachsen spitze Stacheln.

II

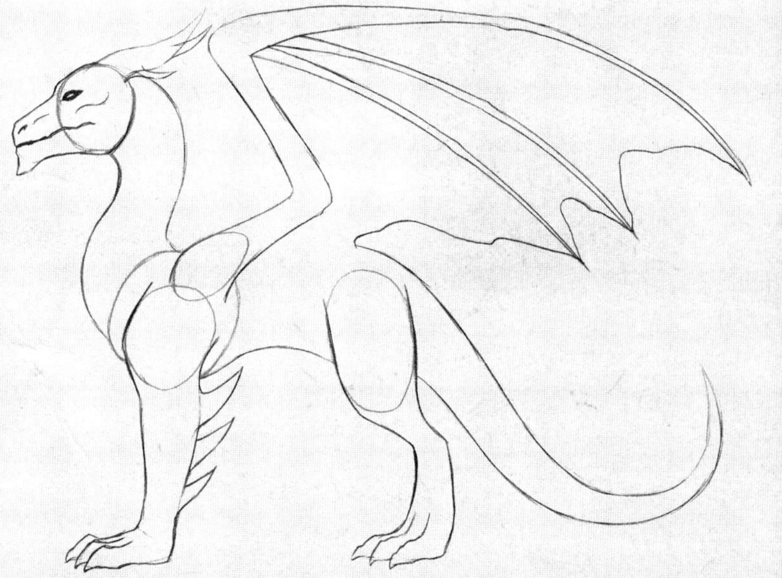

Nun können auch die letzten Hilfslinien für den Kopf und die Beine wegradiert werden. Der Drache erhält dicke Schuppen an den Schultern, den Beinen und dem Schwanz, deren Struktur Holz oder Rinde ähnelt. Daher kann die Linienführung ruhig zackig und ungleichmäßig sein. An den Kiefer des Drachen werden Stacheln eingezeichnet.

III

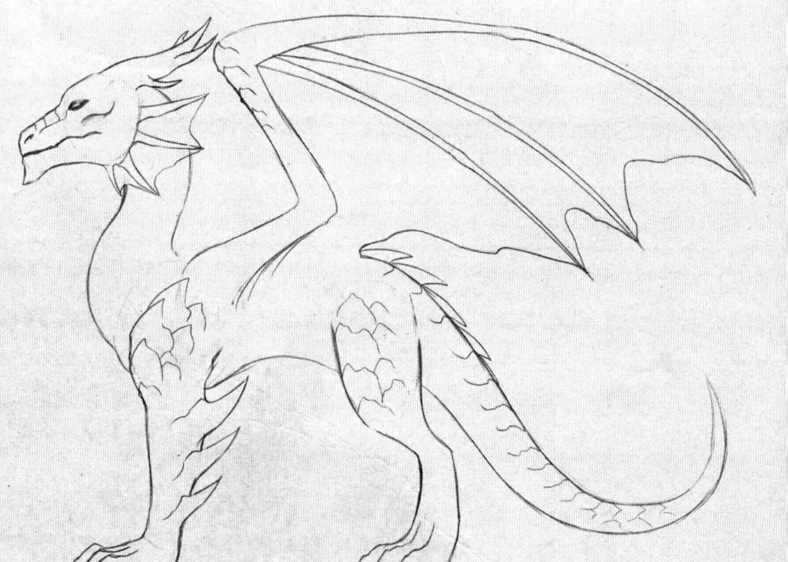

Nun folgen die kleinen Details. Da es sich hier um einen stark mit dem Wald verbundenen Drachen handelt, sind überall kleine und große Zierblätter zu sehen. Am Ende des Schwanz wachsen große, längliche Blätter. Am Brustkorb werden die wurzelartigen Rippen ausgearbeitet.

IV

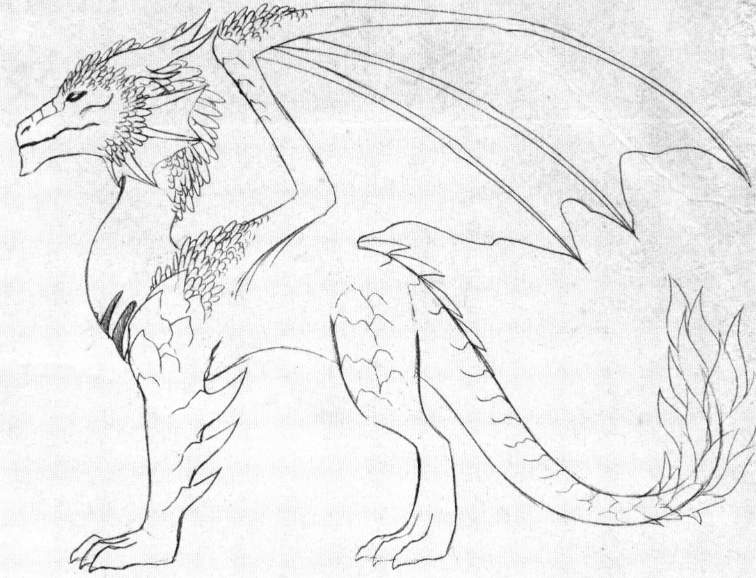

Abschließend erhält der Drache sein Schuppenkleid. Dabei ist wichtig, dass auch die Körperstellen, die nicht von Schuppen bedeckt werden, mit einer holzartigen Maserung versehen werden. Diese ist an Stellen, die viel bewegt werden, wie an den Gelenken, sehr fein, an den anderen Stellen kann sie stärker ausgearbeitet werden. Letzte Bleistiftlinen, wie zum Beispiel am Ende des Schwanzes unter den Blättern, können wegradiert werden. Die außen liegenden Zähne des Drachen sind auch bei geschlossenem Maul vollständig sichtbar. Die hinteren Gliedmaßen werden von den vorderen teilweise verdeckt und sind nicht ganz zu sehen.

V

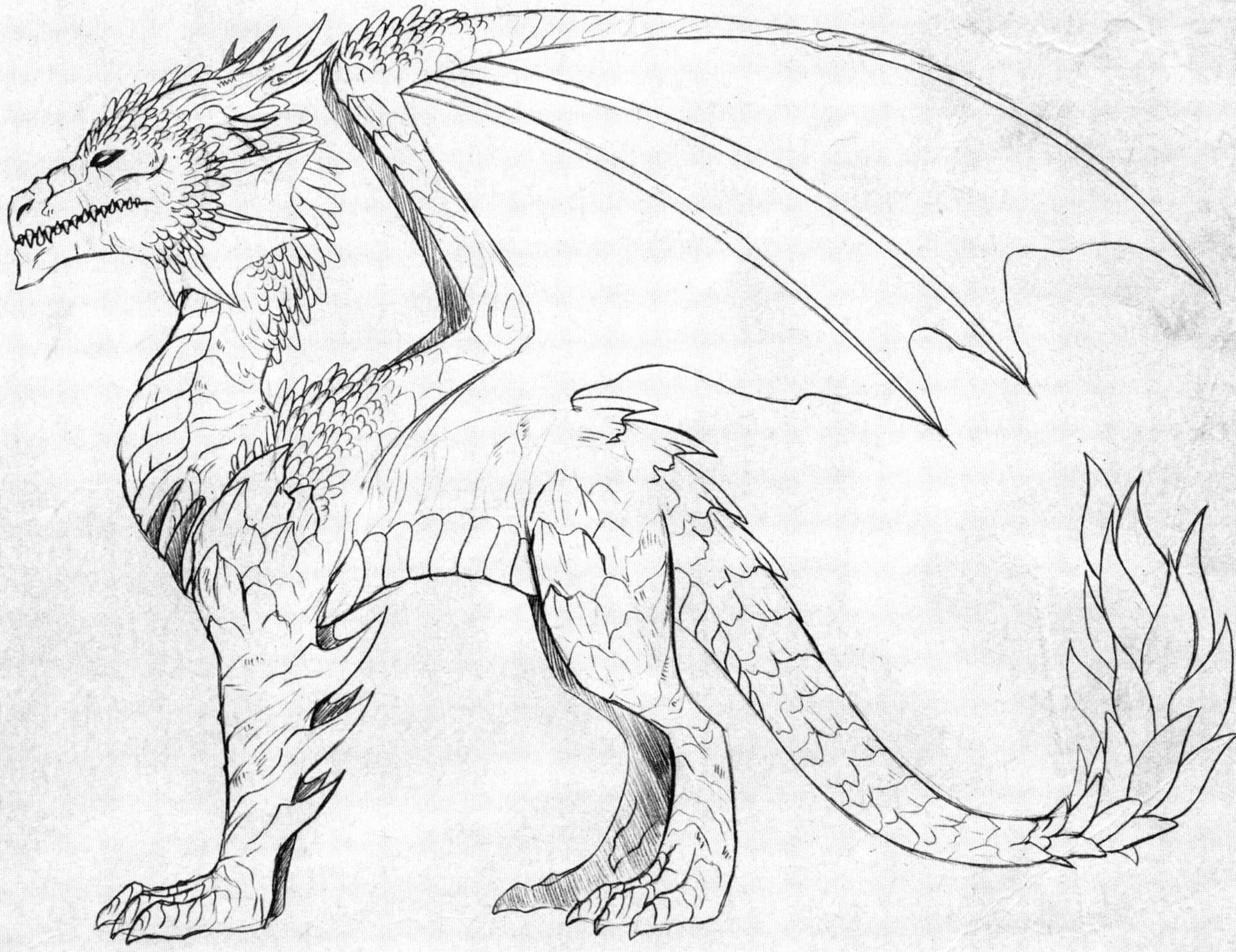

*Eine detaillierte Anleitung zum Zeichnen westlicher Drachen findet sich in: Faszinierende Drachenwelt Teil 1

Bäume malen

Im Hinblick auf Formen, Farben, die Größe, die Beschaffenheit des Stamms und des Erscheinungsbildes der Krone liefert die Natur schier endlose Inspiration, wenn es um Bäume geht. Schon bei einem gewöhnlichen Spaziergang kann man Bäume besser „kennenlernen“: Wie sehen sie aus? Wie ist ihre Rinde beschaffen? Setzen die Äste weit oben an oder gibt es schon weiter unten am Stamm Abzweigungen? Gibt es besondere Samen, Blüten, Nüsse oder Früchte?

Baumstamm

In dieser Anleitung werden drei Beispiele umgesetzt: Ein dicker Baum mit langem Stamm, ein kleinerer, knorriger Baum mit dickem Stamm und vielen Ästen sowie ein Baum mit schmalem Stamm, der erst weit oben Äste bildet.

I

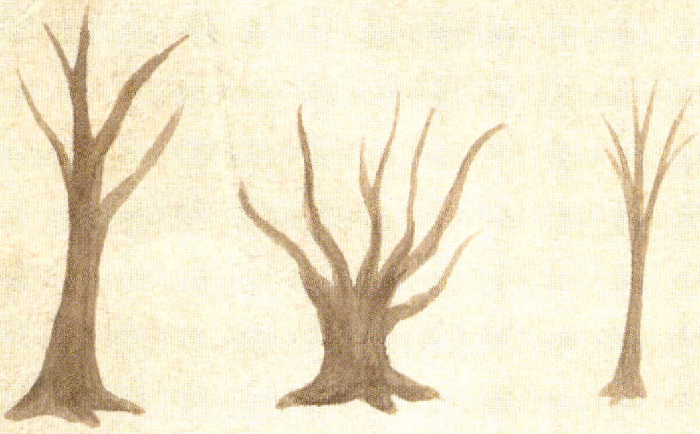

I

Je nach Art des Baums kann die Farbe und Maserung der Rinde variieren. Hier wird ein mittlerer Braunton verwendet. Zuerst werden die Grundform des Stamms und die ersten Äste gemalt. Die Äste können in alle Richtungen abstehen, recken sich in ihrer Wuchsrichtung jedoch meist gen Himmel.

II

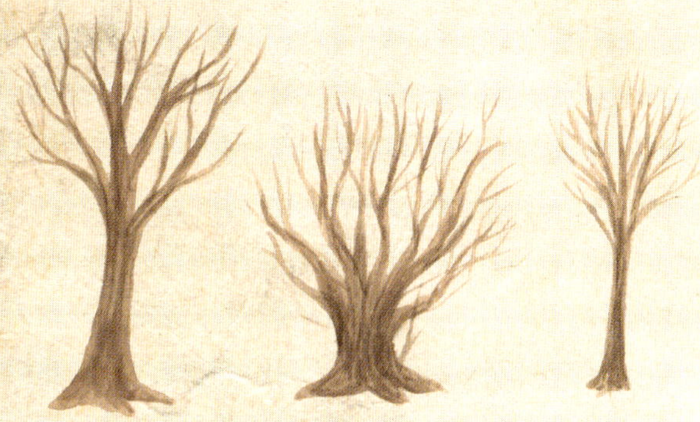

II

Sobald die erste Farbschicht getrocknet ist, werden mit dem gleichen Braunton weitere Äste und Zweige hinzu gemalt. Um dem Stamm etwas Struktur zu geben, wird dieser an einigen Stellen schattiert. Je mehr Schichten man aufträgt, desto kräftiger und dunkler wird die Farbe.

Baumkrone

III

III

Zuletzt werden die Blätter aufgemalt. Mit einem Grünton und viel Wasser wird zunächst die Grundform der Baumkrone angelegt. Diese kann ruhig fleckig und ungleichmäßig sein.

IV

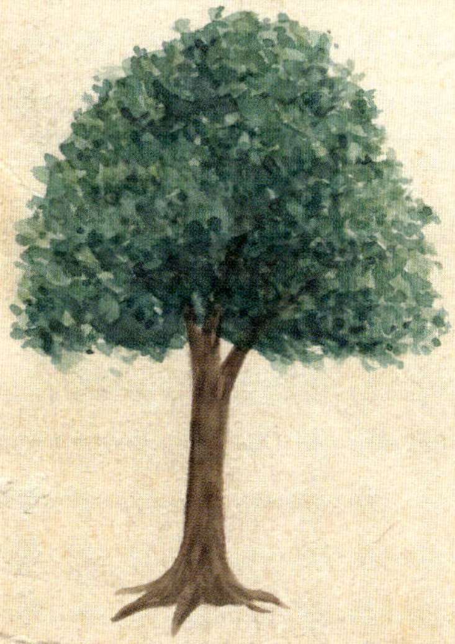

IV

Sobald die erste Schicht getrocknet ist, kann man mit einem etwas dunkleren Farbton die Schatten vertiefen und mit einem kleineren Pinsel auftupfen, um die Blätter darzustellen. Hier können beliebig viele Schichten folgen, bis man mit der Tiefe der Schatten und der Optik der Baumkrone zufrieden ist. Unterschiedliche Grüntöne helfen dabei, den Baum natürlicher wirken zu lassen. Sobald die Baumkrone fertig ist, wird der Stamm unterhalb der Blätter schattiert, da diese, wenn Licht von oben einfällt, einen Schatten werfen.

Eine Szenerie im Wald

Mit Hilfe des Tutorials zum Malen von Bäumen lassen sich auch ganze Waldlandschaften erstellen. Hierfür eignet sich besonders die Nass-in-Nass-Technik, die später mit gezielter Schattensetzung kombiniert wird, um Details einzuarbeiten.

I

Zunächst kann der Wald mit einem weichen Bleistift vorskizziert werden, anschließend wird das Papier mit einem breiten Pinsel befeuchtet.

II

Die Grasflächen und Baumkronen werden nun mit verschiedenen Grüntönen ausgefüllt. In den Vordergrund werden ein kleiner Teich und ein Baumstamm gemalt.

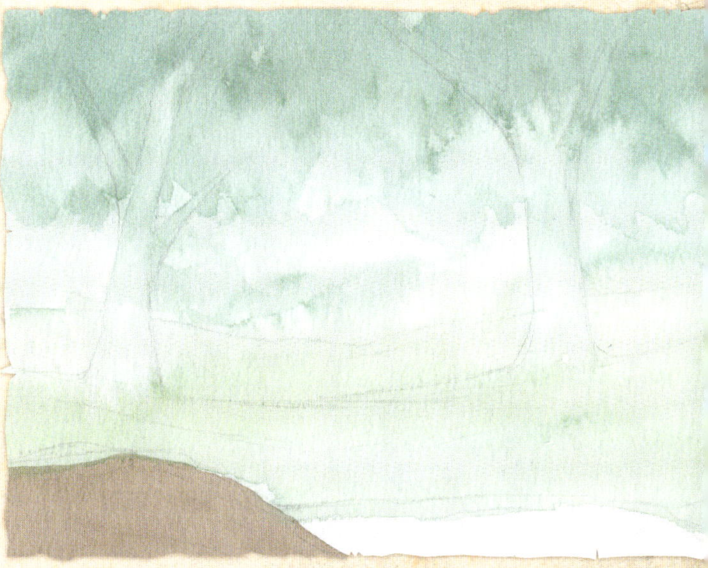

III

Sobald alles gut getrocknet ist, werden die Baumstämme im Vordergrund coloriert und die Baumkronen mit dunkleren Schattierungen versehen. Zu beachten ist auch, wo sich die Lichtquelle im Bild befindet und von wo das Licht auf die dargestellte Szene fällt. Dies ist wichtig, damit die Schatten, die die Bäume auf den Untergrund werfen, realistisch wirken. Für besonders schöne Übergänge zwischen den Farben kann hier weiterhin nass-in-nass gearbeitet werden. Je weniger Wasser verwendet wird, desto deutlicher sind die Farbkanten zu sehen.

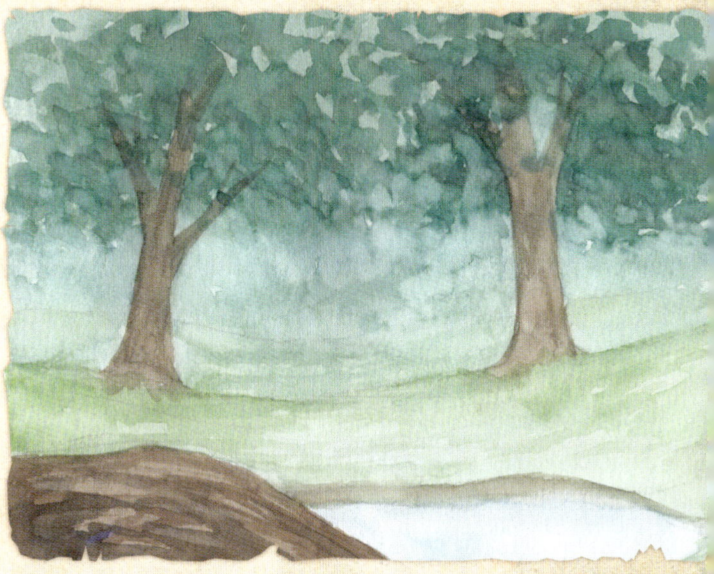

IV

Mit viel Wasser und wenig Farbe werden im Hintergrund weitere Bäume hinzugefügt und Details eingearbeitet, um dem Bild Tiefe zu verleihen. Im Vordergrund lassen sich mit wenig Wasser Details, wie zum Beispiel Gräser, Moos und Blätter in den Baumkronen, ergänzen.

Auf diese Weise kann man so lange an den Details arbeiten, bis man mit dem Bild zufrieden ist. Je dunkler die Coloration des Waldes nach hinten hin wird, desto mehr Tiefe wird erzeugt.

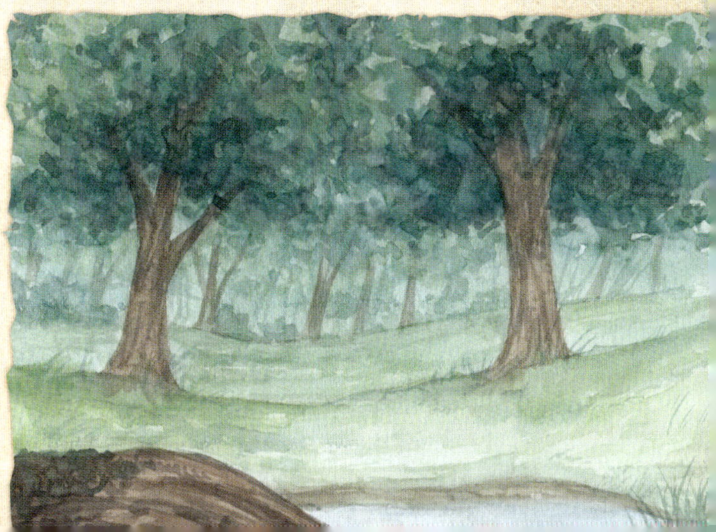

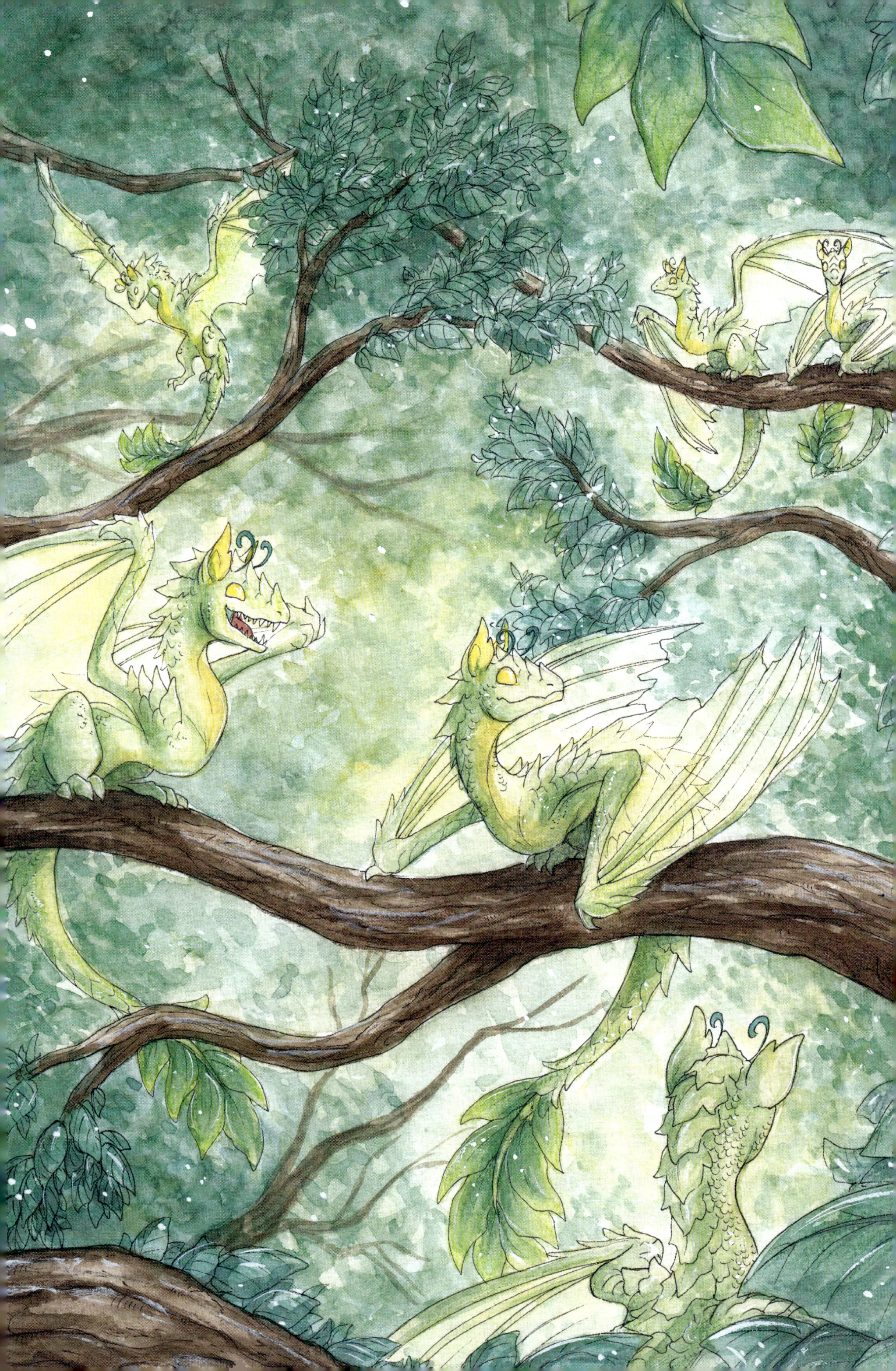

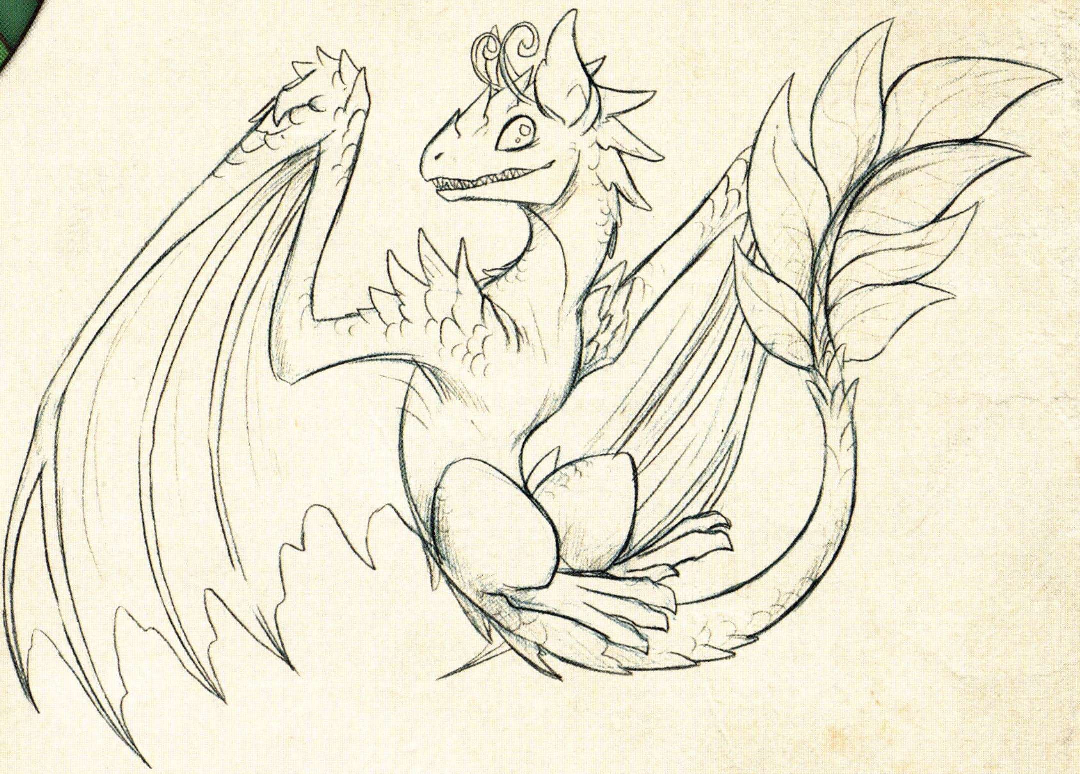

FEENDRACHE

FEENDRACHEN SIND AUFGRUND IHRER GERINGEN GRÖßE UND IHRES ZIERLICHEN KÖRPERBAUS ZU IHREM NAMEN GEKOMMEN.

Feendrachen sind oft kaum größer als ein Apfel und verstecken sich gerne in den dichten Baumkronen des Waldes. Dort leben sie in größeren Schwärmen von bis zu 30 Drachen. Sie lieben das Leben in großen Gruppen, da sie auch gerne miteinander spielen. Feendrachen sind flink, frech und immer zu Späßen bereit. Unachtsame Wanderer werden oft von ihnen geärgert oder bestohlen. Diese kleinen Drachen schlagen blitzschnell zu und sind ständig in Bewegung, sodass man sie zwischen den Blättern der Bäume kaum erkennen kann. Sobald es dunkel wird, nimmt ihre Aktivität jedoch stark ab. Von Sonnenuntergang bis Sonnenaufgang schlafen sie meist tief und fest.

WUSSTET IHR?

Feendrachen ernähren sich von allem, was sie in den Bäumen und Büschen finden können – von Insekten bis hin zu Obst, Früchten und Nüssen.

SCHUPPEN

Die Schuppen ähneln stark den Blättern der Bäume, in denen sich die Drachen gern aufhalten. Somit sind sie sehr gut getarnt.

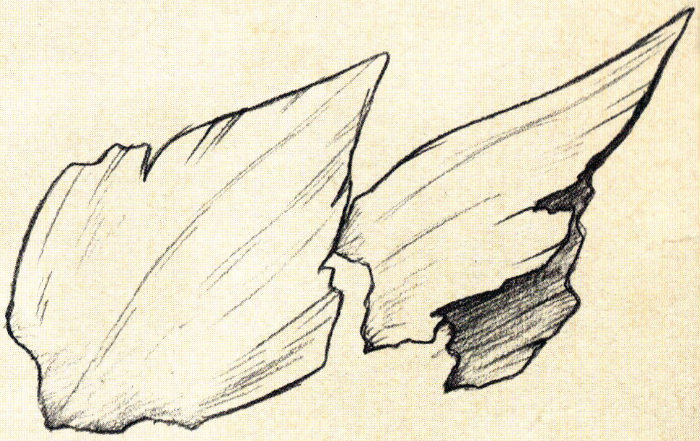

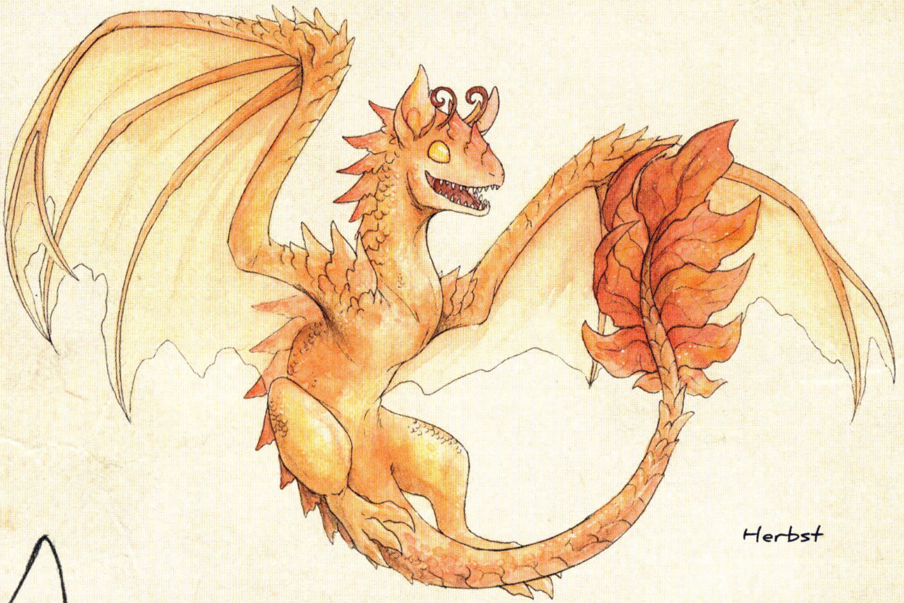

Herbst

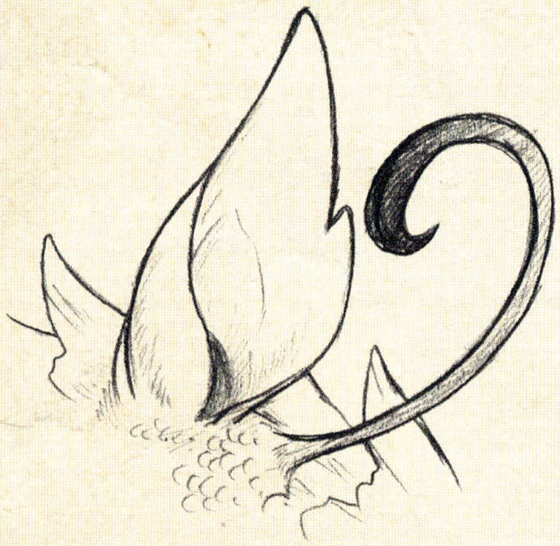

FÜHLER

Die Funktion der kleinen Antennen auf dem Kopf der Feendrachen ist noch ungeklärt.

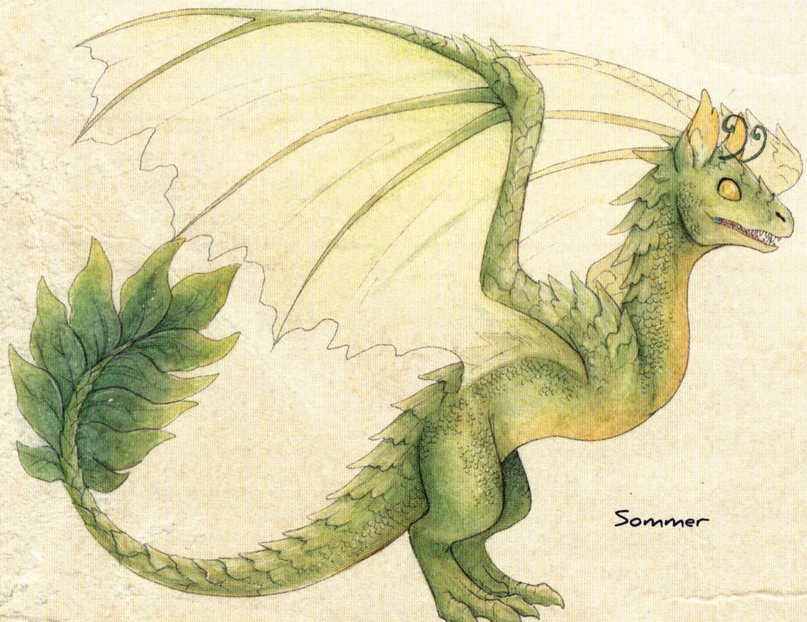

Sommer

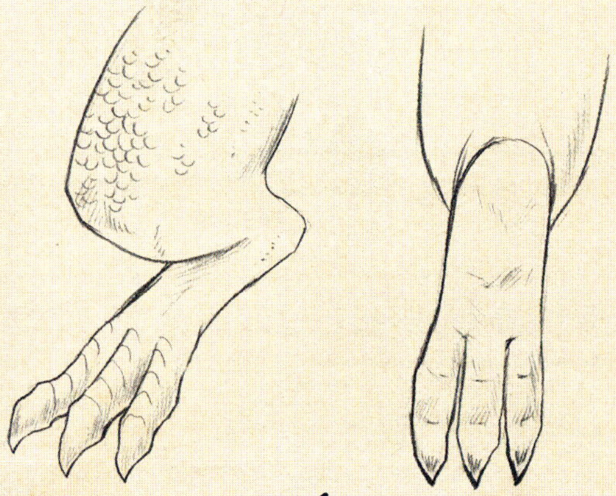

BEINE

Durch die langen, flexiblen Zehen können Feendrachen sich an kleinsten Ästen festhalten.

WUSSTET IHR?

Feendrachen lieben Süßes. Wenn man von ihnen geärgert wird, kann man ihnen Zucker, Süßigkeiten oder Obst zuwerfen und sie lassen sich ablenken – wenn auch nicht lang.

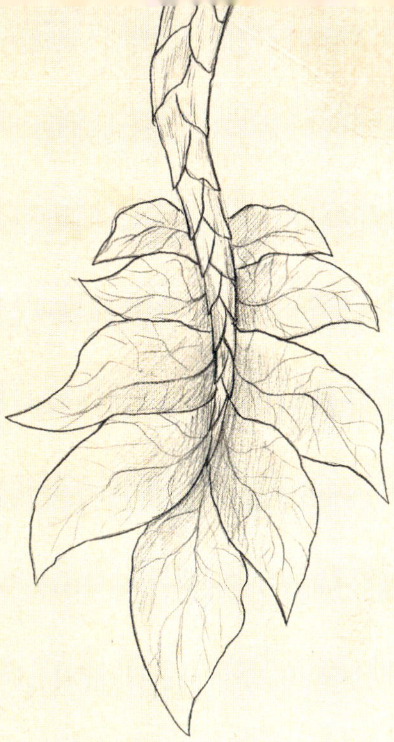

SCHWANZ

Der Schwanz besitzt am Ende mehrere Blätter, die einerseits der Tarnung, andererseits der Steuerung im Flug dienen.

AUSSEHEN

Feendrachen haben eine helle grüne Färbung und fast durchsichtige Flügelhäute. Die Schuppen auf ihrem Rücken und dem Schweif erinnern an Blätter, wodurch sie in den Baumwipfeln nahezu unsichtbar werden. Mit ihren großen, gelb leuchtenden Augen können sie auch bei Nacht gut sehen. Je nach Jahreszeit ändert sich das Erscheinungsbild der Feendrachen. So ist ihre Tarnung das ganze Jahr über optimal.

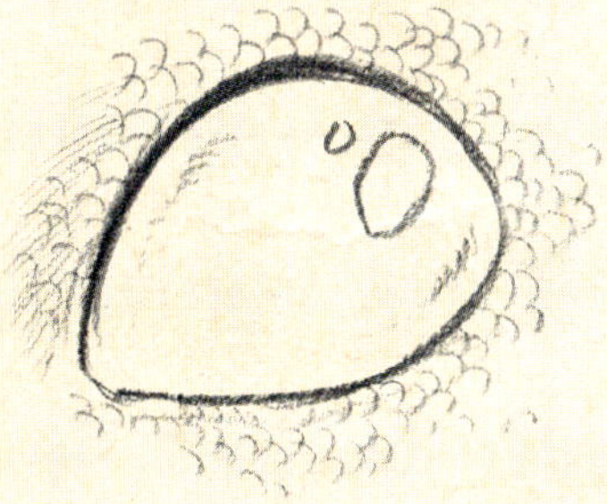

AUGEN

Feendrachen sind immer in Bewegung und haben sehr gute Augen, mit denen sie in nur Bruchteilen von Sekunden ihre Umgebung analysieren können. Ob Bewegungen der Äste, der Blätter oder anderer Drachen – der Feendrache sieht sehr viel in kurzer Zeit.

ZÄHNE

Sämtliche Zähne des Feendrachen sind ähnlich groß. Mit ihnen können sie Insekten fangen, Nüsse knacken und Obst zerkleinern.

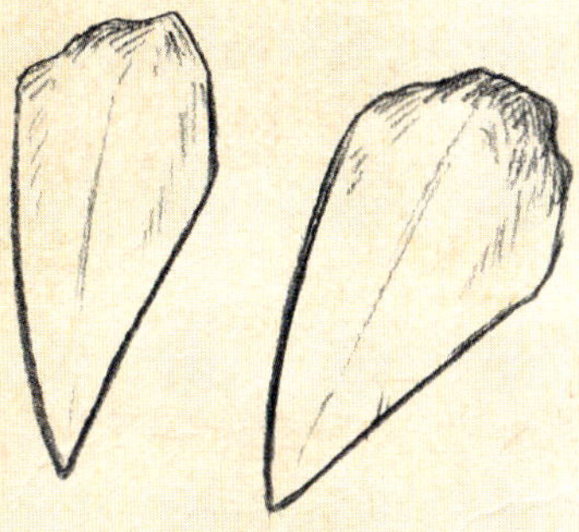

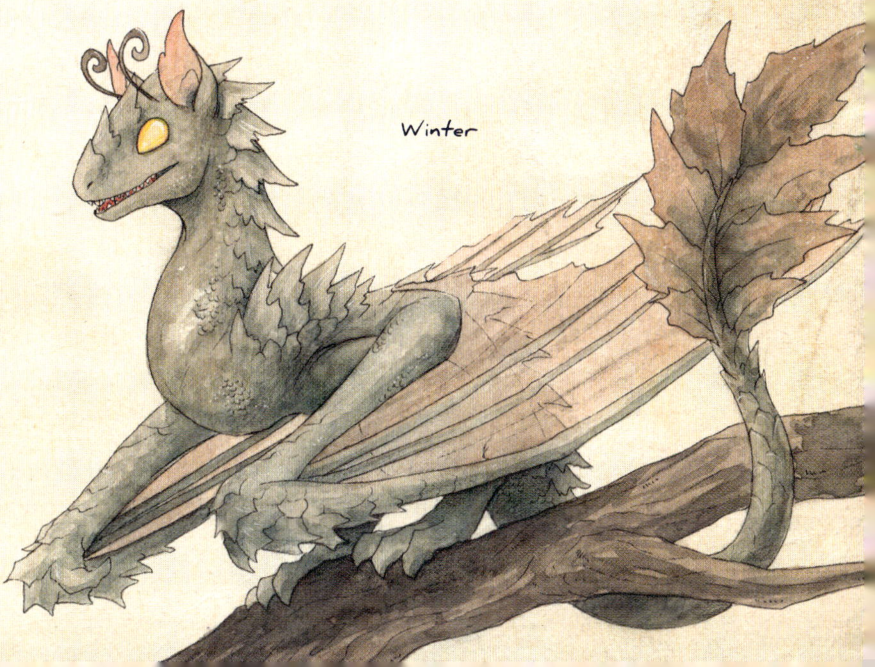

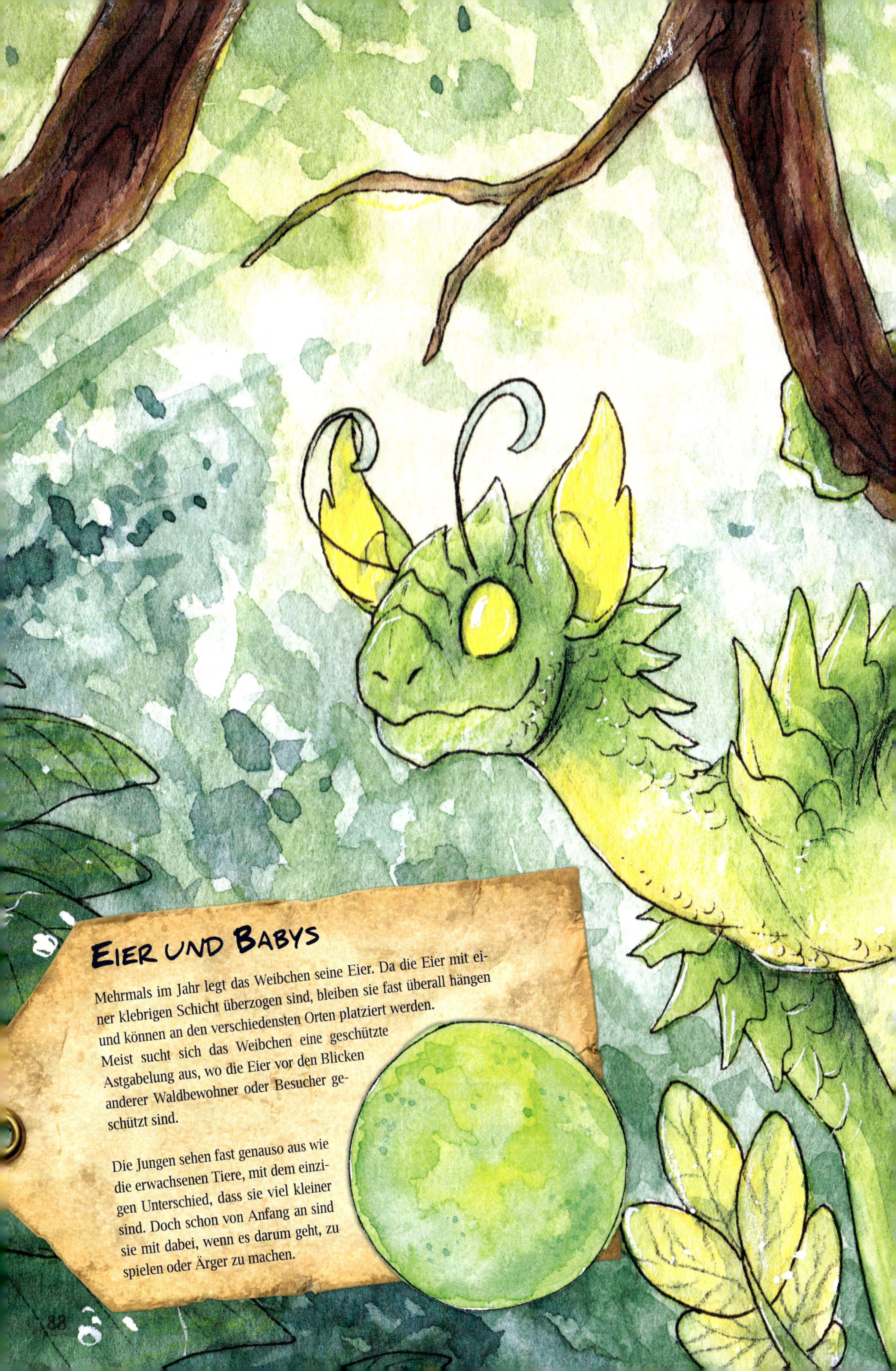

Eier und Babys

Mehrmals im Jahr legt das Weibchen seine Eier. Da die Eier mit einer klebrigen Schicht überzogen sind, bleiben sie fast überall hängen und können an den verschiedensten Orten platziert werden. Meist sucht sich das Weibchen eine geschützte Astgabelung aus, wo die Eier vor den Blicken anderer Waldbewohner oder Besucher geschützt sind.

Die Jungen sehen fast genauso aus wie die erwachsenen Tiere, mit dem einzigen Unterschied, dass sie viel kleiner sind. Doch schon von Anfang an sind sie mit dabei, wenn es darum geht, zu spielen oder Ärger zu machen.

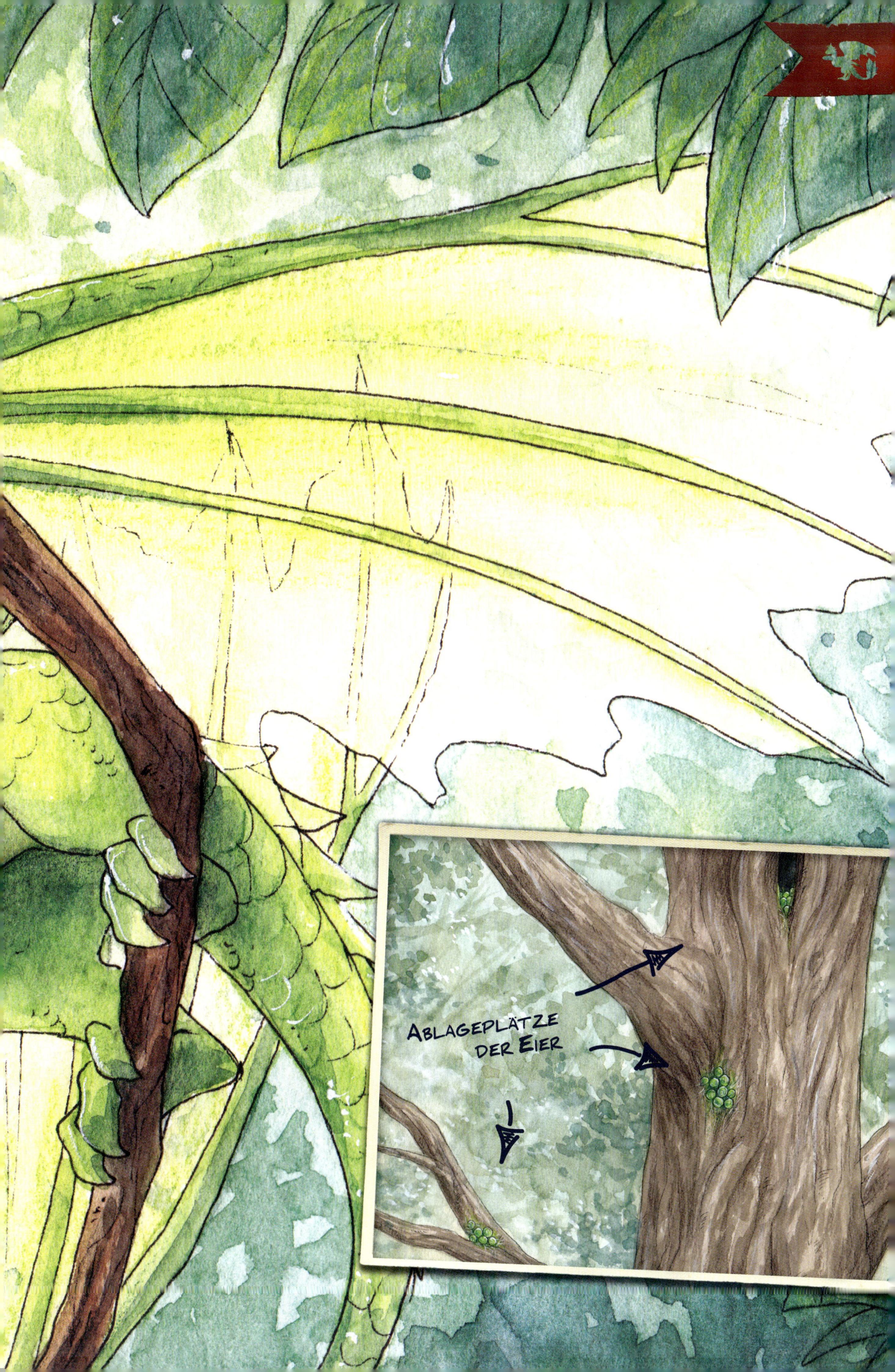
ABLAGEPLÄTZE
DER EIER

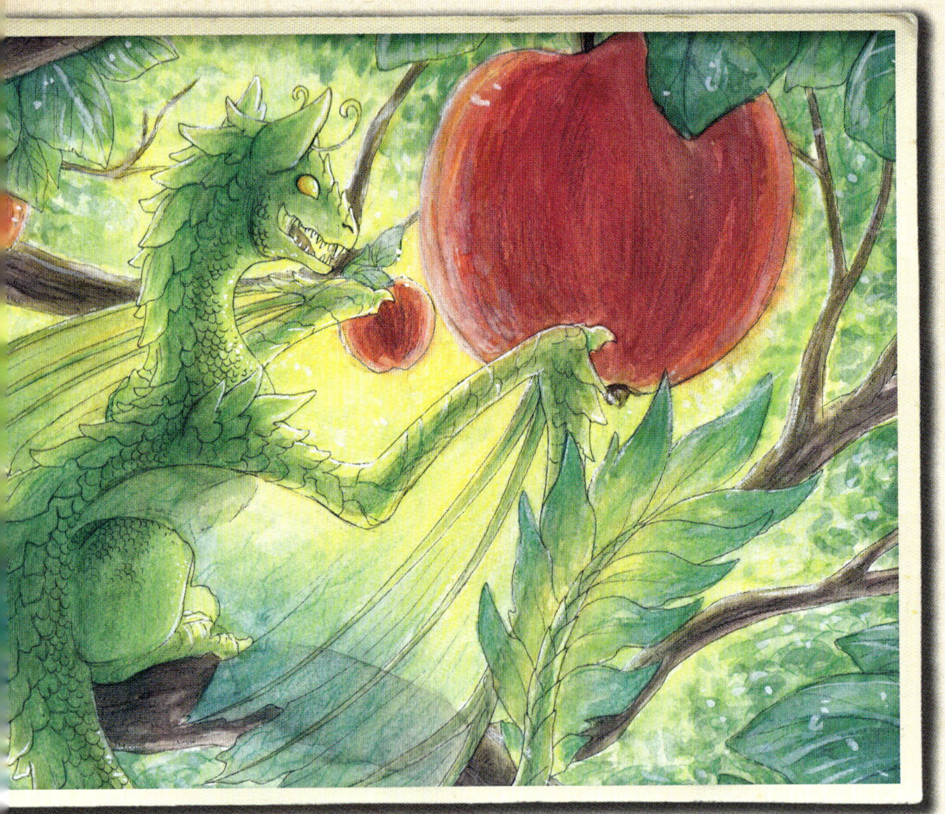

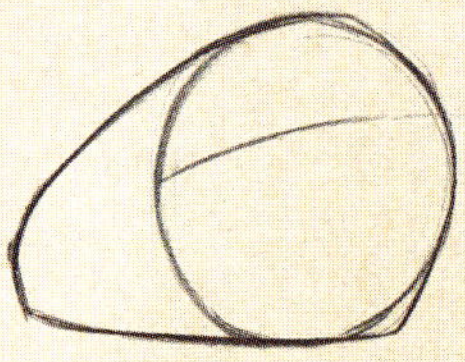

I

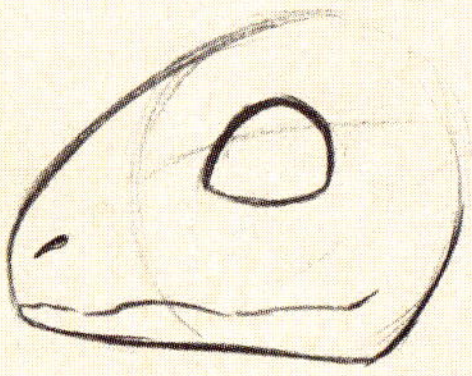

II

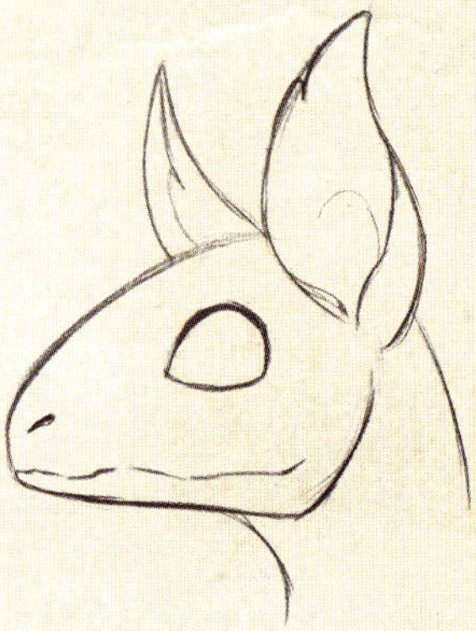

III

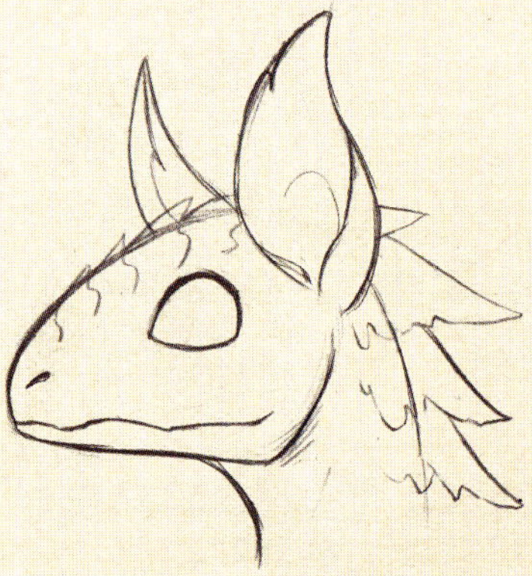

IV

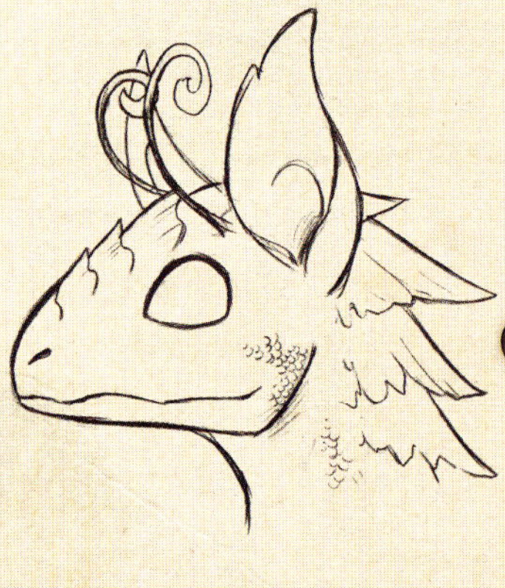

V

Den Kopf eines Feendrachen zeichnen

I Begonnen wird mit einem Kreis und der Grundform des Kopfes. Die Schnauze des Feendrachen ist kurz und flach. Der Unterkiefer verläuft sehr gerade.

II Auf der Hilfslinie im Kreis wird nun das Auge gezeichnet. Wichtig ist, dass es im Vergleich zum Rest des Kopfes recht groß und oben sehr rund ist. Der Mund wird weit unten am Kopf eingezeichnet. Die Nasenlöcher sind klein und tropfenförmig.

III Jetzt können die Hilfslinien wegradiert werden. Nun folgen die Ohren, die ungefähr so groß sind, wie der Kopf lang ist. An der Innenseite haben sie eine kleine Einkerbung.

IV Als nächstes werden die Rückenschuppen gezeichnet, die ein wenig an Blätter erinnern. Sie beginnen flach an der Schnauze und stehen am Hals weit ab.

V Zu guter Letzt wird die Rückenlinie unter den Schuppen wegradiert und die gekringelten Antennen kommen hinzu. Sie setzen dicht neben den Ohren an. Nun noch ein paar Details und kleine Schuppen und fertig ist der Feendrache.

Blätter des Waldes

Auch in der Welt der Drachen gibt es viele unterschiedliche Baum- und Pflanzenarten. Die Blätter schmücken hier jedoch nicht nur die Kronen der Bäume, sondern auch einige der hier lebenden Drachenarten, wie zum Beispiel den Baumgeist. Nicht nur das tatsächliche Vorhandensein, sondern auch die Imitation von Blattmustern und –strukturen ist eine beliebte Form der Tarnung. Der Feendrache ist hier ein gutes Beispiel: Seine grünen Schuppen haben eine Blattform, die ihn in den Baumkronen nahezu unsichtbar werden lässt.

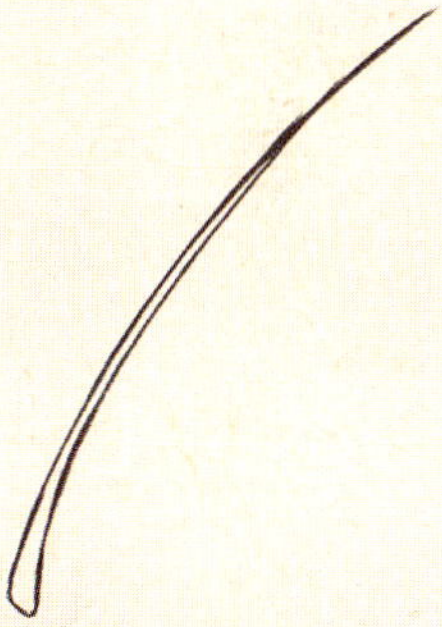

Die Grundform eines jeden Blattes ist meist nach einem ähnlichen Schema aufgebaut: Der Stiel bildet die Mitte des Blattes, zieht sich bis in die Spitze durch und wird dabei stetig flacher und dünner.

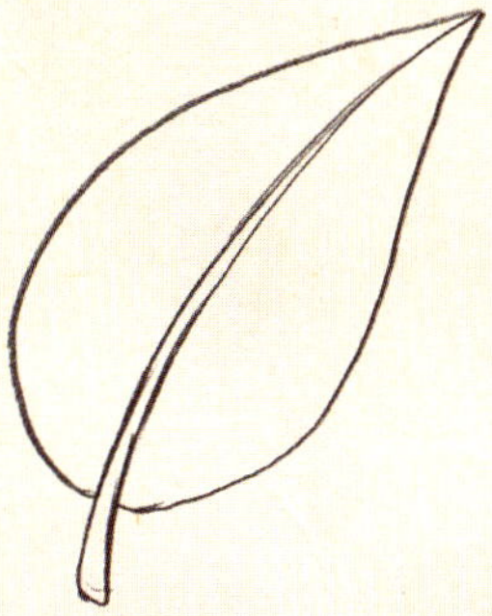

Um den Stiel herum wird die Form des Blattes gezeichnet. In diesem Beispiel läuft das Blatt spitz zu und ist unten am Stiel eher bauchig.

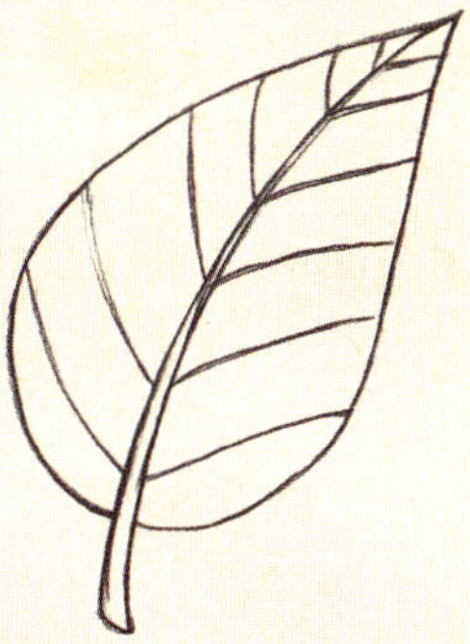

Die Adern des Blattes durchziehen dessen gesamte Oberfläche, verleihen dem Blatt seine typische Struktur und sind sowohl auf der Ober- als auch der Unterseite zu sehen. Je nachdem in welchem Abstand man sich als Betrachter zu einem Blatt befindet, sind die Blattadern unterschiedlich stark zu erkennen. Bei größerem Abstand sind nur die großen Hauptadern sichtbar, je näher man allerdings kommt, desto filigraner werden die Strukturen.

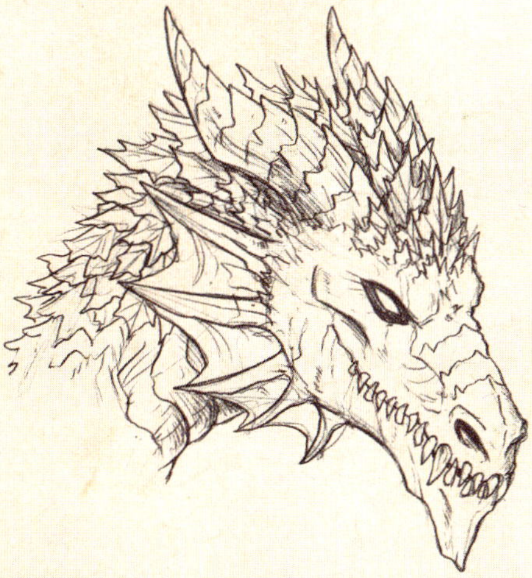

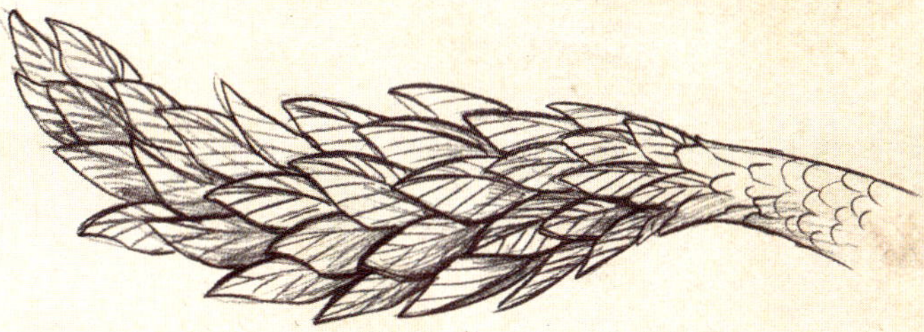

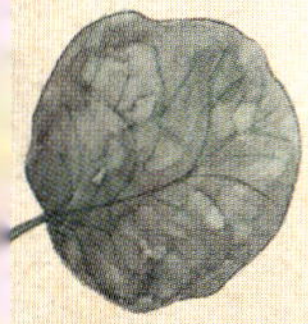

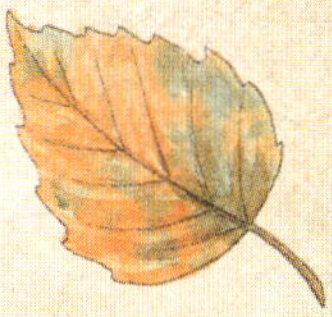

Hier sind ein paar einfache Blätter als Anregung. Ein Erkundungsspaziergang im Wald und genaues Beobachten in der Natur sind ebenfalls sehr hilfreich, um Inspirationen zu finden!

Es gibt hunderte, wenn nicht gar tausende verschiedene Möglichkeiten, Blätter zu zeichnen. Gerade in fantastischen Welten mit zahllosen sonderbaren Gewächsen kann man sehr kreativ werden. Es gibt kein Richtig oder Falsch.

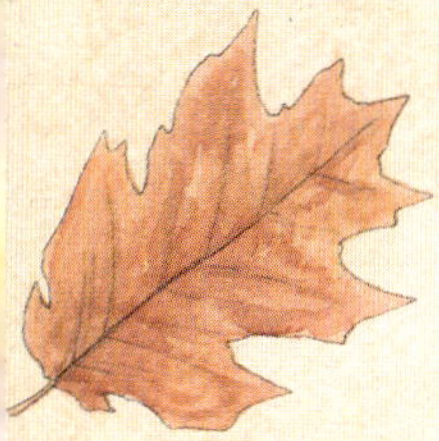

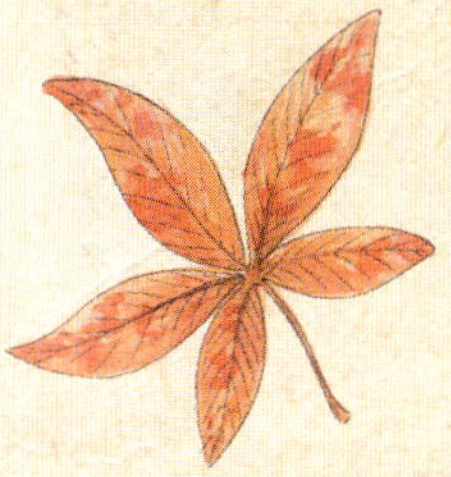

Wie würde zum Beispiel ein Baumgeist mit sehr stacheligen Blättern aussehen? Oder wie wäre es mit kurzen ovalen Blättern am Ende seines Schwanzes anstatt der üblichen langen?

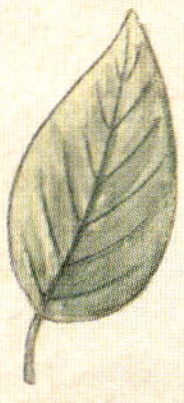

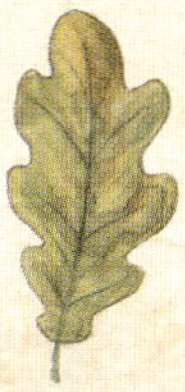

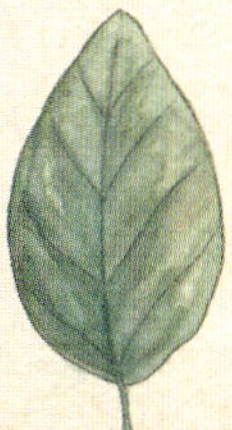

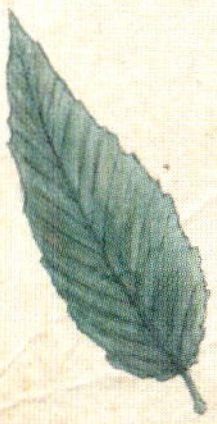

Wie es weiter geht

Die Welt der Drachen ist riesig! Sie ist voll von unbekannten, geheimnisvollen Gebieten, die nur darauf warten, erkundet zu werden. Und wer weiß, was es dort noch alles zu entdecken gibt? Freut euch auf **„Faszinierende Drachenwelt – Das große Zeichen- und Wissensbuch Band III“**!

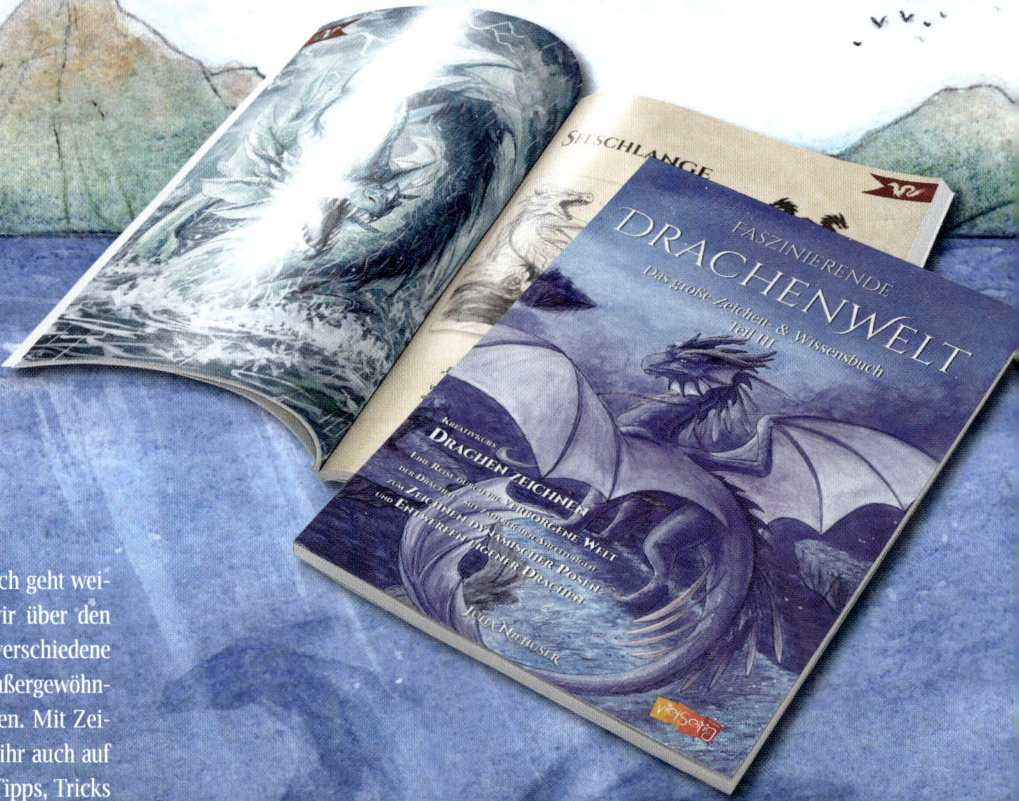

Die Expedition ins Drachenreich geht weiter. Mit dem Schiff segeln wir über den Ozean in neue Gefilde, deren verschiedene Vegetationszonen von den außergewöhnlichsten Wesen besiedelt werden. Mit Zeichenmaterial im Gepäck lernt ihr auch auf der nächsten Reise viele neue Tipps, Tricks und Techniken, um in der Drachenwelt noch besser navigieren zu können. Hinzu gibt es wieder zahlreiche Informationen und Details, mit denen ihr noch tiefer in die Thematik eintauchen und an euren zeichnerischen Fähigkeiten feilen könnt.

ISBN: 978-3-945310-16-8

DEINE REISE ZU DEN DRACHEN BEGINNT HIER ...

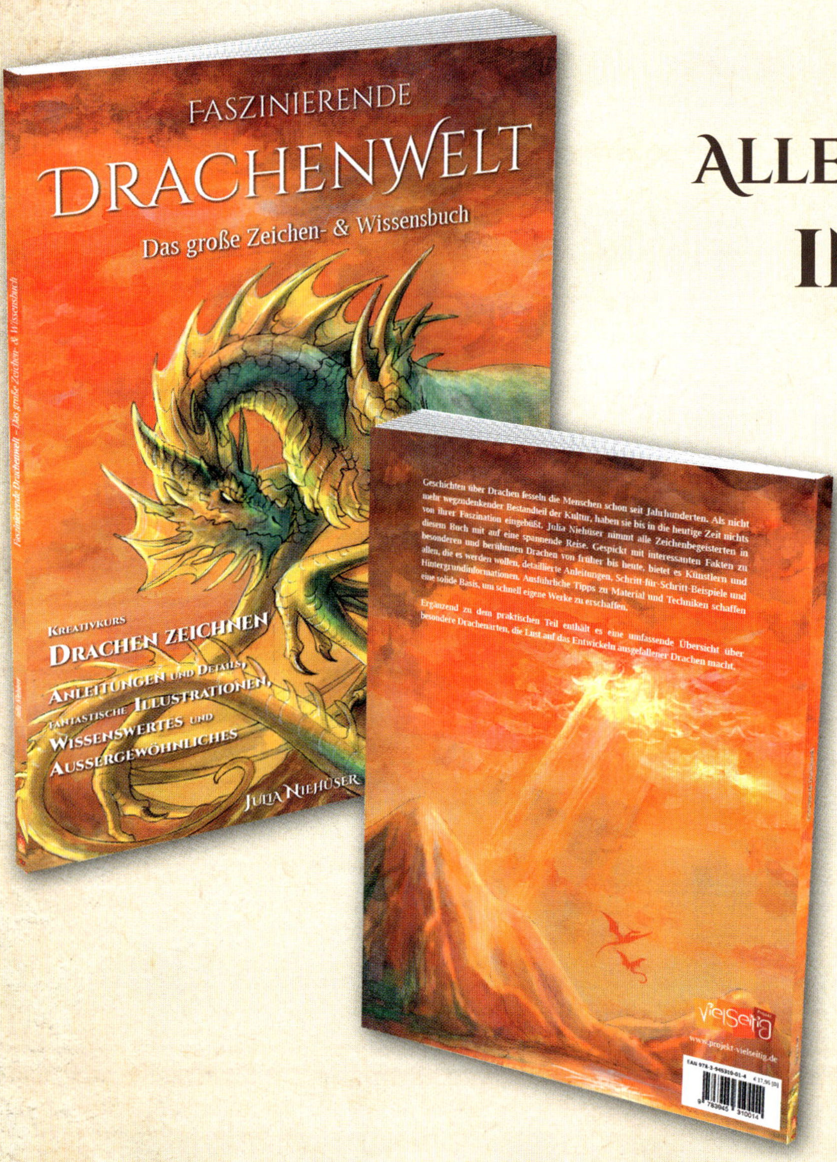

ALLE GRUNDLAGEN IN BAND I

In Teil I der faszinierenden Drachenwelt beginnt unsere Reise:

- Welche Drachen gibt es?
- Wie werden sie gezeichnet?
- Was brauche ich an Material?

WWW.DRACHEN-ZEICHNEN.DE

Erhältlich im Buch- und Fachhandel – ISBN 978-3-945310-01-4

vielseitig Projekt